海南省哲学社会科学 2017 年规划课题成果 ［HNSK（YB）17－69］

海南省农村人力资本投资与农村劳动力非农化转移的实证研究

李艾琳　杨景鹏　赵　婷　车　怡　田言付　著

·北京·

图书在版编目（CIP）数据

海南省农村人力资本投资与农村劳动力非农化转移的实证研究 / 李艾琳等著 .—北京：科学技术文献出版社，2019.12
ISBN 978-7-5189-6207-5

Ⅰ . ①海… Ⅱ . ①李… Ⅲ . ①农村—人力资本—人力投资—研究—海南②农村劳动力—劳动力转移—研究—海南　Ⅳ . ① F323.6

中国版本图书馆 CIP 数据核字（2019）第 249700 号

海南省农村人力资本投资与农村劳动力非农化转移的实证研究

策划编辑：孙江莉　　责任编辑：马新娟　　责任校对：王瑞瑞　　责任出版：张志平

出　版　者	科学技术文献出版社
地　　　址	北京市复兴路15号　邮编 100038
编　务　部	（010）58882938，58882087（传真）
发　行　部	（010）58882868，58882870（传真）
邮　购　部	（010）58882873
官方网址	www.stdp.com.cn
发　行　者	科学技术文献出版社发行　全国各地新华书店经销
印　刷　者	北京虎彩文化传播有限公司
版　　　次	2019 年 12 月第 1 版　2019 年 12 月第 1 次印刷
开　　　本	710×1000　1/16
字　　　数	213 千
印　　　张	13
书　　　号	ISBN 978-7-5189-6207-5
定　　　价	58.00 元

版权所有　违法必究

购买本社图书，凡字迹不清、缺页、倒页、脱页者，本社发行部负责调换

前　言

　　农业劳动力向非农部门转移、农村人口向城市迁移是经济发展、结构转变的必然趋势。2017 年年末海南省常住人口 925.76 万人，城镇人口所占比重为 58.04%。要实现海南省经济发展模式的转型，促进二元结构向一元结构的转变，中心问题就是农村剩余劳动力的转移。那么，是什么因素决定着农村劳动力的转移呢？研究影响农村劳动力转移的动因，对实现海南省农村剩余劳动力的有效转移，达到人力资源的合理配置，无论是从长远发展还是从现实需要上都具有十分重要的意义。

　　国内外研究农村劳动力剩余和劳动力转移的文献数量颇丰，但大部分都集中在华北、华中的农村劳动力迁出地区和华南（广东、福建等省）迁入地区，以及四川等西部地区，对于经济和教育发展相对迟缓的海南省的相关研究欠缺。本书旨在从农村人力资本的视角，通过实证调研和个案访谈，探讨海南省省内教育、培训、技能和医疗对于农村劳动力非农化转移的影响程度，为政府推进城镇化建设及省内教育结构格局的改革提供真实、可靠的理论支持。

　　本课题在海南省哲学社会科学规划基金的资助下以"海南省农村人力资本投资与农村劳动力非农化转移的实证研究"为主题，开展了为期两年的实证调查与研究。本研究的最终成果《海南省农村人力资本投资与农村劳动力非农化转移的实证研究》一书即将出版，笔者做以下几点说明。

　　第一，本书分为两部分，两部分内容相辅相成，互相印证。课题组虽然将大量的时间和精力用在农村实证调查上，但我们的目的主要是通过区域实证研究和经验事实来为解决海南省农村不充分就业和农村劳动力资源的充分利用问题提供理论依据。第一部分包括第一章至第五章，主要为宏观探索。第一章和第二章主要围绕研究主题和相关理论综述进行理论研究，第三章根据《海南统计年鉴-2018》的统计数据分析海南省农村社会经济发展状况，第四章和第五章主要从教育、医疗和职业技术培训来探讨海南省农村地区的人力资本投入现状。第二部分包括第六章至第九章，主要为实证分析，从微观上探索海南省省内农村人力资本投资与农村劳动力非农化转移之间的相关性研究。第六章为农村抽样调查部分,调研小组共调查 165 个行政村和 1628 户农户家庭,通过问卷调查进行研究假设的逐一论证,最后得出研究结论。第七章至第九章主要选取有代表性的典型村庄进行个案研究,第七章是关于实地农民的群体性非农化转移后的后续管理及产业发展问题,选取了海棠湾的风情小镇作为研究对象。第八章是关于贫困村的实地调研,考察非农化转移对促进农村地区贫困户脱贫的作用,选取了五指山、白沙、琼中的几个贫困村作为调查对象。第九章是关于共享农庄的实地调查,探讨海南共享农庄发展如何推进农民非农化转移,选取了红花共享农庄作为研究对象。

第二,尽管当前海南省劳动力剩余和充分就业困难重重,问题繁多,但是我们相信只要在制度安排和制度创新方面决策合理,措施得当,这一难题最终会得到妥善解决。限于个人能力及经费问题,实证研究方面仅限于抽样调查,个案访谈数量有限,因而难以提供令人满意的结果。为此,期待有机会做本课题的后续研究。

本研究成果是课题组成员集体智慧和辛勤劳动的结晶。参与本课题调查研究及本书撰写的课题组成员分工如下:

李艾琳,课题组负责人,负责课题研究策划、组织和参与实证调查,撰写前言及第六章、第八章、第九章,负责全书统稿、定稿。

杨景鹏,撰写第一章、第四章、第五章和第二章部分内容、第三章部分内容,以及结束语。

赵婷,参与农村调查,负债前期资料的收集、整理和汇总,撰写第三章部分内容。

车怡,参与农村调查,撰写第二章部分内容。

田言付,撰写第七章;参与本章实证调查的有刘鹏、熊爱玲、杨文芳。

参与本课题农村抽样调查的还有冯泽谕、吉成汗、季思远、王兴虎、王道孝、黄延浦、张虎杰、陈泽新、陈赤子同学;杨长刚、吴乾旭、陈奕同同学参与第八章贫困村个案访谈。三亚学院财经学院张光教授对问卷设计提供了重要意见,特此说明,谨致感谢。

本课题得到了海南省哲学社会科学规划课题[HNSK(YB)17-69]的资助,在此致以衷心的感谢。

李艾琳

2019 年 12 月于三亚学院

目 录

第一章 研究主题 ··· 1
 第一节 研究背景和意义 ····································· 1
 第二节 研究内容和研究方法 ································ 13

第二章 相关理论综述 ·· 17
 第一节 人力资本理论概述 ·································· 17
 第二节 劳动力非农化转移理论 ······························ 23
 第三节 国内学者对农村劳动力迁移相关理论研究概述 ········ 35

第三章 海南省农村社会经济发展状况分析 ····················· 46
 第一节 海南省社会经济发展现状 ···························· 46
 第二节 海南省城乡社会经济发展横向比较分析 ·············· 50

第四章 海南省农村教育、医疗发展状况分析 ··················· 70
 第一节 海南省各级教育发展现状分析 ······················· 70
 第二节 海南省农村居民教育、医疗卫生发展状况 ············ 95

第五章 海南省农村职业技术培训状况分析 ····················· 102
 第一节 海南省农村职业技术培训的机构状况及行动方案 ······ 103
 第二节 海南省农民工监测报告及就业趋势分析 ·············· 111

第六章 海南省十九市（县）农村抽样调查：农村劳动力非农化转移及其社会影响 ····························· 121
 第一节 抽样调查理论框架与数据来源 ······················· 121
 第二节 调查资料的统计分析与调查结论 ····················· 126

第七章　海棠湾风情小镇调查：群体性非农化转移的后续管理与
　　　　产业发展问题 …………………………………………… 142
　第一节　风情小镇的产业发展战略 ……………………………… 142
　第二节　产业发展战略实施主体：搬迁农民的基本情况 ……… 144
　第三节　风情小镇后续管理和产业发展战略实施的对策和建议 … 151
　第四节　风情小镇后续管理和产业发展所需人才与服务支持 …… 158

第八章　海南省中部地区贫困村调查：非农化转移促进农村地区
　　　　贫困户脱贫 ………………………………………………… 163
　第一节　海南省农村贫困现状及脱贫计划 ……………………… 163
　第二节　海南省中部地区贫困村实地调研 ……………………… 166

第九章　红花共享农庄调查：海南共享农庄发展推进农村劳动力
　　　　非农化转移 ………………………………………………… 178
　第一节　海南共享农庄的建设发展情况 ………………………… 178
　第二节　红花共享农庄个案调查 ………………………………… 186

结束语 …………………………………………………………………… 196

参考文献 ………………………………………………………………… 199

第一章 研究主题

第一节 研究背景和意义

一、研究背景

1. 中国农村人力资本发展概况

西奥多·舒尔茨在《对人进行投资》一书中指出,人力资本价值的增长要根据人类由其所获得的附加福利来确定。人力资本有助于提高劳动生产率,也有助于提高人们的企业家才能,这种才能在农业和非农业生产中,在家庭生产中,在学生们分配自己受教育时间和其他资源时,以及在向较好的职业机遇和生活地点迁移的过程中,都具有很高的价值。这种企业家式的能力对于满足作为一个整体的当前消费与未来消费,也会发挥十分重要的作用。在《改造传统农业》一书中,舒尔茨也提出了在发展中国家农业现代化过程中,对农民进行教育和培训将起着非常重要的作用。发达国家的农民一般都有着较高的教育水平,从而实现了农业现代化生产和经营。

改革开放40年来,随着中国经济的高速发展,中国整体上人力资本获得了长足发展,劳动力平均受教育年限有了大幅提高,国内高中及以上受教育人口占比大幅提高,大专及以上受教育程度人口占比也得以大幅提高,人力资本的逐渐提高也促进了中国经济在较长的时间内得以实现长期持续增长。由于长期存在发展的不均衡现象,城镇居民和农村地区居民的人力资本发展水平呈现不均衡态势,城乡人力资本的发展并不处于同样的发展速度,相比之下,许多学者的研究显示,近年来,农村人力资本发展大大滞后于城镇人力资本的发展,即便发展比较好的长三角和珠三角地区,整体上农村地区的人力资本发展水平也落后于该区域城镇地区人力资本发展水平。从某种程度来讲,这种不均衡的发展现象,不利于实现共同富裕,也不利于和谐社会和精准扶贫目标的实现。

值得称道的是，在各级政府长期不懈的努力下，中国农村地区居民所得到的整体社会服务水平逐渐有所提高。例如，基础教育逐渐得到改善，农村合作医疗和社会保险体系也逐年提高和不断完善。2009年，《国务院关于开展新型农村养老保险试点的指导意见》规定，新农保制度由个人缴费、集体补助、政府补贴结合构成，实行社会统筹与个人账户相结合，与家庭养老、土地保障、社会救助等其他社会保障政策措施相配套，保障农村居民老年基本生活。购买新农保的人可以与单位员工一样，在年满60周岁后可以享受按月领取养老金的待遇。但由于城乡发展的不均衡，相比城镇居民，农民得到的社会保障水平远远比不上城镇居民的社会保障水平。在目前仍然普遍存在的城乡"二元"结构下，即使农民进城务工，在现有政策的制约下，仍然难以享受到城市居民同等的社会保障水平。2006年，中国开始实行关于农民工的医保政策，但由于种种原因，如农民工流动较大、农民工的个体参保意愿水平较低等，目前没有得到普遍实施和参与。例如，进城务工人员的子女普遍存在就学方面的同样水平的待遇和政策，对于希望在城市中落地生根长期发展的农民工而言，面临种种依靠自身努力却无法解决的制度障碍。

尽管改革开放后，中国整体的教育水平有了较大幅度的增长，但相比城市的教育水平，农村地区的教育水平普遍偏低，总体水平相对较低，导致农村人力资本发展速度远远低于城镇地区的人力资本发展速度。而这个因素，根据前述舒尔茨的观点，不利于农村农业现代化的发展与实现，现代农业设备和农业技术需要较高的教育水平支持才能够得以实现。

数据显示，中国贫困农村地区具有高中教育水平的人口不足40%。中国目前普遍实行九年义务教育，在小学和初中阶段实行免收学杂费教育，但高中则需要支付一定的学费，而大学学费对于贫困农村地区来讲更是一笔不小的支出。学习成本的提升导致很多农村学生初中毕业即辍学，由于受教育水平相对较低，进入职场往往只能从事较低技能要求的工作，如餐厅服务员等劳动密集型工作。

世界银行于2018年10月11日公布了157国人力资本指数，该指数包含5个健康与教育指标，该指数由3个部分组成：其一是存活率，特别是5岁以下死亡率；其二是教育质量，教育质量反映了世界银行的新工作，将主要国际学生测试项目的考试成绩统一为一项单一的学习成绩标准；其三是5岁以下儿童健康成长的衡量标准。根据世界银行集团（以下简称世界银行）2018

年人力资本指数排名,排名靠前的国家是新加坡,其次是韩国、日本、中国香港、芬兰、爱尔兰、澳洲、瑞典、荷兰、加拿大、德国等国家和地区。中国目前仅排在第46名,远远落后于发达国家和地区。排名靠后的20国基本上是经济发展相对落后的非洲国家。从排名上来看,中国政府还需要在教育和医疗健康领域进一步优化投资,促进整体人力资本水平的提高,同时,改进农村地区的教育和医疗水平,以增进精准扶贫的长期可持续效果。

2018年10月15日,世界银行在深圳发布了《2019年世界发展报告》。《2019年世界发展报告》认为,在一个快速演变、日益受到技术影响的劳动力市场,加大对人口健康和教育的投资是当务之急。

2. 海南省人力资本发展概况

和许多地区相比,海南省建省时间较短,地区经济发展长期滞后,由此海南省人力资本发展水平也相对较低。表1-1和图1-1显示了海南省分城乡的人均人力资本计算结果。《2017年中国人力资本报告》显示,人力资本总量居前5位的是山东、广东、江苏、河南和河北,居后5位的是甘肃、海南、宁夏、青海和西藏,一个地区的人力资本总量受当地人口规模的影响,同时和当地的教育水平息息相关,所以山东、河南、河北在人力资本总量方面排名靠前,而海南排名靠后,一方面原因是海南人口总数较少;另一方面原因是海南的教育水平在全国排名不高。

人均人力资本,即总的人力资本除以非退休人口。从人均总量上看,1985—2015年,海南省的名义人均人力资本和实际人均人力资本均呈现不同程度的增长。其中,全省名义人均人力资本量从4.788万元增长到130.938万元,增长约为26.35倍,而同期实际人均人力资本量从4.788万元增至24.91万元,增长约为4.2倍。

从表1-1可以看到,1985年,海南省全省实际人均名义人力资本为47 880元,其中城镇人均人力资本为97 130元,农村人均人力资本为37 250元,城镇人均人力资本是农村人均人力资本的2.6倍。1995年,全省实际人均人力资本为49 840元,城镇人均人力资本为91 640元,农村人均人力资本为28 160元,城镇人均人力资本是农村人均人力资本的3.25倍。2005年,全省实际人均人力资本为134 040元,城镇人均人力资本为216 450元,农村人均人力资本为63 660元,城镇人均人力资本是农村人均人力资本的3.4倍。2015年,全省实际人均人力资本为249 100元,城镇人均人力资本为389 720元,农村人均人力资本为79 990元,城镇人均人力资本是农村人均人力资本的4.87倍。

从这些数据可以看出，尽管随着经济的总体增长，农村人均人力资本保持增长势头，但相比之下，1985—2015 年，海南省城镇实际人均人力资本的增长速度明显高于农村人均人力资本增速，城镇人均人力资本的增长速度远高于农村，城乡间实际人均人力资本的差距从 1985 年的 2.6 倍到 2015 年的 4.87 倍。由此可见，在 30 年间，海南省农村实际人均人力资本的发展已经远远落后于城镇人均人力资本的发展。

表 1–1　海南省分城乡人均人力资本变动　　　　　　单位：元

年份	名义人均人力资本			实际人均人力资本		
	全省	城镇	农村	全省	城镇	农村
1985	47 880	97 130	37 250	47 880	97 130	37 250
1986	54 230	108 780	41 250	51 860	104 900	39 250
1987	59 260	121 110	42 820	51 650	106 370	37 110
1988	68 230	137 740	48 400	46 580	93 560	33 180
1989	78 090	156 290	54 240	41 990	84 050	29 170
1990	89 280	175 080	61 450	46 230	94 540	30 570
1991	103 530	198 720	68 910	51 780	103 170	33 080
1992	124 540	241 800	77 250	58 660	115 170	35 870
1993	140 160	261 090	86 680	54 780	100 530	34 550
1994	162 630	299 540	96 850	50 140	91 830	30 110
1995	183 520	330 590	107 230	49 840	91 640	28 160
1996	205 660	362 370	118 480	53 540	95 840	30 000
1997	230 960	399 720	130 790	59 520	104 160	33 020
1998	259 760	443 660	143 890	68 860	118 460	37 600
1999	289 760	487 690	157 700	77 990	131 390	42 360
2000	325 990	544 500	172 130	86 800	144 530	46 140
2001	352 490	577 900	187 290	95 140	155 260	51 070
2002	388 210	632 870	201 420	105 440	171 750	54 820
2003	443 460	727 300	218 560	120 670	198 560	58 950
2004	481 010	779 990	236 550	125 810	206 350	59 960
2005	519 540	828 800	255 400	134 040	216 450	63 660
2006	583 980	934 710	275 090	148 590	241 210	67 030

续表

年份	名义人均人力资本			实际人均人力资本		
	全省	城镇	农村	全省	城镇	农村
2007	655 280	1 047 970	294 210	159 020	258 540	67 500
2008	744 360	1 196 050	312 870	169 620	278 110	65 980
2009	822 960	1 317 780	332 910	188 860	307 960	70 910
2010	901 900	1 440 990	349 580	197 840	322 250	70 380
2011	958 110	1 517 480	368 340	198 570	321 660	68 790
2012	1 039 090	1 633 290	390 240	208 850	335 420	70 640
2013	1 131 780	1 767 610	413 680	222 410	354 880	72 800
2014	1 222 180	1 891 720	441 100	234 950	371 610	75 510
2015	1 309 380	2 007 720	469 570	249 100	389 720	79 990

资料来源:《中国人力资本报告2017》,中央财经大学,2017。

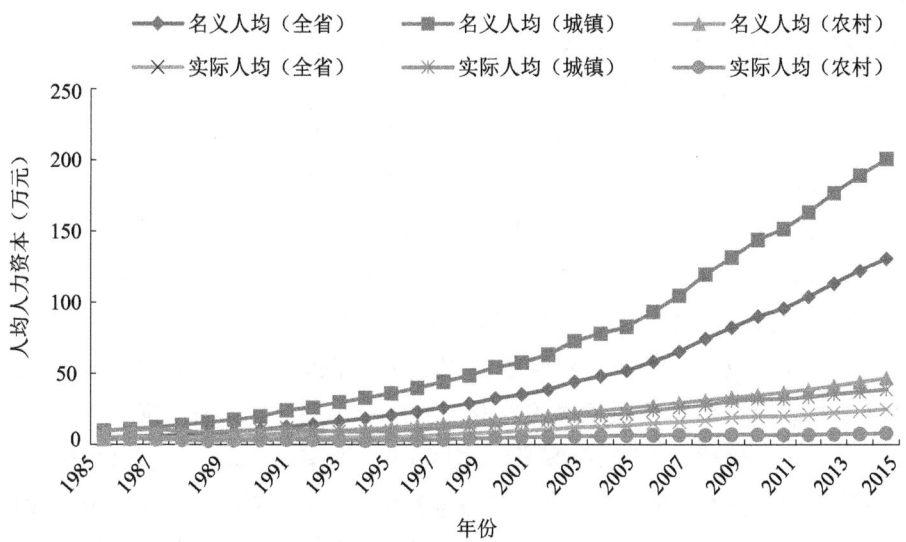

图1-1 海南省分城乡人均人力资本变化趋势

上述研究报告调查数据显示,国内经济发展比较好的地区其劳动力人口的平均受教育年限相应较长,如北京、上海、天津;而发展程度较低的地区平均受教育年限则较短,如云南、青海、西藏。根据2015年统计分析数据,海南省劳动力人口平均受教育年限为10.01年,居全国第22位。其中,城镇劳动力的人口平均受教育年限为11.18年,农村劳动力的人口平均受教育年限为8.67年，两者差值为2.51年，而北京只有2.30年。

从国内不同地区的高中及以上受教育程度人口占比情况来看，北京、上海、天津排在前3位，海南居第20位。海南省总劳动力人口中，高中及以上受教育程度人口占比34.98%，城镇劳动力人口为53.88%，农村劳动力人口为13.24%，海南省城镇劳动力和农村劳动力人口高中及以上受教育比例差值为40.64%，数值差距较明显，说明海南省农村地区劳动力人力资本投资还有较大的空间和差距。

国内不同地区大专及以上受教育程度人口占比情况相比较，北京、上海、天津依然是排在前3位，海南则居第23位。海南省总劳动力人口大专及以上受教育程度占比为14.56%，城镇劳动力人口为24.84%，农村劳动力人口为2.74%，两者差值为22.1%，这个数值低于高中及以上数值。但这也反映了海南省城镇劳动力和农村劳动力人力资本投资较大差距的事实。

海南省农村地区基础教育存在起步晚、底子薄的制约，长期存在师资队伍不足、乡村教育水平不高、农民子弟学习积极性相对较低等现象，这些现象也不同程度地制约了本省农村基础教育水平的提高，进而限制了海南省农村地区人力资本的良性发展。

可喜的是，近年来，这一现象逐步得到了很大改善。随着海南省政府逐年加大农村基础教育的经费投入，一系列教育工程项目得到实施，如推广琼中"思源"学校模式、提高乡村教师待遇、引进和留住人才等举措。全面实施素质教育，实现了农村地区基础教育的快速发展，不同地区的教育公平性逐渐得到了保障，农村地区的教育质量也逐年提升。

2006年，海南省全省农村学校D级危房全部改造完毕，成为全国中西部地区率先消除中小学D级危房的省份。2007年年底，海南省实现了全省农村中小学现代远程教育工程100%覆盖。2009年，海南省免除了农村义务教育阶段寄宿生的住宿费，并提高了农村义务教育阶段寄宿生的生活补助标准。2017年，海南省19个县（市、区）通过了国家县域义务教育发展基本均衡的评估认定。2019年，海南省教育厅推出举措，在海南省贫困地区农村学校试点设立竞聘岗位，面向全国招聘海南省农村省级骨干校长、农村特级教师、农村省级学科带头人（农村省级骨干教师），并对这些岗位实行较高的岗位津贴以吸引更多优秀教育人才到农村学校任职任教，进一步探索海南省农村学校优秀人才"下得去、留得住、干得好"的激励机制，进一步优化农村教育人才队伍结构，示范引领农村教师队伍提升整体素质，为农村教育健康发展提供强有力的人才支撑。

根据有关资料，截至 2017 年 12 月，海南省义务教育阶段共有中小学 1785 所，在校生 114.28 万人。2017 年，海南省小学毛入学率 101.73%，初中阶段毛入学率 102.83%，义务教育巩固率 94.36%，义务教育整体普及程度略高于全国平均水平。

根据有关资料，2017 年，在海南省委、省政府的统一部署和海南省人社厅的指导下，海南省就业部门经过共同努力，在农村劳动力异地转移就业方面做了很多工作，取得了明显的成效。海南省实现农村劳动力转移就业 14.79 万人，完成全年预定目标 8.5 万人的 174%，其中输出广东省就业 1.16 万人，占省外转移就业的 44.27%。实现农村贫困劳动力转移就业 3.59 万人，完成全年预定目标 1.5 万人的 239%，其中输出广东省就业 1756 人，占全省农村贫困劳动力省外转移就业的 72.83%。

自 20 世纪 90 年代以来，海南省农村劳动力转移就业数量和比重持续上升，成为提高农民收入的一个新亮点，特别是中部落后地区和少数民族市县，外出务工人员的劳务款已成为农民家庭收入的主要来源。但从目前情况来看，海南省农村富余劳动力转移就业还存在许多困难。首先，海南省农村劳动力总量大、总体素质不高，其中接受职业培训的人员较少，人力资本水平较低，成为制约海南省农村剩余劳动力转移就业的主要因素，加大了转移就业的难度。其次，由于本省农民普遍面临教育和培训等水平较低的现状，即使是已实现转移的农村富余就业人员，也普遍面临就业不稳定的问题，普遍存在找工难、维权难、发展难的情况。找工难，体现在农民工进城后求职门路不广，就业面比较窄，大多从事建筑业和餐饮服务业等劳动密集型行业；维权难，体现在农民工权益被侵害时往往投诉无门，如农民工欠薪等时有发生；发展难，体现在进城务工劳动者的个人发展、岗位提升遇到各种制约。此外，由于城市和农村"二元"结构的制约，进城农民工的社会保障、子女教育等后顾之忧很难得到根本解决，农民工在城市的落地生根受到政策的限制。

2018 年，在多方努力下，海南省有关部门在本省农民工比较集中的广东省成立了海南省农村劳动力转移就业服务机构。通过这个服务机构，可以加强琼粤两省之间的用工信息沟通，加强对本省在粤务工人员的后续服务，加强与广东各级劳动保障部门的协作，切实维护海南省赴粤农民工的合法权益。通过与广东等发达地区建立劳工信息网络，为本省农村富余劳动力求职提供方便，促进海南省农村富余劳动力跨省转移就业。

近年来，珠三角地区的企业每年都存在"用工荒"，而企业实际需要的是具备一定工作技能的一线工人，而这种工作的待遇和相应工作条件通常可以达到一定的水准。尽管同样属于劳动密集型工作，但相比简单的体力劳动，它还是需要一定的教育程度。所以，为促进海南省农村剩余劳动力的异地迁移，提高农民工的就业水平，还需要各方努力加强本省农村剩余劳动力的职业技能培训工作，通过对农村剩余劳动力开展针对性强、实用性广、多层次、多形式的职业技能培训，切实提高农村劳动力的文化素质、劳动技能素质和创业素质，从而更好地促进本省农村剩余劳动力转移就业工作，提高农民工进城就业的档次。

近年来，海南省有关部门通过实施"阳光工程"，鼓励和支持各类职业教育和培训机构开展职业技能培训，并推行国家职业资格证书制度，对经过培训鉴定合格的人员，及时颁发相应的职业资格证书。海南省各级政府也相应增加财政经费投入，对农村富余劳动力提供一次性职业培训补贴。财政补贴一部分钱，农民自己掏一部分钱，既体现了国家支持，又促使劳动者更加珍惜学习机会。根据省外的经验，通过各级财政，把钱直接补给本省农村剩余劳动力，让农民根据自己的兴趣爱好、专业特长和市场需求去选择培训单位、培训项目，有利于使有限的培训资金用好用足、用出成效。

3. 海南省教育脱贫措施

在国内大力推进精准扶贫的实践中，许多农村地区政府也把财力和扶持力度投放在教育扶贫中，取得了比较好的经验，值得海南省有关部门学习和借鉴。

例如，江西省上犹县社溪镇严湖村在精准扶贫的实践中，就提出了教育培训是精准扶贫治标和治本的关键因素，为此，当地有关部门逐渐加大了农村地区扶贫工作中的教育扶持力度。

在严湖村的教育扶贫实践中，根据不同年龄段的农村贫困人口，当地政府有关部门有针对性地实行了不同的扶贫措施，以便从根本上解决贫困农户子女的教育所面临的问题。对于贫困家庭的子女教育，当地政府有关部门的教育扶贫的工作重点则放在其子女在基础义务教育阶段的扶助和支持，通过扶持和帮助贫困农户子女完成基础教育，挖掘其子女未来发展的无限潜力，从而从根本上解决贫困代际传递的问题。在基础教育阶段，当地政府所采取的教育扶贫措施包括提高和完善当地农村地区小学的办学条件，改进和完善小学教学设施，由此解决了当地农村地区小学生上学难的问题，大大降低了贫困农户子女的辍学率，提高了义务教育的普及率。由于普遍存在贫困农户的子女上学难的问题，当地政府有关部门通过建立助学制度，来帮助贫困家庭子女解决问题，进而从根本上防止贫困家庭子女因穷辍学的现象，使贫困农户安心让自己的子女接受义务教育，减少了贫困户因子女受教育产生经济上的后顾之忧。在义务教育阶段之上的高中和大学阶段，为解决贫困农户子女的高中和大学阶段的学习费用支出问题，使其子女能够顺利地完成高中和大学阶段的学业，实现进一步升学深造梦想，当地政府还成立了村助学基金会，吸引社会各界捐款，由此帮助贫困农户解决子女升学深造的困难。此外，还牵线吸引社会各界助学机构和爱心人士，对当地贫困农户实行"一对一"教育扶贫帮扶计划，进行精准教育扶贫，从而使贫困家庭子女彻底解决升学经费的困难，也进一步降低贫困农户由于子女继续升学深造产生的过大的教育成本支出带来的困难，使他们安心支持自己的子女进一步升学深造，提高教育水平，提高其子女未来接受更好工作的可能性。对于那些由于种种原因未能进一步接受更高程度教育水平的初中和高中毕业生，当地有关部门组织相关技能培训，面向那些未能进一步升学的初中和高中毕业生，使他们在初中和高中毕业后都能够有机会接受相关职业技能教育，增加他们的就业技能，使他们能够更方便地就地就业或者外出务工，提高他们的就业档次。对于贫困农户家庭由于这部分职业技能教育产生的教育成本的支出，有关部门还通过国家实行的对于农村籍学生职业教育的教育补助和推荐就业的政策，有效地减轻了贫困家庭子女职业技能的教育负担，使他们能够安心地支持子女接受职业技能教育培训。对于处于成人阶段的贫困农户，教育扶贫的重点放在贫困农户的农业技术培训上，通过提高贫困农户的农业生产技术水平，促进当地贫困农户实现脱贫致富。当地有关部门组织成立了农民夜校，根据当地的农业种植情况，有针对性地对贫困农户进行蔬菜、油茶、水果种植和生态环保养殖等农业技术培训，从而有效地帮助贫困农户提高农业生产效益，促进贫困农民增收减贫。

从人力资本理论而言，教育脱贫是可以从根本上解决贫困家庭精准脱贫的有效措施，从长期的时间内，通过使受助者提高自身的人力资本水平，从而能够在未来获得长期的发展机会，进而从根本上实现贫困家庭的脱贫致富，摆脱贫困的代际传递现象。

海南省在教育脱贫方面也做出了很多努力，取得了较好的成果。2017年6月，海南省教育厅发布了《海南省教育脱贫攻坚"十三五"规划》。为实现教育脱贫目标，针对海南省建档立卡贫困家庭学生，进一步完善了从学前教育到高等教育的全程特惠扶持政策体系，从而在制度建设上确保本省农村贫困家庭不出现因贫失学及因学致贫的现象。对于贫困家庭的大学生和研究生，海南省还进一步完善了高校国家助学金、国家助学贷款、新生入学资助、研究生"三助"岗位津贴、勤工助学、校内助学金、困难补助、学费减免等贫困大学生资助政策体系，确保该资助体系能够覆盖本省全部建档立卡贫困大学生和研究生。在资金资助标准上，海南省还规定了各市县不低于海南省标准的补助规定。对于海南省各市县贫困大学生的资助标准高于或范围宽于省里的，按各市县资助标准执行；对于贫困大学生的资助标准低于或窄于省里的各市县，资助标准则按省里标准执行。同时，对海南省5个国家级贫困县试点范围内学生按每生每年800元提供营养膳食补助。教育扶贫移民学生交通补助提高到每生每年200元。

对于初中和高中阶段的学生，海南省充分利用职业教育在脱贫攻坚中见效快、实用性强等突出优势，大力推动贫困农户子女的职业教育扶贫。通过结对帮扶，全面加强民族市县中职学校（职教中心）建设，支持其开设县域特色产业的特色专业，推动其紧密结合当地经济社会发展需要，不断提升办学水平、技术技能人才培养、培训质量。为全面落实海南省职业教育扶贫方案，在所有中职学校全面推广扶贫励志班，计划单列，在春秋两季实行免费注册入学，学校和专业任选政策。为加强励志教育效果，支持建档立卡贫困户适龄子女通过接受职业教育，增强自身脱贫致富能力，实现就业，最终实现脱贫。

对于成人阶段的贫困人口，海南省有关部门还加强了"村官班"招生办学，开展新型职业农民学历提升和技能培训，稳步提升贫困人口教育脱贫能力。海南省还充分发挥本省各高校、各类职业学校及各类职业培训机构的技术、科研优势，采取送训下乡、集中办班、现场实训等多种形式，承接各类技术技能培训，对进城务工人员进行转移就业和劳务培训，对返乡创业人员开展创业技能培训，优先保障贫困家庭有培训需求的劳动者都能得到职业技能培训。海南省通过支持职业院校联合人社、扶贫、旅游、林业、工会等部门（单位），对建档立卡贫困户劳动者开展劳务输出、乡村旅游、生态护林、林下经济、节能环保等相关职业技能培训，确保其完成培训后顺利就业或掌握一门技术技能，实现技能脱贫、技能致富。

对于贫困家庭的高校毕业生，海南省有关部门开展有针对性的职业生涯设计、职业规划指导、创业教育培训，与行业、企业合作建立技术技能人才信息发布平台和监测系统，并定期举办专门招聘会，挖掘适合性就业岗位，优先推荐和帮助贫困家庭毕业生就业创业。对高校毕业后服义务兵役、到省内艰苦边远地区基层单位就业的贫困家庭毕业生，落实学费补偿和贷款代偿制度及各项优惠政策措施，构建毕业生到贫困地区基层"下得去、留得住、干得好、流得动"的长效机制。

二、研究意义

按照舒尔茨的观点，人力资本投资包括教育、职业培训、医疗保健和迁移等方面的费用。在我国现阶段，农村人力资本投资表现对农村义务教育、农村劳动者技能培训及医疗保健等方面的投入，这些投入有助于提高农村劳动力素质。而农村劳动力素质的高低直接影响其非农就业转移，包括影响选择非农就业的意愿、非农职业选择的能力和非农就业的稳定性。为此，要加快农村剩余劳动力非农就业转移，必须加大对农村人力资本投资的力度。

自从舒尔茨提出人力资本理论以来，国内外有关人力资本的研究就不断地被拓展和深入。特别是关于人力资本投资对农村剩余劳动力转移影响的研究更是成果丰硕。赵耀辉研究发现，与没有受过正规教育的人相比，高中文化程度的人外出的概率多 21 个百分点，初中文化程度的人多 11 个百分点，小学文化程度的人多 3.6 个百分点；周其仁在 1995 年 1 月至 1996 年 12 月组织了 4 项社会经济调查，对"教育与培训对农民获得新就业机会的能力"进行了实证分析；魏众利用 1993 年中国营养调查数据，探讨了中国农村地区健康对非农就业及其工资决定的影响，从微观层面揭示中国农村地区健康与收入之间的关系；谢正勤等运用 Logit 模型对不同教育程度对劳动力流动性的影响进行实证分析；傅勇在辨析了人口流动模型中的刘易斯模式和托达罗模式的关键分歧的基础上，解释了为什么大规模的人口流动没有显著提高农民的收入，以及城乡差距为什么没有导致农业劳动者在城市中的大量失业；蒋乃华等以 2005 年扬州市 500 户农民的随机抽样调研数据为样本，采用计量经济学的方法，实证分析人力资本、社会资本及人力资本与社会资本共同对农户工资性收入的影响；程名望等应用一手调查资料，从农户行为的微观角度分析了农民工文化差异（受教育年限的不同）对农民工进城意愿、障碍、途径、费用及收入不同的影响。

根据《海南统计年鉴-2018》统计数据，2017年，海南户籍人口910.41万人，乡村人口556.03万人，乡村人口占比61.07%，城镇人口占比38.93%。从海南省历年全省人口数及构成的变动趋势上看，1952年，海南省乡村人口239.28万人，城镇人口仅为20.12万人，乡村人口和城镇人口比例为11.89∶1，乡村人口占比为92.2%。1982年，海南省乡村人口为477.11万人，城镇人口为94.27万人，两者比例为5.06∶1，乡村人口占比83.5%。经过30年的变迁，海南省的城镇人口有了一定规模的发展，1983年，全省城镇人口数量突破100万人，达到103.96万人。1988年，乡村人口数量突破500万人，达到500.82万人，直到2017年，海南省乡村人口总数一直徘徊在500多万人，增速明显减少，而城镇人口增速较快。到2002年，乡村人口数量为570.43万人，城镇人口数量为208.46万人，两者比例为2.736∶1，乡村人口占比73%。到2017年，乡村人口达到556.03万人，而城镇人口增加到354.38万人，两者比例为1.569∶1，乡村人口占比61.07%。

目前，海南省农村经济和社会发展相比发达地区还有一定的差距，海南省农村人力资本与其他地区相比还处于较低水平，海南地区还有较多的剩余劳动力需要发掘潜力。促进农村人力资本水平的提高有助于农村地区尤其是贫困地区的精准扶贫工作的开展，促进社会主义新农村建设，促进城镇化的开展，促进农业现代化的实现，以及新型职业农民的建设。

习近平总书记在2015年11月"中央扶贫开发工作会议"的讲话中提到，治贫先治愚，扶贫先扶智。教育是阻断贫困代际传递的治本之策。目前，由于种种原因，国内一些贫困地区教育发展面临很大困难，贫困家庭孩子辍学失学还比较多，"读书无用论"观点也有所蔓延，不少贫困家庭子女受教育程度同普通家庭的差距在扩大。贫困地区教育事业是管长远的，必须下大气力抓好。脱贫攻坚期内，职业教育培训要重点做好。一个贫困家庭的孩子如果能接受职业教育，掌握一技之长，能就业，这一户脱贫就有希望了。国家教育经费要继续向贫困地区倾斜、向基础教育倾斜、向职业教育倾斜，特岗计划、国培计划同样要向贫困地区基层倾斜。要帮助贫困地区改善办学条件，加大支持乡村教师队伍建设力度，建立省级统筹乡村教师补充机制。要探索率先从建档立卡的贫困家庭学生开始实施普通高中教育免学（杂）费，落实中等职业教育免学（杂）费政策，实行大城市优质学校同贫困地区学校结对等帮扶政策。习近平总书记的讲话深刻指出了教育和培训在扶贫工作中的意义和作用，也从另一个方面提出了扶贫工作中农村人力资本提高所起的决定性作用。

第二节 研究内容和研究方法

一、研究思路与研究内容

本课题的研究思路如图 1-2 所示,主要分为 5 个阶段。第一个阶段是文献回顾与概念界定,文献回顾包括教育与非农化转移关系、技能培训与非农

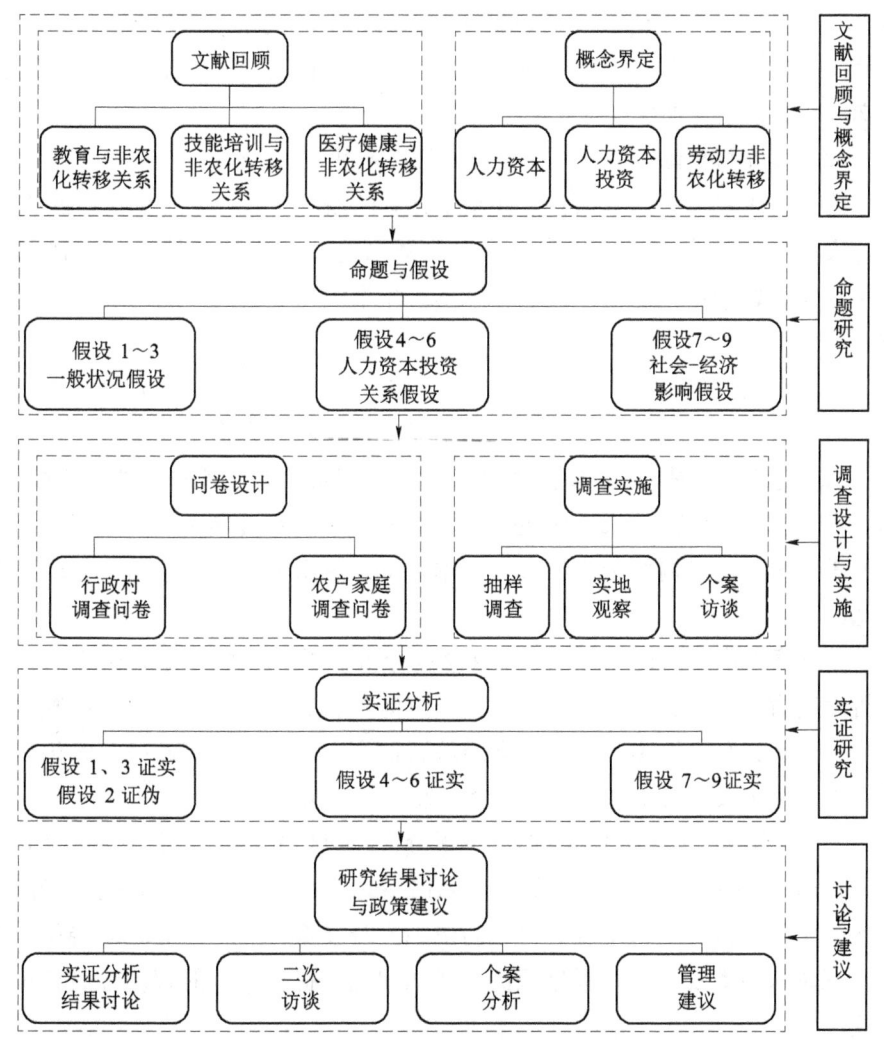

图 1-2 本课题研究思路

化转移关系和医疗健康与非农化转移关系；概念界定包括人力资本、人力资本投资、劳动力非农化转移。第二个阶段是命题研究，主要包括命题与假设。根据第一个阶段的文献回顾，提出 3 个基本理论前提和 9 个研究假设。假设 1～3 是关于一般状况的假设，假设 4～6 是关于人力资本投资关系的假设，假设 7～9 是关于社会-经济影响的假设。第三个阶段是调查设计与实施，包括问卷设计和调查实施。根据研究目的，设计了行政村调查问卷和农户家庭调查问卷两种问卷，共计 52 个问题。调查实施中进行了抽样调查、个案访谈和实地观察相结合。第四个阶段是实证研究，对 9 个研究假设逐一进行验证，除假设 2 证伪之外，其他 8 个假设都证实。第五个阶段是讨论与建议，主要对研究结果进行讨论并提出政策建议，包括实证分析的结果讨论、二次访谈、个案分析和提出管理建议。

本书共分为 9 章，每章的主要内容如下所述。

第一章研究主题。本章首先介绍本课题的研究背景，包括中国农村人力资本发展、海南省人力资本发展和海南省教育脱贫措施。然后提出在海南省实施该课题的研究意义，最后详细阐述本书的研究思路、研究内容与研究方法。

第二章相关理论综述。本章首先介绍人力资本理论的主要人物和主要观点，对人力资本理论的起源进行了简单描述，涉及人力资本理论主要代表人物。本章还详述经典农村劳动力转移有关理论及剩余劳动力转型的理论模型。20 世纪 80 年代后国内许多学者也开始对农村剩余劳动力转型问题进行深入研究，本章最后对国内关于农村人力资本投资及剩余劳动力迁移的研究现状进行总结和综述。

第三章海南省农村社会经济发展状况分析。根据《海南统计年鉴-2018》分析海南省农村社会经济发展概况，通过海南省农村、城镇社会经济发展横向比较分析，总结海南省农村社会经济目前存在的问题及对农民非农化转移的影响，提出改善海南省农村社会经济发展的政策建议。

第四章海南省农村教育医疗发展状况分析。通过《中国教育统计年鉴-2017》、海南省和全国第三次农业普查公告等统计资料，对海南省农村教育医疗保健的现状分析，探讨其对海南省农村人力资本投资及农村劳动力非农化转移的影响，探讨海南省农村教育医疗保健存在的问题，提出问题的解决方案和对策建议。

第五章海南省农村职业技术培训状况分析。通过分析海南省开展职业技术培训的基本情况，探讨职业技术培训对海南省农村地区农民非农化转移的影响，找出影响和制约海南省农民培训的主要因素，因地制宜地提出解决方案和政策建议。

第六章海南省十九市（县）农村抽样调查：农村劳动力非农化转移及其社会影响。本次抽样调查共抽出 3 个市县，6 个乡镇，165 个行政村，1650 户 6270 人，其中男性 3323 人，女性 2947 人。在样本行政村总人口中劳动力为 3762 人，其中男性劳动力 1927 人，女性劳动力 1835 人，男女劳动力性别比为 105∶100。最后获得有效村调查问卷 165 份、有效农户家庭问卷 1628 份。调查结束后对 165 份行政村问卷和 1628 份农户家庭问卷进行了 SPSS（19.0 版本）统计处理和分析，并有针对性地对研究假设逐一加以检验，从而得出研究结论。

第七章海棠湾风情小镇调查：群体性非农化转移的后续管理与产业发展问题。本章主要研究失地农民入住风情小镇后，在新的经营性资产注入的情况下，利用现有的现金资源和政府提供的可经营性资产，利用三亚旅游市场来开展商业服务业并实现可持续发展；找出制约搬迁农民实现产业可持续发展问题的原因并提出克服瓶颈问题的方法，给出群体性非农化转移后的管理与产业持续发展的政策建议。

第八章海南省中部地区贫困村调查：非农化转移促进农村地区贫困户脱贫。本章首先分析海南省农村贫困现状及省政府的一系列脱贫行动，然后根据本课题组在海南省中部地区的五指山、白沙和琼中的贫困村做的深入实地调研，从调研小组和贫困帮扶者不同的视角，探讨贫困户脱贫与非农化转移之间的联系。

第九章红花共享农庄调查：海南共享农庄发展推进农村劳动力非农化转移。本章通过对红花共享农庄的实地调查及个案访谈，了解红花共享农庄的经验及目前存在的问题，进而研究海南共享农庄建设的由来、建设现状及创建中存在的共性问题，同时借鉴其他国家及地区休闲农业发展成功的经验，如德国、日本、以色列、法国和中国台湾，思考海南共享农庄模式对推进农民非农化转移的作用。

二、研究方法

本课题综合应用文献研究方法、实地调查研究法与个案访谈研究法等研究方法。

首先，通过文献研究方法，主要是通过文献回顾和评价的手段，概括出课题的研究方向和研究目标，并结合前期对村庄和农户的试调查提出相关研究命题。

其次，实地调查研究法是本项目的主要研究方法，重点考虑以下几个方面的问题。①实地访谈。我们选择海南省5个行政村进行两次实地访谈（在理论构建阶段与实证检验之后）。第一次访谈主要是获得与研究主题相关的实地信息，为研究命题的建立积累认识；第二次访谈主要是为理论模型的验证提供具体的个案，为撰写相关案例准备素材。②问卷设计。共设计两份问卷——行政村调查问卷和农户家庭调查问卷，从村庄所处的外部环境和农户个体两个角度，探讨农村人力资本投资与非农化转移的关系。③样本与调查设计。采取抽样调查、实地观察和个案访谈的方式，并确保问卷有效。④统计分析。借助SPSS（19.0版本）对采集的数据进行统计处理和分析。

最后，通过个案研究对相关的结论进行具体描述和解释，并探索获得未来进一步研究新方向。

第二章 相关理论综述

本章理论综述首先概述人力资本理论的主要人物和主要观点,对人力资本理论的起源进行简单描述,涉及人力资本理论主要的代表人物,其中包括T·W·舒尔茨、加里·贝克尔及雅各布·明赛尔等学者。由于本书关注海南省农村剩余劳动力转移的问题,本章还涉及经典农村劳动力城乡转移有关理论介绍,其中的主要代表人物包括A·刘易斯、C·H·费景汉、G·拉尼斯、D·W·乔根森、M·P·托达罗等学者,这些学者建立了有关经济发展和发展中国家在现代化进程中剩余劳动力转型的理论模型。20世纪80年代后,随着改革开放的进程逐步扩大,国内许多学者也开始对农村剩余劳动力转型问题进行深入研究,本章最后对国内关于农村人力资本投资及剩余劳动力迁移的研究现状进行了总结和综述。

第一节 人力资本理论概述

一、人力资本的概念

人力资本的概念既可以涉及个人的人力资本,也包括一个组织乃至国家层面。从企业的角度来看,人力资本是一种无形资产,这种无形资产未列在企业的资产负债表格上。企业可以通过增加员工的教育、经验和技能来进行人力资本投资,使企业提高劳动生产率和利润率,从而使整体经济由此获益,人力资本通常认为与一个国家的经济增长、劳动生产率的提高及企业的利润率增加息息相关。人力资本通常会引起劳动力迁移,这种迁移甚至在全球范围内进行,劳动者通常从欠发达地区迁移到经济发达地区,从乡村向城镇迁移。根据一些学者的观点,这种迁移会使得贫困地区更加贫困、富裕地区更加富裕。

人力资本的概念最早可以追溯到18世纪,亚当·斯密在《国富论》一书中提出了一个国家的财富、知识、培训、技能和经验的观点。亚当·斯密指出,通过培训和教育来改进人力资本可以提高企业的获利程度,进而增加整个社会财富。早期的人力资本概念用来描述劳动者产出更多的工业品。

最早提出"人力资本"概念的是美国学者沃尔什,他在1935年发表的一篇题目为《人力资本观》的论文中,第一次提出了"人力资本"的概念。

20世纪60年代,西奥多·舒尔茨和加里·贝克尔开始提出真正现代意义上的人力资本概念,即人力资本有关于人的能力。

舒尔茨认为,人力资本和其他资本一样,通过投资于员工的教育和培训可以增加企业的生产率。舒尔茨认为,人力资本的定义应该包括以下几点:①人力资本体现在人的身上,表现为人的知识、技能、经验和技术熟练程度等,总之为人的能力和素质;②人力资本,即人的能力和素质,是通过人力投资而获得的。人力资本的投资主要有4个方面:第一,用于教育和职业训练的费用;第二,用于医疗保健的费用;第三,用于为寻找更好的职业而进行流动和迁移的费用;第四,作为一种资本形式,个人及社会对其所进行的投资都必然会产生收益。从这一角度来说,人力资本是劳动者时间价值提高的主要原因,而且其大小、高低还可表现在人力资本的所有者(即劳动者的收入)上。

国际经济合作与发展组织(OECD)对人力资本的最新定义为"人力资本是个人拥有的能够创造个人、社会和经济福祉的知识、技能、能力和素质"。

在人力资本的作用上,舒尔茨根据自己长期的农业经济发展研究的结论,提出一国的经济增长要素,除了要关注物质资本的投入,也应该加大人力资本的投入。通过对第二次世界大战后德国和日本的经济快速恢复现象的研究,以及与同时期英国第二次世界大战后的经济萧条相比较,舒尔茨指出,第二次世界大战后德国和日本经济的快速恢复应该得益于这两个国家人口较高的健康水平和教育程度,由此成为人力资本理论的基本观点。如果一个国家能够重视和加强人力资本投资,注重提高人口质量,就可以促进一个国家经济发展。这种观点也影响了世界银行和国际货币基金对于教育投资的倾斜政策。西奥多·舒尔茨于1979年获得诺贝尔经济学奖。

在对一些发展中国家的农业经济的观察和分析中,舒尔茨认为发展中国家应该重视教育、医疗保健及人口迁移等人力资本要素,推动人力资本的投入,重视改进农业生产技术。舒尔茨指出,决定一国经济发展前景的并不是传统观点认为的空间、土地和自然资源，重要的是国民的素质、技能、知识水平及处理各种复杂经济活动的能力。这一点，对于发展中国家在制定本国发展规划时有着极大的政策启示意义。

加里·贝克尔认为，基于自我利益的理性经济选择主导了个体行为的大多数方面，而传统经济学观点认为购买和投资决策影响个体的经济行为。贝克尔于 1964 年发表了《人力资本》这一著作，贝克尔在该书中的一个观点是，员工个体在教育和培训上的投资与企业在新机器与设备上的投资成正比。随后，在 20 世纪 80 年代的研究中，贝克尔将家庭作为某种工厂进行研究，家庭生产的产品包括食物、住所及儿童看护等。通过将生产理论应用到家庭行为中，贝克尔以此预测家庭的规模、离婚及妇女在工作场所的地位等问题。1992 年，加里·贝克尔凭借其在人力资本投资、家庭行为、犯罪和惩罚及市场中的歧视等领域的研究而获得诺贝尔经济学奖。

在《人力资本》的著作中，加里·贝克尔指出，教育、培训和医疗是资本投资，不同于实务和金融资本，这些投资属于人力资本投资。教育和培训是最重要的人力资本投资。

贝克尔还提出原生家庭对于孩子的教育投入存在一定的差异，家庭对于孩子的知识、技能、价值和良好习惯具有较大的影响。相比比较富裕的家庭，贫穷家庭的孩子的收入可能低于其他家庭。由此，为提高贫困家庭子女的教育水平，实现社会公平，贝克尔建议，在贫穷家庭无法或者不愿给孩子的教育和培训提供经济支持时，政府应当借钱给贫困家庭子女，使他们完成教育。

贝克尔认为，尽管经济因素的分析可以解释少数国家的人均收入长期持续增长的现象。但是，考虑到美国、日本和许多欧洲国家在过去的 100 年乃至更长时间内人均收入的持续增长的事实，单纯的由于人均土地和人均物质资本引起的增长无法解释持续增长的现实，因为额外增加的资本和土地引起的收益递减最终会抵消进一步的增长。贝克尔指出，答案可能在于这些国家科学技术知识的扩张导致这些国家经济持续增长，这些扩张增大了劳动力生产率和其他投入的产出。随着知识的增加在人们的身上得以体现，如科学家、学者、技术员、管理者和其他对产出有贡献的人，把科学知识系统地应用到产品生产上大大提高了教育、技术教育和在职培训的价值。

贝克尔认为，很明显，对于所有设法使收入持续增长的国家，他们的劳动力教育和培训也大幅增多。首先小学教育普遍化，然后高中教育迅速普及，最后来自中等收入和更贫穷家庭的孩子进入大学。

与以往经济学对劳动者个人收入原因的解读不同的是，雅各布·明赛尔通过人力资本投入的角度来解释劳动者个人收入差别的不同起因。明塞尔认为，劳动者个人收入差别主要来源于自身所接受的正规教育、在职场上受到的在职培训及在工作中积累的经验的不同，即个人的人力资本投资水平的不同。在明塞尔建立的人力资本收益率模型中，把受教育年限作为个体所进行的人力资本投资的主要变量，由此解释了个体人力资本投资与未来自身收入之间的变化关系。为分析便利，明塞尔探讨了个体接受的正规教育投资与其未来职业收入分配的相关性。由此，明塞尔和其他学者一起开辟了一种关于个体收入分配问题研究的新的微观理论，即个体人力资本与个体收入分配的关系问题。

二、人力资本理论发展

在古典经济学开创的阶段，许多学者都或多或少地涉猎过人力资本相关概念，促成了人力资本概念的产生和发展。英国经济学家威廉·配第曾经提出过"土地是财富之母，劳动是财富之父"这样的论断，对于蕴含着人力资本的劳动给予了较为重要的地位，在物质资本盛行的早期，促使了人力资本的初始萌芽。配第认为，除了物质资本，人力同样对生产过程起着非常重要的作用，在某种程度上，人力在生产过程中所起的作用甚至比物质资本所起的作用还大。

在经典经济学著作《国富论》中，亚当·斯密提出类似于当今普遍认同的人力资本观点。他认为，学习是一种技能，劳动者必须接受教育，或进学校，或当学徒，这就需要花费资本，这样习得的才能不仅对劳动者个人而言成了私有财产，而且对于社会，也是财产的一部分。人们通过进学校、受教育、当学徒所掌握的技术和有用才能，也是一种国家财富或资本。

19世纪40年代，德国经济学者李斯特在《政治经济学的国民体系》一书中将资本划分为物质资本和精神资本。他指出"精神资本是由人类智力成果积累而成的资本，是个人所固有的或个人从社会环境和政治环境得来的精神力量和体力"，"一国最大部分的消耗应该是用于后一代的教育，应该用于国家未来生产力的促进和培养"。李斯特关于精神资本的表述已经接近于当代人力资本相关的表述。

近代英国著名的经济学家、新古典学派的创始人阿尔弗雷德在其代表作《经济学原理》中提出了"所有资本中最有价值的是对人本身的投资"的观点。

马歇尔认为"知识是我们生产的最有力的发动机"。与当代人力资本投资的观点相似，马歇尔也认为学校教育和家庭培养上的投资可以看作对人的投资，父母对孩子的抚养和早期教育看作一种投资，而且这类投资还具有经济效应。

其后，法国经济学家萨伊指出，劳动者技能的获得要花费成本，同时会增加工人的生产力，所以它应当被视为资本的一部分。

马克思在论述劳动力价值时，也明确意识到了生产技能的获得需要教育和培训从而事先支付成本的道理。

20世纪，在许多经济学家的努力下，人力资本的概念得以逐渐发展和完善。美国经济学家费希尔认为任何可以带来收入的财产都是资本，并且专门阐述了人力资本的概念，费希尔扩大了资本的定义，将资本的范畴扩展到物质资本之外的领域，使得资本的概念更加完整，从而在理论上为人力资本概念的最终引入奠定了学术基础。

1935年，美国经济学者沃尔什在《人力资本观》的论文中，首先提出了"人力资本"的概念。但学术界普遍认为，真正现代意义上的人力资本概念应该归始于美国经济学家舒尔茨。20世纪50年代和60年代，西奥多·舒尔茨、米尔顿·弗里德曼、雅各布·明赛尔及加里·贝克尔等学者通过各自的研究逐渐丰富和发展了当代人力资本的理论体系。

随着人力资本理论的发展，也有一些学者提出了不同的观点。例如，伯格、阿诺、斯宾斯、索洛和斯蒂格利茨等学者提出了筛选假说，对人力资本理论关于教育提高个人劳动生产率的观点提出了质疑。有学者指出，人力资本仅仅是技能的信号，企业为提高生产率，需要训练和激励员工，同时需要投资资本设备，人力资本不是一种生产要素。

人力资本理论的基本观点是教育作为人力资本投资的重要方式，可以提高受教育者的未来收入水平，提高个体的劳动能力和生产率。在20世纪70年代，随着石油危机的出现，西方发达国家面临经济不景气状态，失业率较高，而教育水平呈现较高的状态，经济的不景气使得一些受教育者未能得到教育投资的好处，国家经济似乎也未能从中获益。同时，一些发展中国家对于教育的投入也并未产生预期的推动经济发展的效果，而60年代兴起的人力资本理论对此缺乏较好的应对与解释，由此，筛选理论等对人力资本理论的质疑观点随之而产生，并对人力资本理论的发展形成了一定的挑战。

筛选理论也承认教育能够提高个体的收入，但是教育并不能直接提高个体的职业能力进而提高个体的未来收入水平，教育仅仅是通过员工的文凭提供给雇主选择和识别员工能力的信号或者标志,与员工的职业能力没有直接关联。筛选理论认为,个体获得较高收入的原因是由于教育投入所获得的证书或文凭的信号的价值,使得雇主在信息不对称的情况下能够通过文凭选择员工及按不同的教育水平提供不同的工资,员工收入的获得是对较高文凭的补偿。由此,不主张政府积极的教育投入政策。

此外,20世纪70年代,还出现了劳动力市场细分理论,认为并不存在统一的具有竞争的劳动力市场,劳动力市场由不同的各自封闭的劳动力细分市场构成,从而否定了人力资本理论提出的关于劳动力市场的基本观点。许多学者还对人力资本理论的年龄—工资收入曲线提出了不同的解读。

三、人力资本的投资方式

舒尔茨在《教育的经济价值》一书中,提出以下观点:"长期以来,人们就抱有一种顽固的偏见,认为所有资本只包括物质设施、建筑物、器材和物质库存等。这种偏见在很大程度上成为政府贬低人力资本投资,抬高物力资本投资的固执态度的原因。无论是中国还是巴西,优先受到考虑的是钢厂、民航、辅助工业及土地开发等。而只把少量资源留给中等和高等教育。长期以来,这种反常的投资减少了生产和福利的潜力。如果(政府)能够根据一种把人力资本、物力资本都包括进去的全面的资本概念去考虑问题,并认为所有资本都是由投资的方式产生的,那么这种想法是恰当的而且会对一国发展有好处。"舒尔茨指出,"很多被我们称之为消费的东西,构成了人力资本投资。用在教育、卫生及为获得更好的就业机会而进行的国内迁移方面的直接费用就是证明。成人在校生及在职培训的工人所放弃的收入同样是明显的例子。"

贝克尔在《人力资本》著作中指出,"那些通过增加人的资源来影响未来货币和心理收入的人类活动,就是人力资本投资","人力资本投资的方式多种多样,包括上学、在职培训、医疗护理、迁移及价格和收入的信息搜寻。不同的投资方式在对收入和消费的影响、一般投资规模、收益及对投资和收益之间的关系都有差异。但是,所有这些投资都能够提高技能、知识或健康,从而提高了货币和心理收入"。

综上所述,人力资本投资的方式包括以下几种。

①正规教育和培训方面的投资。正如贝克尔指出的"教育和培训是最重要的人力资本投资","即使除去上学的直接费用和间接费用,把更好的家庭

背景和受教育程度更高的人所具备的更高能力进行调整后，美国的高中和大学教育大大提高了个人收入。现在，从一百多个有不同文化和经济体系的国家中，我们可以在许多时间点上得到相似的证据。尽管在发展中国家收益通常是更大的，受教育程度更高的人的收入通常远高于平均水平"。

②医疗与健康投资。这部分投资可以提高个体的健康水平，提高劳动生产力，增加工作时间，从长远来看，可以提高个体的总体收入水平。舒尔茨指出："每个人的健康状况都是一种资本的储备，即健康资本，其作用是提供健康服务。人们所具有的最初健康资本存储的质量，一部分是先天既有的，一部分是后天获得的。随着时间的流逝，健康资本储备会逐渐贬值，而且越到人的生命后期这种贬值的速度就越快。而人力资本总投资涉及获得和保持这些资本所必须付出的成本，其中包括抚养照料年幼的孩子、营养、衣着、住房、医疗保健，以及自我照顾所需付出的成本。健康资本所提供的服务由所谓的健康时间，或者说是可以用来进行工作、消费，以及各种闲暇活动的'无病时间'所组成。"

③迁移。迁移可以获得更好的工作机会，也可以带来预期收入的提高。迁移的种类包括国内迁移和国外迁移，个体由于变更就业地区和就业岗位的迁移产生的费用支出，也是一种人力资本的投资。

第二节　劳动力非农化转移理论

在发展中国家经济社会现代化进程中，如何解决农业和农村中大量存在的劳动力过剩与就业不充分问题，国内外许多学者提出了自己的理论架构和模型。其中，以刘易斯二元经济模型、费景汉和拉尼斯的修正模型、乔根森模型、托达罗模型及舒尔茨理论等比较盛行。

一、刘易斯的二元经济模型

A·刘易斯于1954年在英国曼彻斯特大学学报上发表了《劳动力无限供给条件下的经济发展》论文，提出和发展了二元经济发展模型，该模型随后被称为刘易斯模型。该篇论文中，刘易斯的主要观点是二元经济中农村的劳动力能够以传统家庭农场最低生存水平决定的恒定工资水平迁移到城市的工业部门，其原因在于农业部门被掩饰的失业情况，至少在发展的初期，实际上存在劳动力的无限供给可能性，以及存在工业化的可能性。在二元经济随后发展的某个时点，劳动力供给会趋向枯竭，随后，只有在较高的工资水平上，才会从农业部门吸引更多的劳动力从事工业生产活动。

由于存在严重的物质匮乏现象，起初会很难想象人口过多的国家不付出巨大的努力来增加其居民的储蓄水平。与之相反的是，该国土地上过剩的人口似乎能够提供主要的未曾发掘的增长潜力，只需等待尚缺的外部资本投入以帮助该国实现发展。

1955年，刘易斯发表了《经济增长理论》，该理论提出了经济增长的方法。这两项研究奠定了刘易斯在发展经济学领域的研究基础，刘易斯因为其经济理论的贡献而获得了1979年度诺贝尔经济学奖。

刘易斯认为，一个国家或地区的经济发展从地域分布来看，是一种不均衡的过程。刘易斯的二元经济模型包含以下假设。

①欠发达国家或地区的经济可以分为两个部门：相对较小的、城市工业化经济部门被相对较大的传统的农村部门所包围。前者生产技术水平相对较低，后者采用大机器设备为主，具有成熟的市场经济特征。

②现代部门利用再生性资本，资本家赚取利用资本的报酬（利润），而传统部门利用土地等非再生性资本。

③传统部门中，劳动力供给弹性是无限的，即存在大量可供利用但缺乏技术的劳动。所谓劳动力供给具有无限弹性，其实是指传统部门超过供给的劳动力其边际生产率几乎等于零的状态的存在。如果劳动力的边际生产率高于零但低于生活费用，那么其流出对传统部门总产量的影响也不大。如果劳动力的边际生产率为零，那么这部分劳动力的流出将丝毫不影响传统部门的产出。边际生产率在零到最低生活费用之间的那部分劳动力被统称为剩余劳动力。其中，边际生产率为零的那部分劳动力被称为纯粹的剩余劳动力，剩余劳动力（即被掩饰的非失业人口）意味着在传统农业部门存在较大的人口使得劳动力的边际产出为零。由此，部分劳动力从农业部分迁移，总产出保持不变。

④由于生产技术的差异，现代部门的劳动生产率通常高于传统部门。

⑤在传统部门，劳动者的报酬与边际产出无关，而在现代工业部门，劳动者的工作与边际生产率有关。

二元经济发展过程的本质在于劳动力从农业部门（他们在农业部门对生产没有增加贡献）迁移到更加现代的工业部门并产出剩余，由此会带动进一步的增长和发展。

在刘易斯模型中，转变过程或结构变化过程起始于工业部门自动扩张的需求，这种需求来自国内消费偏好的变化、政府采购及国际市场的需求等。中心要点在于劳动力（此处假设无差别的和缺乏技能的）从农业部门转移到工业部门。从农业部门到工业部门的劳动力供给在给定的城市工资水平上（高于农村部门的30%~50%）是无限的（即完全弹性的）。这种现象常常被称为"农业部门被掩饰的非失业人口"。在现有工资水平上，大量的无技能劳动力从农业部门转向工业部门降低了工业部门的成本，工业部门更高的需求和价格导致了更高的利润。当这些利润重新作为工业资本，工业产出的需求增加（既包括新雇用工人的消费品，也包括资本家的投资）导致农业部门劳动力进一步迁移到工业部门。当农业部门的生产率上升到某一点（农业部门的劳动力转向工业部门的供给价格增加），这一过程到达临界点，这个临界点表明农业产出的替代品和收入对于那些想要迁移进入工业部门的农民有足够吸引力使得他们继续从事农业生产。在不存在城乡生活成本差别的情况下，当两个部门的边际劳动产出相等时会产生这种现象。刘易斯假定存在一个拥有剩余劳动力的维持生计的部门，资本主义部门的一个主要特征是它使用可复制的资本并产出利润。

既然维持生计的部门（农业部门）存在剩余劳动力，资本主义部门从中吸收劳动力，假定由于人口过度密集的国家人口快速增长使得无技能的劳动力供给是无限的。这使得资本部门在现有的工资水平上得以获得增加的劳动力供给，即不需要增加工资以吸引更多的劳动力，所以资本部门在提供给无技能劳动者不变的工资水平上得以无限扩张。

实际（市场）工资水平由维持生计部门（农业部门）的所得决定。此处的"所得"意味着维持生计部门的平均产出（非边际产出）在所生产的产品中获得一个相等的份额。刘易斯假定资本部门需要支付高于维持生计部门30%的边际支出，使得剩余劳动力愿意迁移，并能够补偿城市过高的生活成本。另一个值得注意的问题是，在维持生计的部门中劳动力在边际产出趋近于零时被雇用。相对应的，资本部门劳动力仅仅在其边际产出趋近于工资率时被雇用，这个相似的结论也可以从边际生产率理论导出。如果工资水平超过边际生产率，由于工资的支付超出工人从生产中所得，资本部门的雇主将会减少其剩余。这种剩余是刘易斯发展模型的关键因素。

在上述理论假设的基础上，刘易斯建立了二元经济结构模型，即传统部门的剩余劳动力向现代部门转移，即在发展中国家剩余农村劳动力向城市工业部门转移的理论模型。

图 2-1 中纵轴表示边际劳动生产率和工资量，横轴表示现代部门的劳动力数量，MP 为边际劳动生产率变化曲线。OW_s 为生存工资，现代部门实际工资为 OW_i，于是有 $OW_i > OW_s$，只有在 $OW_i - OW_s > 0$ 成立时，才可导致传统部门劳动力向现代部门的转移。图 2-1 中初始的平衡点 P 是现代工业部门劳动工资等于 MPL 的状态。与 P 点相应的劳动力利用数量为 OM。现代工业部门取得的利润是 $ONPM$ 与 OW_iPM（即工资总额）之差。刘易斯假定资本家将全部利润用于投资，则 MPL 移到 M_1P_1。P_1 点意味着就业上升到 OM_1，利润规模上升到 $OW_iP_1M_1$，而实际工资保持在 OW_i。随着 MPL 曲线不断向右方移动至 P_2，最后到达 P_0，即剩余劳动力由传统部门全部转移到现代部门为止。此时劳动就业量为 OM_0，实际工资水平在 P_0 点时开始上升（虚线），从而说明传统农业部门对工业部门及劳动力已不再无限弹性。传统农业部门已经发生了质的变化，即变为与现代工业部门同样的生产部门，二元经济结构消失，发展中国家经济现代化得以实现。

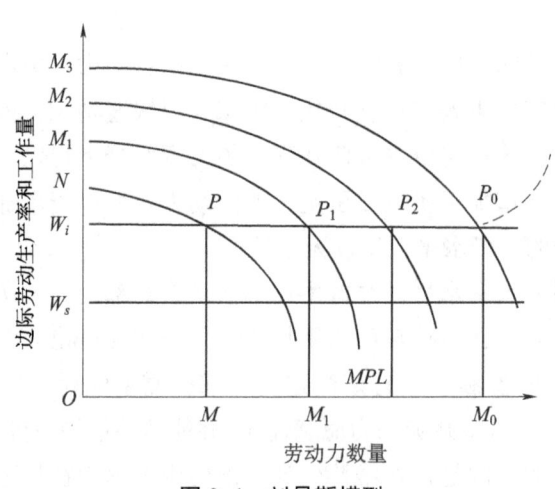

图 2-1　刘易斯模型

二、费景汉和拉尼斯的修正模型

在刘易斯模型的基础上，费景汉和拉尼斯进行了修正，形成了"剩余劳动力经济发展的三阶段模型"，即费—拉模型。费—拉模型保留了刘易斯模型中关于传统（农业）部门存在边际零值劳动力，其供给趋于无限的基本假设，对传统和现代两个部门的生产率变化、劳动力迁移等关系进行了动态分析，如图 2-2 所示。

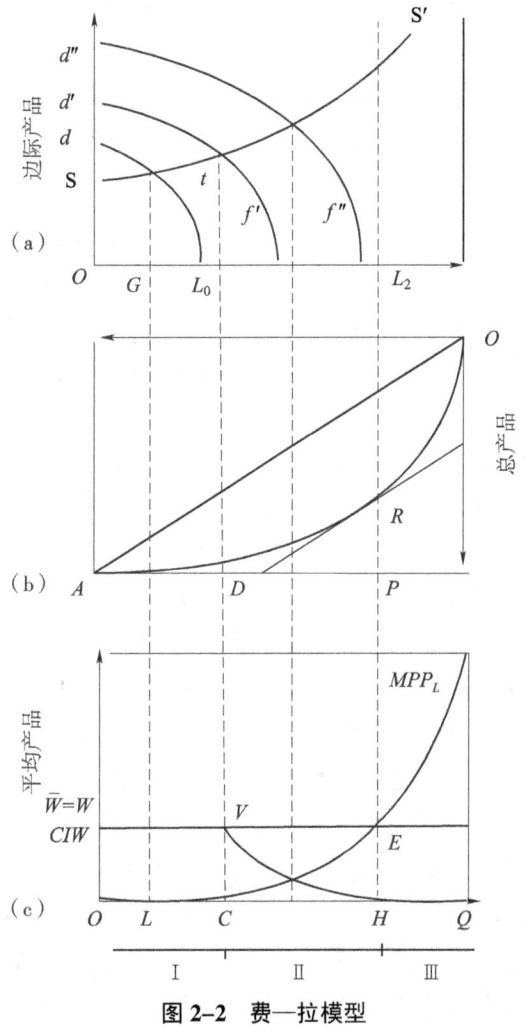

图 2-2　费—拉模型

第一阶段，费—拉模型与刘易斯模型几乎没有差别。图 2-2（a）中的 OL_0 表明劳动力供给弹性无限大；在图 2-2（b）中 AD 为水平直线，边际产出等于零；在图 2-2（c）中 CIW 表明存在一种固定不变的制度工资，WVQ 为平均产品。

第二阶段始于现代部门资本家将利润用于再投资引起的增长 [图 2-2（a）

中 d' 区域。此阶段劳动力剩余转移量为 $OC=AD$。一旦转移完成，边际生产率开始上升。第二阶段的剩余劳动力转移机制如图 2-2（b）的 DP 和图 2-2（c）的 CH 段所示，此时工资仍高于平均产出 AP 和边际产品。由于传统部门边际产出为正，劳动力向现代部门转移的机会成本也为正，当其边际生产率超过 t 点时，劳动力供给曲线 S ［图 2-2（a）］由 OL_0 段的平直转为上升时，具有无限弹性的劳动力供给终止。如图 2-2（c）所示，在 $MPP_L=CIW$ 的 E 点上，两部门经济完全资本化（或商业化），第二阶段到此结束。在图 2-2（b）中相对应的点用 R 点的生产函数的切线表示。

第三阶段在图 2-2（a）至图 2-2（c）中分别指 L_2、P 和 H 点开始向右的状况。此阶段表示：已经现代化了的农业边际生产率高于不变制度工资；农业部门劳动力与工业部门一样其工资收入由边际生产率和市场力量共同决定；传统部门的所有剩余劳动力已全部为现代部门吸纳完，整个经济由二元变为一元。

费景汉和拉尼斯的贡献除上述三段模型外，还涉及了刘易斯模型所忽略的发展中国家人口增长与剩余劳动力转型的关系。费景汉和拉尼斯认为，刘易斯模型所描述的剩余劳动力转移过程是建立在发展中国家人口总量不变的假设基础上的。实际情况通常是，发展中国家的人口总量是不断增长的。因此，为实现现代化（工业化）必须使现代工业部门的劳动力在总劳动力的比例不断增加，也就是说现代部门劳动增长速度要超过总劳动力和总人口的增长速度。所以，概括地说，在费—拉模型中，剩余劳动力从农业向工业部门转移的速度取决于：其一是人口增长率（它实际是总劳动力增长率的决定因素）；其二是农业中技术进步的特征；其三是工业部门资本量的增长，而这是由工业中利润的增长率及农业部门产生的剩余所决定的。

刘易斯、费景汉和拉尼斯关于二元经济结构下经济发展与劳动力迁移的理论是当代发展经济学的经典部分。其贡献在于：其一，它深刻揭示了发展中国家经济结构的本质特征及经济发展与现代化，实质上是二元结构向一元结构转变的动态经济过程；其二，二元结构的存在是农业和农村剩余劳动力得以转型的必要条件。这是因为：一方面，传统（农业）部门与现代（工业）部门生产力水平（以边际劳动生产率为识别指标）之间的悬殊所形成的"势差"的存在，使两部门劳动力的流动成为可能；另一方面，传统农业部门和落后农村地区又确实是剩余劳动力大量存积的"蓄水池"。刘易斯模型显示：具备了这两个条件，发展中国家可以通过现代部门资本积累和生产规模的扩大，将滞留在传统部门"蓄水池"中的剩余劳动力吸收和消化。换言之，二元经济结构是剩余劳动力迁移的基本模式。因此，发现二元结构并首创在此结构下劳动力转移模型是刘易斯对发展经济学的重大贡献。其三，费景汉和拉尼斯的贡献是在刘易斯模型的基础上发展出来的。费—拉模型划分出传统和现代两部门在发展过程中边际生产率的阶段性变化特征，因而两个部门之间的"势差"并非绝对不变而是有高低变化情形，具有可调节性。这就进一步深化了剩余劳动力"开流"的理论。费景汉和拉尼斯还揭示出传统农业部门剩余劳动力的产生和数量多寡并非完全取决于边际生产率为零这一纯经济因素，而与一些非经济因素如人口过度增长、农业技术进步停滞密切相关。由此带来的启示是：只探究传统和现代两部门间的"势差"问题并不能将农业剩余劳动力这个"蓄水池"的水放完，还要解决发展中国家农村人口劳动力过度增长的问题。

刘易斯、费景汉和拉尼斯的理论也并非无懈可击。在中国适用该理论时有几点需要注意。首先，如前所述，刘易斯等学者关于农业剩余劳动力的定义和计量与大多数发展中国家的实情脱节，其"边际生产率为零"的假设不仅在农业中难以测定，也与经验事实相违，舒尔茨对此提出过批评意见。其次，二元经济结构模型并不完全适用于中国这样的发展中国家。事实上，建立在户籍、就业、用工等制度基础上的城乡隔离的二元经济—社会结构将中国分割成农村—农业—农民和城镇—工商、非农产业—非农劳动者两个几乎完全隔绝的部分。中国的"二元结构"和刘易斯等学者描述的二元结构的主要区别在于，中国乡村劳动者、农民和非农职工的身份固定不变。因而，农业和农村人口和劳动力不可能向非农业和城镇自由迁移。因此，我们在应用刘易斯等模型分析中国剩余劳动力转移时应当十分谨慎。再次，刘易斯等学者的理论对依赖现代工业部门的发展解决传统部门的剩余劳动力给予了太多的期望，忽视了发展中国家在工业经济扩张的同时城市也会有大量的失业者存在的事实。因此，刘易斯等学者的分析是不全面的，也与当今中国的城镇就业状况（如存在一定的失业工人）不符。由此可见，解决发展中国家尤其中国劳动力剩余问题并不能简单地应用刘易斯等学者的理论。最后，刘易斯等学者的理论模型对传统和现代部门定义过于狭窄，似乎发展中国家的传统部门都存在于农业和农村地区，而现代部门则专指城市地区的工业部门，而整个经济的增长点又只有城市现代工业部门。这样的分析明显与中国的发展事实不符。中国20世纪80年代改革开放后的经济进入加速发展时期，中国的农村不仅有了与现代工业部门相类似的乡镇企业（准现代工业部门），而且也出现了能大量吸纳剩余劳动力的非工业部门，如商贸、餐饮和服务等部门；此外，在中国城镇还有大量"非正式部门"（以个人和家庭为基本经营单位的小企业、小作坊、小商业及其他小型服务业）存在。与城镇现代化工业和其他部门相比，它们是首先吸纳进入城镇寻求职业机会的低层次农村剩余劳动力的主要部门。

三、乔根森模型

在刘易斯模型的基础上，美国哈佛大学经济学家乔根森提出了以二元经济结构为基本框架的经济发展与劳动力迁移模型，该模型的基本假设包括以下几点：

①传统农业部门不存在边际劳动生产率为零的剩余劳动力；

②传统部门和现代部门均不存在固定不变的制度工资；

③传统农业的产出（Q_α）是土地（L）和劳动投入（N）的函数。现代工业部门的产出则是资本（K）和劳动投入（N）的函数（即假定土地不是工业部门的生产要素）。

$$Q_\alpha = e^{\alpha t} L^\beta N^{1-\beta} \quad (2-1)$$

式中，$e^{\alpha t}$为农业技术进步引起的产出变化，L为土地，N为农业劳动投入，Q_α为农业产出总量。由于农业中土地要素供给一定，于是有：

$$Q_\alpha = e^{\alpha t} N^{1-\beta} \cdots \quad (2-2)$$

设$Y=Q_\alpha/N$为劳动力人均产出量，故有：

$$Y = \frac{1}{N} e^{\alpha t} N^{1-\beta} \quad (2-3)$$

对式（2-3）以时间（t）求导并以Y除求导后的公式即有：

$$\frac{Y'}{Y} = \alpha - \beta \frac{N'}{N} \quad (2-4)$$

设$\gamma = N'/N$为劳动力增长率，则式（2-4）可改写为：

$$\frac{Y'}{Y} = \alpha - \beta\gamma \quad 即 \quad Y' = (\alpha - \beta\gamma)Y \quad (2-5)$$

农业增长的时序公式为：

$$Y(t) = e^{(\alpha - \beta\gamma)} Y(0) \cdots \quad (2-6)$$

从式（2-5）、式（2-6）中可以看出乔根森模型的理论含义如下。

第一，为了使农业的产出不减少或实现正的增长必须有 $\alpha-\beta\gamma>0$，这就是说在传统农业劳动力的产出弹性（β）一般保持恒定的条件下，有两种增加产出的途径：一是加速农业技术进步（增长 α 值）；二是降低人口（实际是劳动力）的增长率（γ），或者两者同时进行。

第二，为了摆脱农业增长停滞的陷阱，只要 $\alpha>\gamma$，即技术进步率高于人口增长率也就可以实现。

与刘易斯、费景汉和拉尼斯的模型相比，乔根森模型有以下几点区别。

①乔根森将经济发展和劳动力转移的生长点由现代工业部门转移到了农业发展上，即农业本身的发展及由此所产生的农业产品的剩余是农村剩余劳动力转型的基础。

②乔根森将人口和劳动力增长作为内生变量纳入农业生产函数中进行分析。这种分析使人清楚地看到，降低农村人口增长率与促进农业技术进步将促进农业剩余产品的增多、工业部门的扩张及增大农业劳动力向工业部门转移的规模，从而加速整个经济增长与发展。在这方面，乔根森的结论与大多数发展中国家的发展经历相吻合，对中国有一定的适用性。

③乔根森模型避开了某些在理论上一时难以弄清、争议较大的问题，如传统部门是否存在边际生产率为零的剩余劳动力等问题，而转向农业中是否存在可以转移的劳动力（不管其是否为所谓剩余劳动力）。由此简化了复杂的问题。

应当指出，乔根森模型是在刘易斯的二元结构框架内构建的模型，因此，也避免不了对发展中国家经济的过分简单化问题。例如，忽视这些国家广泛存在的商贸、金融、服务等第三产业部门，特别是一些非正式部门对农村劳动力吸纳的重要作用。

四、托达罗模型

1969 年，美国经济学家 M·P·托达罗在《美国经济评论》杂志上发表了题为《欠发达国家劳动力迁移与城市失业模型》的著名论文，提出了有别于刘易斯二元经济结构分析的新理论模型。这就是城乡二元结构下的人口和劳动力迁移的托达罗模型。1985 年，托达罗在另一部著作《第三世界的经济发展》中进一步扩展并完善了他的理论。托达罗从发展中国家的经验事实中发现，刘易斯、费景汉和拉尼斯模型不能对这些国家虽有大量失业城市人口但农村人口和劳动力依然不断迁入的奇特现象做出合理解释，因而跳出刘易斯的二元经济结构分析框架，创立了新的结构分析模型，即城乡二元结构下的人口与劳动力迁移模型。托达罗的基本理论假设包括：

①人口迁移是一种经济现象，它可以从人的经济理性（即对收益和成本的理性思考）中得到解释；

②农村中的农业部门不存在剩余劳动力；

③城市工业部门存在失业人口，城市工资水平因政治因素（如工会的干预）影响呈上升趋势。

根据上述假设，托达罗建立了城乡间人口与劳动力迁移的基本模型：

$$M(t) = f[d(t)], f' > 0 \qquad (2-7)$$

$$d(t) = W(t) \cdot \pi(t) - y_R(t) \qquad (2-8)$$

式（2-7）中，$M(t)$ 为农业劳动力迁移规模，$d(t)$ 为乡城间预期的收入差距，故式（2-7）表示农业劳动力迁入城市量是城乡预期收入差距的增函数；式（2-8）中，$W(t)$ 为城市工业部门 t 时期内的实际收入，$\pi(t)$ 为 t 时期城市就业概率，$y_R(t)$ 为 t 时期内农业部门的实际收入，因此，式（2-8）表示城乡间收入差距 $d(t)$ 是同时期工业部门实际收入与城市就业率 $\pi(t)$ 之乘积与农业部门同时期内实际收入 $y_R(t)$ 差。在托达罗这一基本模型中，城市就业率 $\pi(t)$ 具有极其重要的意义，它的公式是：

$$\pi(t) = \frac{rN(t)}{S(t) - N(t)} \qquad (2-9)$$

式中，r 为城市工业部门就业机会创造率，它等于工业产出的增长率与劳动生产率增长率之差，N 为工业部门总就业量，S 为城市劳动力总量。

式（2-7）、式（2-8）、式（2-9）构成了托达罗经济理性的劳动力乡城迁移模型。这里可以通过一个例子加以说明。

假设一个生活在 S 省农村的劳动者，其年均村收入为 2000 元，在其想要前往珠三角城市 G 打工前得知，该地区城市 G 工人的年均收入为 6000 元，同时他对于能够在城市 G 找到工作机会的可能性（即就业概率）预期为 60%，根据式（2-8），他到城市 G 找工作的预期年收入为 6000×60%=3600 元，这位农民的预期收入高于现在实际年纯收入（2000 元）。此时，尽管有许多当地农民不断涌向城市 G，而该市也有大量的工人处于失业状态，按照托达罗理论，该农民仍然愿意背井离乡到城市打工碰下运气。反之，当其预期就业概率仅有 30% 时，则进城预期收入为 6000×30%=1800 元，低于现在的年均纯收入，则他会放弃进城打工的念头，转而做出留在本地务农的决策。

托达罗还提出了"城市失业均衡模型"来解释劳动力流动过程。托达罗认为，城乡间的实际收入差距和城市工业部门扩张所创造的新就业岗位是导致农村劳动力流入城市的主要原因，但是当城市劳动力总供给增长率大于劳动力总需求增长率时，会造成城市失业率上升和就业率下降，其结果是城乡间收入差距的下降，劳动力的迁移也随之减少，此种变化会在一个时点达到均衡，即城市劳动力总供给增长率等于总需求增长率时的均衡失业率。均衡失业率的公式如下：

$$T = l - \frac{\gamma - \beta}{\gamma F[\alpha(t)] + \gamma - \beta} \qquad (2-10)$$

式中，γ 为城市工业部门就业机会创造率，β 为城市劳动力自然增长率，$\alpha(t)$ 为城乡实际收入差距，$F(\alpha)$ 为迁入城市人口与收入间的函数关系（$dF/d\alpha>0$），由式（2-10）可见，城市均衡失业率是由 γ、β、α 3 个参数决定的，如果城乡间的收入差距增大，城市失业率将上升。为了使城市失业率稳定，应当主要提高工业部门工作岗位的创造率，也可以辅之以降低城市劳动力自然增长率的办法。

托达罗从一个全新的角度审视了发展中国家城乡劳动力的就业问题，他避开了农村和农业是否存在剩余劳动力等有争议的难点，将发展中国家现代化进程中农村的劳动力迁移看作一种城乡经济收入的"势差"所推动的过程。托达罗模型是突破刘易斯二元经济结构框架的理论模型，是对当代发展经济学的重大贡献。其实际价值在于以下几点。

其一，不能只将农村劳动力转型的动因放在农村和城市、传统农业部门和现代工业部门的生产力水平（即边际劳动生产率）的差异上，而应当看到城乡间实际存在的收入差距及作为理性经济人的劳动者对迁移成本与收益的理性预期。

其二，农村劳动力的迁移应当在发展中解决。所谓发展并不意味着单纯的城市现代化部门的经济增长与扩张，也要考虑从社会政策上缩小城乡间劳动者经济（就业）机会的不均等和实际收入差距的扩大。因此，只重视城市部门的增长，而忽略农业的发展和农村居民收入的提高的偏见应当予以纠正。一句话，城乡间的收入水平和生活水平的"势差"不宜过大，过大反而不利。

与刘易斯、费景汉和拉尼斯模型相比，托达罗模型对当前中国城乡间人口迁移与农村劳动力转移现象有更强的解释力，由该模型引出的一些政策建议更贴切中国城乡就业的实际情况。这是因为：首先，托达罗模型较为完满地解释了由于城乡劳动者收入差距的存在，虽然多数地区农业农村不存在边际劳动生产率为零或负值的（刘易斯意义上的）"剩余劳动力"，且在城镇劳动力并未到达充分就业的情况下，城乡间的劳动力迁移是依然发生的经验事实。其次，近年来全国范围进行的一系列有关人口流动与劳动力转型的调查研究结果已经证实了托达罗关于农村劳动力迁移的经济理性动机，即农民外出打工的决策是建立在打工地（城市）就业概率和迁移成本、收益的合理预期等考量之上的。再次，由托达罗模型所引出的政策含义对中国最终解决农村劳动力问题也很有实际价值。例如，政府采取有效的政策措施加大农业和农村非农经济发展的力度，从而缩小城乡居民的实际收入差距，避免农村人口和劳动力短时期大量涌入城市（特别是大城市）带来的人口过度城市化等社会经济问题。最后，托达罗从其理论模型中引出的一项重要政策建议也值得大多数发展中国家包括中国的重视。这就是，发展中国家政府要慎重考虑自己的教育投资结构，特别要注意纠正对高等教育的"过度投资"的倾向。托达罗指出，城乡人口和劳动力迁移速度往往会超过城市工作岗位创造率。当城市失业人口猛增时，高学历的求职者就业竞争力比低学历的竞争力更强，但事实上，许多工作岗位并不需要高学历的劳动者，即存在"大材小用"现象。

事实上，托达罗的理论贡献不只是他的城乡劳动力迁移模型，他在1985年发表了《第三世界的经济发展》一书，书中他为发展中国家农村人口和劳动力向城市迁移指明了切实有效的路径。托达罗直接批评了刘易斯等学者关于农村传统部门劳动力直接向城市现代工业部门迁移的二元经济发展理论，不符合发展中国家的实际情况。事实上，大多数来自农村的劳动力流入城市只能被现代工业部门吸纳极少部分，而大多数人只能在城市传统部门或非正式部门找到工作，甚至成为城市贫民。为此，他提出城乡人口和劳动力迁移的三部门或两阶段模式，即农村劳动力→城市非正式部门劳动力→现代工业部门劳动力的看法。托达罗认为，刘易斯的二元结构可以在城市中找到，这就是正式的现代工业部门和传统的非正式部门并存的局面。根据他的观察，发展中国家城市的这两个部门就业者大体持平。来自农村的劳动力之所以易于在城市非正式部门找到工作，是因为它具有规模小、技术简单、就业劳动力占有的资金少，对劳动者的文化素质要求不高且培训费用低，故宜于采取劳动密集方式进行生产经营活动，但城市非正式部门与现代工业部门相比具有劳保、退休金待遇差等特点，因此，托达罗认为发展中国家应当重视城市非正式部门吸纳农村劳动力的重要作用，并注意发展一批小规模的劳动密集型产业。

托达罗模型的不足之处有以下几点。其一，托达罗关于发展中国家农村地区不存在剩余劳动力的假设与客观事实不符，它实际上否定了这些国家广泛存在的农业和农村劳动力就业普遍不充分乃是劳动力剩余的客观事实。其实，劳动力利用不充分，即要素资源配置不合理，在很大程度上恰恰是城乡收入差距的原因，而在托达罗看来，城乡间人口和劳动力迁移的主要动力机制乃在于城乡收入差距，所以将剩余劳动力的存在与人口迁移割裂开来是托达罗模型的缺陷。其二，城乡人口和劳动力迁移是一个复杂的经济社会文化现象。托达罗模型只概括了部分经济因素，如城乡收入差距、就业概率预期等，但许多社会的、心理的因素，如地理条件，迁移的社会、家庭关系，个人的性格、智力、教育程度、心理素质，对人口迁移也有一定影响。

第三节　国内学者对农村劳动力迁移相关理论研究概述

早在20世纪40年代中期，在美国哈佛大学攻读博士学位的张培刚先生就开始研究农业与工业现代化问题，并以《农业与工业现代化》论文通过博士答辩，获得哈佛大学经济学博士学位，该篇论文随后被哈佛大学评为最佳论文。张培刚先生很早就把发展中国家的发展和工业化相联系，指出工业化是一系列重要生产函数连续发展变化的过程，工业化不仅包括工业本身的机械化和现代化，而且也包括农业的机械化和现代化，农业本身包含在工业化进程之内，并且这个过程是不可分割的。张培刚指出，发动和制约工业化的进程包括五大因素：一是人口的数量、构成及地理分布；二是资源和物力的种类、数量及地理分布；三是社会制度，即人口和物的要素所有权的分配；四是生产技术，如科技发明及其应用于科技相关的教育、社会组织状况等；五是企业家的创新管理才能，它可以改变生产函数及应用新的要素组合。在这五大因素中，生产技术（进步）和企业家的创新管理才能是工业化的发动因素，而资源、人口则是限制性因素，社会制度对工业既有可能是发动因素也有可能是限制因素。他认为，工业化的成败与否取决于发展中国家在工业化过程中能否妥善解决农村剩余劳动力的转移与吸纳问题。在这一过程中，产业结构的转换和调整是解决问题的关键。以农业和工业相互依赖关系为基础，张培刚提出了落后农业国工业化进程中剩余劳动力转移模式，具体如下。

第一，发展中国家工业化进程中，农村剩余劳动力的转移是城市工业或其他行业"拉力"与农村"推力"协同作用的结果。

第二，根据西方国家经济发展的经验，劳动力转移的路径先是城市手工业和工场劳动力被吸纳到工业部门，而后农村手工业劳动力转入城市工业部门，最后农村中农业劳动力转移到城市。按照美国的经验，美国农村劳动力转移的步骤是：农场→乡村工业→城市工业部门；来自外国移民到美国后转移步骤则是：国内落后地区→粗工→现代部门工人。印度之类的发展中国家劳动力转移的步骤则是：农村→非正式工作→工厂工作。

第三，人口多、经济落后的发展中国家的农业现代化不同于西方国家的农业机械化模式。由于中国农村人口较多，机器的适用在经济上无利可取，由于普遍农田面积过小（尤其南方地区），使机器的利用在技术上极其困难。

第四，发展中国家实现工业化即经济现代化，有赖于整个经济结构的现代化，其标志是农业产值在国民经济总产值中比重下降和农业劳动力在全国总劳动力中比例的减少，一旦农业生产总值在国民生产总值中的比例降低到$1/4 \sim 1/3$，相应的农村劳动力比重也会降低到$1/4 \sim 1/3$，此时该国工业化得以实现，即变成了现代化国家。

朱镜德在20世纪末发表的一篇论文中，提出了中国三元劳动力市场格局下的两阶段城乡迁移理论。朱镜德认为，西方关于城乡劳动力迁移的理论或因其假设不能在中国得到统计验证（如两部门模型），或因其理论未能形成系统体系（如三部门学说），似乎很难为中国现阶段城乡劳动力迁移提供充分的理论指导，为此，他提出了自己的理论模型，即三元劳动力市场格局下的两阶段城乡迁移理论。朱镜德认为，中国劳动力市场可以定义为三元劳动力市场：其一，完全竞争的农村劳动力市场；其二，完全竞争的城镇劳动力市场；其三，不完全竞争的城镇劳动力市场。完全竞争的城镇劳动力市场是指城镇劳动力可以自由进出的，特别是对农民工开放的那一部分市场。城镇不完全竞争劳动力市场是指城市工作岗位中不对农民工开放的那一部分劳动力市场，如国有单位的"正式工作岗位"等。农村完全竞争劳动力市场则是指农村地区可以自由进出的劳动力市场,如传统农业特征的家庭农户,但不包括现代化国有农场。城乡完全竞争与不完全竞争劳动力市场的主要区别在于:其一,劳动力市场是否可以自由进出;其二,劳动力价格(工资)是否完全由劳动力供求关系决定;其三,社会福利与社会保障的有无及水平的高低。城镇完全竞争劳动力市场由托达罗所谓的非正规全部和正规部门对农民工开放的那一部分组成,而不完全竞争的劳动力市场则由正规部门不对农民工开放的那一部分组成。

朱镜德由此提出三元市场格局下的两阶段劳动力城乡迁移模型。他认为,由于现行城乡分隔的户籍制度约束,国有单位冗员充斥,即不完全竞争劳动力市场就业机会不足,以及城镇完全竞争劳动力市场可以为迁移者提供大量就业岗位等 3 个方面原因,中国目前城乡迁移主要发生在两个完全竞争的劳动力市场之间。依据迁移流向可以将其分为两个阶段,第一阶段城乡劳动力迁移的假设条件是:其一,城镇完全竞争劳动力市场工资率高于农村完全竞争劳动力市场的工资率,原因是农业剩余劳动力大量沉积,农业边际劳动生产率十分低下;其二,农村完全竞争劳动力市场绝对工资率低,但更重要的是相对于城镇完全竞争劳动力市场的相对工资率呈上升趋势,农村完全竞争劳动力市场工资率的提高主要归因于农业剩余劳动力的转移导致边际劳动生产率的提高;其三,城镇完全竞争劳动力市场绝对工资率高,但更重要的是相对于农村完全竞争劳动力市场的相对工资率呈下降的趋势,原因在于当该劳动力市场工资率高于农村完全竞争劳动力市场的工资率时,农业剩余劳动力源源不断地流入该劳动力市场并一直持续到这两个劳动力市场工资率趋于接近为止。朱镜德指出,此时乃是第一阶段向第二阶段过渡的转折点,即两个市场之间劳动力大规模迁移的结束点。第二阶段城乡劳动力迁移的假设条件是:其一,城镇不完全竞争劳动力市场工资率高于另外两个劳动力市场工资率,主要原因是其劳动力素质及单位劳动力占用资本量均大大高于另外两个劳动力市场,故劳动生产率较高;其二,迁移将主要发生在不完全竞争劳动力市场与另外两个劳动力市场之间,在第二阶段,城镇不完全竞争劳动力市场于某一时点逐步开放是市场经济发展的必然,否则乡城迁移活动将会停滞;其三,从长期来看,城镇不完全竞争劳动力市场的绝对工资率将继续上升(因管理、技术进步提高了劳动生产率),而相对工资率由于另外两个劳动力市场的富余人员或不充分就业者源源不断地进入而有所下降,亦即其工资率上升幅度小于另外两个劳动力市场的绝对和相对工资率的上升幅度。

辜胜阻提出了中国农村二元人口和劳动力非农化与城镇化的理论构想，他认为，发展经济学家刘易斯等人的劳动力转移模型在许多方面不能解释中国永久性人口迁移，但对改革开放以来的暂时性迁移有一定的意义。辜胜阻的主要观点包括以下几点。其一，应当在现代化过程中加速城镇化。未来的经济发展过程中，非农化与城镇化之间要保持适度同步性，农村现代化的非农产业应向农村地域的城镇集中。其二，中国目前城镇化限制主要来自3个方面：一是资金，二是体制，三是产业结构。打破限制的关键是制度创新。其三，中国未来城镇化必须以城乡劳动力转移为根本方向。根本问题是有计划、有步骤地打破城乡壁垒，变暂时性人口流动为永久性、稳定性的人口迁移。其四，中国的城镇化分为初次城镇化和二次城镇化，前者已完成。二次城镇化应在县城圈内建一批人口规模平均为20万人的城市，并使原来的城市网络化，形成城市圈带，发挥辐射效应。其五，二次城镇化中县城范围内的城镇注重极化效应，县城或县城内首位城镇先发展为城市。在《非农化和城镇化研究》一书中，辜胜阻提出了多元和多层次的城乡人口迁移的定性模型。该模型的第一层次是城乡间农业与非农产业间由社会经济条件引起的收入实际差异，迁移的第二层次是迁移者的意愿和对迁移的成本—效益的判断，它除了受经济条件的影响，还与个人的价值判断、年龄、教育特征有关，在第三个层次即迁移决策过程中将受到干预流（如城乡隔离二元户籍制度、就业、住房制度等）、信息流和示范效应3个条件的制约。辜胜阻认为，中国的农村劳动力非农化与人口城镇化是具有客观必然性的发展趋势。为了加速中国城镇化与非农化，他提出了以下对策和建议。其一，改变现行的户籍管理制度。要通过户籍制度的改变使自理式"农转非"人口与正式的"农转非"户口享有同等待遇。其二，逐步淡化城市倾斜偏向的政策倾向。即改变以往的政府制定的投资、税收、价格、社会福利等政策向城镇地区倾斜的政策导向，在城乡之间尽量做到政策均衡发展。其三，形成合理的土地流转机制和规范，改革现行的土地制度，允许对土地使用权的承包和转让进行有偿付费，割断农民与土地的联系，促进其合理流动。其四，建立专门机构来负责农村剩余劳动力的安排和人口流动的规划工作。其五，改变乡镇企业的布局。为推进乡村工业化和城镇化的同步发展，要提倡技术层次比较高、发展基础比较好的现代型乡镇工业和服务面广的第三产业向县城或县城首位城市集中。其六，提出了农村剩余劳动力合理转移的5项分流方案：一是综合开发劳动密集型农业，在农业部门广开就业门路；二是通过农业产前产后吸收剩余劳动力；

三是通过小城市建设推行自理型"农转非"吸纳一部分剩余劳动力；四是让农村青年中优秀人才通过招工招生"农转非"；五是通过农村非农化发展乡镇企业，解决一部分兼业农民问题。其七，改变城镇建设体制，特别要鼓励农民集资建城。其八，对交通和通信之类的基础设施建设采取更大的投资倾斜。

辜胜阻的模型涉及了农村劳动力非农化和人口二元及二次城镇化的中国城乡人口迁移和农村剩余劳动力迁移的多元的理论模型。他的模型的合理性在于该模型从中国现实国情条件出发，力图通过经济、社会制度和政府的合理干预来实现庞大的农村人口向城镇的渐进转移，以避免出现其他发展中国家人口流动和城市化的弊病乃至剧烈的社会动荡。但是他的模型是一个多因素组合的定性模型，它对人口流迁的动力机制缺乏量化描述，尤其是经济学或社会学的量化分析，给人以主次难分的感觉，对中国城乡人口迁移中的制度安排问题的分析尤感欠缺。尽管如此，辜胜阻的模型对于中国农村人口和劳动力向城市流迁和非农化的大方向是十分清晰的，其政策建议的合理性和可操作性也为近年东部和中部地区的城乡人口迁移和城镇化的事实所证明。

国内学者刘传江以西方制度经济学派的视角分析了城乡人口迁移和城市化的发展机制。他认为，在诸多影响城市化发展的因素中，产业结构的非农化转移，产业结构在不同产业及地域间的流动，相关的制度安排与创新是影响乃至决定城市化发展的关键要素所在。其中，产业结构是城市化的动力机制，经济要素流动与集聚是城市化的实现机制，制度安排与变迁是城市化的推阻机制。它们共同作用形成了生成及发展机制。刘传江指出，与城市发展相关的制度安排与变迁绝不是古典经济学家所说的一个外生变量，它不仅直接反映在国家或地区的城市发展政策上，而且还会通过产业结构及经济要素流动的制度安排或促进或阻缓或阻碍城市化进程。刘传江认为，制度安排与变迁在 4 个方面体现出它在城市化进程中的核心地位：其一，通过有效率地推进农业发展的制度安排促进农业生产效率和产出水平的提高，从而产生农产品剩余和要素剩余，为非农产业和城市化的健康发展提供依据；其二，通过有效率地推进工业、非农产业发展的制度安排，促进国民经济的工业化和非农化，从而为吸收农业剩余创造必要的推力；其三，通过有效率地经济要素流动的制度安排和非农产业的要素流入拉力形成结合与聚集合力；其四，通过有效率地推进城市建设的制度安排促进城市基础设施和房地产开发，以满足城市非农产业和人口集聚的现实需要和不断增长的需要。

刘传江指出，改革开放前在计划经济的制度环境下，政府凭借行政力量提供的强制性自上而下的制度安排，在使工业获得长足发展的同时，却一方面人为地抑制、阻碍了农村要素流出的推力；另一方面严格地限制了城市化发展的要素来源渠道和配置方式。城乡隔离式的经济要素流动抑制型制度安排，形成了中国由"农村—农业"和"城市—工业"两大封闭运行的亚系统所构成的"工业国家，农村社会"的二元结构。改革开放后，渐进式增量改革改变了纯计划经济的制度环境，农村推力已显性化，城市亦存在结构拉力，然而要素流动制度供给仍然滞后于制度需要，拉力和推力未能形成要素重组与集聚的合力。在此情况下，农业剩余要素虽已从农业中流出，但很大程度上滞留于农村地区；一部分流入城市者，因制度因素未能融入正式运行系统中。刘传江认为，需要在以下几个方面进行制度创新，以推进城乡人口流动。第一，进行农村土地流转制度创新，逐步割断农业转移劳动力与土地的"脐带"。第二，进行户籍制度创新，确立进入城镇农民的城镇居民身份。户籍制度改革应从中国实际出发，采取逐步放开的政策。第三，进行流动人口管理制度创新，提高流动人口的组织化程度。为此须从两个方面入手，一方面，在管理体制上实行一系列相关制度创新，改变流动人口体制外生存格局；另一方面，强化流动人口行为的自我约束意识，逐步建立和完善流动人口管理的外部、自身双重约束机制。

刘传江将制度分析引入自己的理论模型，强调了制度安排与创新对中国城乡人口和劳动力转移及城市化建设发展所具有的内生性影响和作用，是一个理论创新。他提出的制度安排与变迁是城乡人口迁移与城市化的推阻机制的理论观点，已为新中国成立以来的经验事实所证明，刘传江由此而引出的一系列关于促进城乡人口流转和城市化健康发展的对策建议也切合中国现实的国情条件，具有可操作性。但是，也应该看到，在他的理论模型中，特别是数学表达依然是一种难以进行准确计量的定性数学模型。

罗卫东在题为《反常二元经济结构与我国就业问题》的论文中从经济学角度分析了中国二元经济结构的特殊性。他指出，刘易斯、费景汉和拉尼斯的模型主要并不是以产业部门的生产技术类型或水平作为划分二元结构的标准，该模型是建立在产业部门经济行为存在差异的基础之上的。根据这一推测，罗卫东认为中国的经济二元结构有着与其他发展中国家不同的显著特征：其一，城市中拥有最先进生产技术的国有工业部门与生产技术最落后的传统农业部门具有相似的行为特征，即都是以某种"共同体原则"为指导进行决策活动，不以利润最大化为经营目标，不按边际劳动生产率等于工资的原则决定雇用量，因而不是刘易斯等人的二元经济模型中所分析的那种真正意义的现代部门；从技术上看是现代部门，但从经营性质上看却是地地道道的传统部门。其二，从技术上属于传统部门的非国有部门，如农林产业、城镇非公有制中小型工业、私有产权的混合工业企业，在行为方式上却是现代部门的。它们以利润最大化原则从事市场化经营，严格地以工资等于边际劳动生产率标准雇用劳动者。其三，以技术标准和行为来衡量的真正现代部门很少，只有三资企业及完成了市场化改造的大企业。

罗卫东认为，由于二元结构的上述反常性，中国剩余劳动力转移的路线、趋势与一般发展中国家有所不同。

第一，从转移路线上讲，在反常二元结构中，农村剩余劳动力不可能直接大规模转移到现代部门。原因是中国不存在如此大的现代部门。技术上的现代部门——国有企业行为上却是传统部门，本身就存在大量剩余劳动力，故不能成为农村剩余劳动力的主要吸纳者。因此，中国农村剩余劳动力转移不是沿着农村到城市的路线进行，而是以向乡村非农产业的转移为主要路线，采取的形式是就地的或农村与农村区域之间的转移。

第二，改革开放以来，尽管农村乡镇企业吸收一亿多农村剩余劳动力，但这只是在反常二元结构条件下，在强大经济增长压力下的迫不得已的选择，并且这种转移已经达到极限。其原因是：其一，中国剩余劳动力的规模仍然很大，且在未来数年之内有不断扩大的趋势；其二，乡镇企业对农业剩余劳动力的吸纳能力持续减弱；其三，城市经济部门的劳动力剩余情况有所增加。

为此，罗卫东提出了以纠正反常二元结构带动充分就业的对策建议："一方面，通过深化改革使国有企业从经营上的传统部门转变为现代部门，即市场化部门，重新恢复其吸收就业的能力；另一方面，必须对乡镇企业的技术和经营行为进行调整，防止其经营行为的传统化倾向，同时强化其自身扩大再生产的能力。此外，积极扶持和发展个体私营经济，使其在促进第三产业发展和推动就业上发挥作用。"

张培刚等国内学者的模型，从本质上讲都是模型构建者从国内实情出发对刘易斯、费景汉和拉尼斯等人的模型的改进和修正。尽管如此，这些理论都普遍承认中国在现代化进程中存在部门间和区域间因劳动生产率和实际收入差距所形成的经济"势差"，以及由于这种"势差"所引起的人口和劳动力的流动。从这个意义上讲，可以统称为"非典型二元结构下的劳动力留迁"。

这些模型都暗含了一个共同的内容,即对于现阶段中国来说,产生经济"势差"的两个"极"当中一般都有一个或两个中间型或过渡型的部门(或市场)。形象地说,以生产率和劳动者实际收入较低的传统部门(农业或其他)为一极,这里存在大量积淀的剩余劳动力;而以生产率和实际收入较高的现代部门(工业或其他)为另一极,这里存在吸纳剩余劳动力并为其提供充分就业机会的巨大潜力。从经济学的角度看,中国的国情特殊之处在于它实际是一个非均衡的经济,即市场不完善条件下的非均衡经济,中国正在进行的以市场化为导向的经济改革及相应的政治、社会制度的改革,使中国经济逐步从非均衡状态转向均衡状态。

中国社会科学院学者黄平对中国城乡人口流动现象进行了社会学的解读,他认为,中国广大"农村社区人口的非农活动正逐渐形成最具社会、经济影响的现象"。近年来,"大量年轻劳动力走出农村本乡,在整个中国的广阔的大地上寻求谋生就业,并开辟新的生活空间,成为全社会普遍关注的社会现象"。黄平的研究是在英国社会学家 A·吉登斯的"结构化"理论的启发下针对中国农民寻求非农活动或非农职业进行理论探索和解释。吉登斯的结构化理论即结构二重性的理论要点,社会结构既是由人类行动构建起来的,同时又是以行动构建起来的条件和中介。人的行动包含 3 个层次:其一,对行动的反思性调节,即行动者总是通过不断改变来调节自己的行动,以便不断认识自己的活动及其社会、物质环境,同时期望了解他人对其活动做何反应;其二,行动的合理化过程,即行动者对自身活动及其环境条件的理性领悟并对其做出合理的解释;其三,行动的动因,行动的动因并不直接与行动的连续性相连,它潜在于行动及行动的规划。

黄平认为,吉登斯的结构二重性和理论对中国农村劳动力的城乡迁移与非农化活动有较强的解释力。其理由如下。一是主体与结构的二重化过程构成,农村劳动力离开农村和农业生产以寻找新的就业机会和生存空间。农民寻求非农活动的(主体)冲动与现实的结构性条件的可能和制约的二重性使得农民的非农化活动有了实际意义。二是农民外出的转移并非盲目的流动,而是具有明确的动因和目标,同时他们在外出、转移的过程中对自身行动做合理化解释,并不断反思其行动,调整其策略。在这一过程中,他们不仅权衡比较说服自己当初目标的合理性,而且可能会重新审视并改变原有的目标。三是由于不断反思、调节自己的行动计划,使得这些行动的后果不一定符合他们行动的初衷,也不一定是正面的、合理的后果。

根据上述结构二重性理论构架，黄平提出以下 7 个有待研究和证实的假设。

①中国农村人多地少，劳动力富余由来已久，为什么直到现在才出现如此规模巨大的农村劳动力外出和迁移。

②中国农业特别是种植业生产的边际报酬递减，比较收益低下并非始于今日，为何当今会出现"民工潮"。

③户籍就业用工等一系列制度固然是限制农村人口和劳动力外出迁移的障碍和制约因素，但这些制度、规则颁布和实施之前的时间段内，为什么也会有大规模的人口外出或迁移。

④明清以来，农村剩余劳动力为什么会主要选择劳动过密化和农业内卷化，而没有自行开创非农就业机会。

⑤历史上中国农民在人多地少的压力下不是遵循所谓"经济理性"原则，而是为了全家生存糊口，避害第一，趋利第二。"乡""土"既是传统农民基本的生存保障，也是割舍不开的心理情结。

⑥20世纪80年代的农村改革使农民教育程度大部分达到小学以上水平，传媒技术产品（如电视机）的普及增大了农民信息量的获得，从而使新一代农民的价值取向发生显著变化，乡土情结也有所改变，由此导致农民迁移趋势明显增强。

⑦农村人口在就地转移或外出务工的过程中，不断对自己的行动进行反思性调节使之合理化，并不断改变自己预期的目标，这给农业和农村发展、农村社区和农户家庭的维持与整合带来新的难题。

在对农村人口迁移模型做理论阐述时，黄平指出，其一，中国大规模人口城乡间迁移是"推力"和"拉力"协同作用的结果。所谓"推力"来自土地。自然资源的限制，以及某些不利的政策因素和制度安排，导致农业生产比较收益低下，于是，农民觉得种田不划算，便离开乡土而从事非农工作，弥补农业生产的"亏损"。所谓"拉力"则产生于城市生活方式，东南部沿海地区提供就业机会，以及受商业消费文化影响的"城市魅力"，电视的信息传播等。其二，改革开放使得宏观政策发生变化，中国农村发生了两次制度创新，一次是分田到户，解决了从事种植业的积极性；另一次是乡镇企业的崛起，解决了部分农民就地非农化转移问题。但两者没有完全解决过密化、内卷化问题，于是农民以跨地区迁移的外出务工行动实现了进一步的非农化转移。其三，在中国农村人多地少的压力下，寻求生存甚至糊口而不是追求利润最大化，是中国农民在其特定的资源与规则条件下做出种种选择的首要策略和动力。其四,农民个人根据自己的利益和经验去判断选择就业形式和生活方式,但是他们不可能预知自己行动的社会后果,即这些行动所导致的规则变化和由此必然产生的资源重组。例如,农民外出打工的预期后果是收入增加;部分预期后果是农村土地压力减缓;未能预期后果是"民工潮"给城市带来的诸多社会经济问题,农业特别是种植业的衰落,以及城乡格局、工农关系的调整与变化。黄平的农村人口流迁模型如图2-3所示。

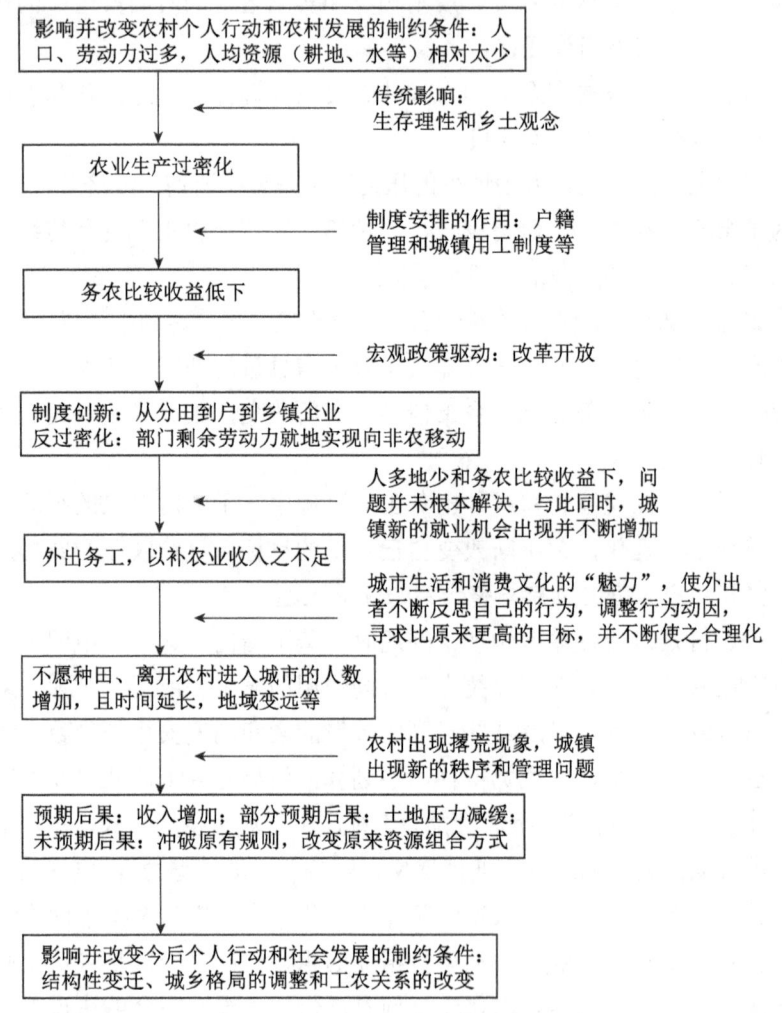

图2-3 黄平的农村人口迁移模型

蔡昉通过回顾中国40年来改革对于农村劳动力转移的促进过程,指出农村改革对中国经济的显著贡献在于进一步把边际生产力极为低下的农村剩余劳动力加以释放，通过向非农产业和城镇转移进行重新配置，支撑了劳动生产率和全要素生产率的迅速提高，从而实现中国经济高速增长。农村剩余劳动力的转移先后经历了从"以粮为纲"到多种经营，从单一的种植业到农林牧副渔全面发展，从农业到乡镇企业，从"离土不离乡"到进入小城镇直到大中城市从事非农就业的阶段。贾朋等认为，农村劳动力转移是推动经济发展的重要源泉。蔡昉认为，阻碍劳动力流动和配置的体制性障碍越来越集中于户籍制度。在另一篇文章中，蔡昉指出，在40年的经济高速增长过程中，中国呈现出典型的二元经济发展特征。与此同时，相比经济史上其他发展经验，中国的这个发展过程也具有明显特色，即通过经济体制改革不断解除对劳动力流动的制度性障碍，使剩余劳动力得以退出低生产率的农业和农村，跨城乡、地域、产业和行业流动，进入城市和沿海地区的非农产业。通过国际比较，蔡昉认为，中国农业劳动力比重就其所处发展阶段而言仍然偏高，因此，在跨入高收入国家行列的进程中，农业劳动力转移任重道远。在劳动力结构调整仍然滞后的情况下所出现的劳动力转移速度放慢现象的背后，存在一个深层的悖论，即虽然农业劳动力大规模转移和农业劳动力比重下降使农业生产开启了机器替代劳动的过程，但是，农业未能像理论所预期的那样，实现与非农产业在劳动生产率上的趋同。户籍制度改革是解决问题的关键因素。

第三章 海南省农村社会经济发展状况分析

第一节 海南省社会经济发展现状

一、海南省经济社会发展概况

根据2018年海南省国民经济和社会发展统计公报，2018年全省地区生产总值4832.05亿元，按可比价格计算，比上年增长5.8%。其中，第一产业增加值1000.11亿元，增长3.9%；第二产业增加值1095.79亿元，增长4.8%；第三产业增加值2736.15亿元，增长6.8%。三次产业增加值占地区生产总值的比重分别为20.7∶22.7∶56.6。按年平均常住人口计算，全省人均地区生产总值51 955元，比上年增长4.8%，按现行平均汇率计算为7858美元。

全省全口径一般公共预算收入1373.98亿元，比上年增长12.4%。其中，地方一般公共预算收入752.66亿元，增长11.7%。在地方一般公共预算收入中，地方税收收入628.68亿元，增长15.7%；地方非税收入123.98亿元，下降5.0%。

全省地方一般公共预算支出1685.44亿元，比上年增长16.7%。其中，教育支出248.31亿元，增长12.7%；文化体育与传媒支出47.38亿元，增长62.1%；社会保障和就业支出209.11亿元，增长14.6%；医疗卫生与计划生育支出144.43亿元，增长13.1%；节能环保支出58.56亿元，增长67.3%；城乡社区支出148.61亿元，增长23.0%；农林水支出226.13亿元，增长15.2%；交通运输支出141.25亿元，增长2.5%；住房保障支出65.91亿元，增长19.4%。

2018年全省农林牧渔业完成增加值1034.44亿元，比上年增长4.1%。分行业看，农业完成增加值499.88亿元，比上年增长5.0%。蔬菜（含菜用瓜）

收获面积 386.59 万亩，增长 1.9%；产量 566.77 万吨，增长 2.5%。水果收获面积 277.82 万亩，增长 7.5%；产量 431.73 万吨，增长 6.5%。林业完成增加值 70.89 亿元，比上年增长 6.8%。干胶产量 33.91 万吨，下降 6.4%。牧业完成增加值 146.28 亿元，比上年增长 3.9%。肉类总产量 79.81 万吨，增长 1.1%。渔业完成增加值 283.06 亿元，比上年增长 1.2%。水产品总产量 175.82 万吨，比上年下降 2.7%。农林牧渔专业及辅助性活动完成增加值 34.33 亿元，比上年增长 10.0%。2018 年年末农业机械总动力 560.30 万千瓦，比上年增长 0.6%；农用拖拉机 8.75 万台，下降 2.0%；农用运输车 3.53 万辆，下降 4.1%。全年化肥施用量（折纯）47.54 万吨，下降 7.4%；农田水利有效灌溉面积 18.50 万公顷，下降 4.6%。

2018 年全省工业完成增加值比上年增长 5.9%。其中，规模以上工业增加值增长 6.0%，按轻重工业分，轻工业增加值增长 6.4%；重工业增加值增长 5.8%。按经济类型分，国有企业增加值增长 14.7%，股份制企业增长 1.0%，外商及港澳台投资企业增长 11.3%。在八大工业支柱行业增加值中，农副食品加工业比上年增长 1.8%，造纸及纸制品业下降 2.6%，石油加工业增长 12.9%，化学原料和化学制品制造业增长 0.5%，医药制造业增长 15.9%，非金属矿物制品业增长 4.8%，汽车制造业下降 33.2%，电力、热力的生产和供应业增长 6.5%。

2018 年全省房地产业完成增加值 389.66 亿元，比上年下降 12.0%。全年房地产项目房屋施工面积 9574.56 万平方米，增长 0.1%；房地产竣工面积 1186.81 万平方米，下降 6.3%；销售面积 1432.25 万平方米，下降 37.5%；销售额 2083.29 亿元，下降 23.2%。

2018 年全省旅游业完成增加值 392.82 亿元，比上年增长 8.5%。接待游客总人数 7627.39 万人次，比上年增长 11.8%；其中接待旅游过夜游客 6329.66 万人次，增长 11.7%。旅游总收入 950.16 亿元，增长 14.5%。2018 年年末全省共有挂牌星级宾馆酒店 124 家，其中五星级 26 家、四星级 38 家、三星级 54 家。

2018 年全省批发零售业完成增加值 523.02 亿元，比上年增长 3.8%；住宿餐饮业完成增加值 240.59 亿元，比上年增长 6.1%。全年全省交通运输、邮政仓储业实现增加值 291.73 亿元，比上年增长 12.5%。全年全省金融业完成增加值 309.09 亿元，增长 0.8%。

全年全省对外贸易进出口总值 848.96 亿元，比上年增长 20.8%。其中，出口总值 297.67 亿元，增长 0.7%；进口总值 551.29 亿元，增长 35.4%。全年全省新设外商投资企业 167 家,比去年增加 80 家,其中,中外合资企业 52 家、外资企业 109 家、外商投资股份制企业 3 家、中外合作企业 2 家、合作开发企业 1 家;实际利用外资 7.33 亿美元,同比增长 112.7%(未含投资性公司数据)。

二、《海南统计年鉴-2018》数据分析

1. 农村基层组织情况

《海南统计年鉴-2018》显示,海南省 2017 年乡镇数量为 195 个,乡政府 21 个(19 个民族村),镇政府 174 个(民族镇 30 个)。自然村 18 685 个,比上一年度增加 60 个。其中民族自然村 3605 个,比上一年度减少 10 个。村委会数量为 2665 个,其中民族村委会 708 个。村民小组 26 083 个,比上一年度减少 63 个。乡村户数 151.27 万户,比上一年度增加 3.8 万户。其中农业户 131.41 万户,比上一年度增加 1.53 万户。农业户中民族户 28.47 万户,其中黎族户 26.74 万户;苗族户 1.26 万户。乡村人口总数为 624.98 万人,比上一年度增加 6.74 万人;农业人口 536.10 万人,比上一年度减少 5.84 万人。农村民族人口 125.20 万人,其中黎族 115.08 万人;苗族人口 5.75 万人。农村劳动力数量为 365.67 万人,比上一年度增加 8.48 万人,乡村从业人员 327.07 万人,比上一年度增加 9.38 万人。根据海南省国民经济与社会发展统计公报,以及人口变动情况抽样调查推算,2018 年全省人口出生率 14.48‰,死亡率 6.01‰,自然增长率 8.47‰。全省 2018 年年末常住人口 934.32 万人,比上年增加 8.56 万人,城镇人口比重为 59.06%。

2. 农业主要指标

全省农村耕地面积为 4 392 200 公顷,比上一年度增加 11 865 公顷。2017 年海南省农田水利有效灌溉面积 193 818 公顷,比上一年度增加 1357 公顷。2017 年海南省农业机械总动力 556.86 万千瓦,比上一年度增加 40.2 万千瓦。2017 年海南省农用化肥施用量(实物量)132.87 万吨,比上一年度增加 2.44 万吨。2017 年海南省化学农药使用量 3.34 万吨,比上一年度减少 0.06 万吨。2017 年海南省农村用电量 155 189 万千瓦时,比上一年度增加 16 329 万千瓦时。2017 年海南省农村农业生产总产值为 1528.18 亿元,比上一年度增加 57.77 亿元;2017 年农业增加值为 1020.28 亿元,比上一年度增加 42.65 亿元。2017 年海南省农村居民人均可支配收入为 12 902 元,比上一年度增加 1059 元;农村居民人均消费性支出 9599 元,比上一年度增加 678 元;海南省农村 2017

年每百户家庭拥有计算机 12.3 台,比上一年度增加 0.5 台;2017 年,海南省累计建成文明生态村 17 934 个,比上一年度增加 931 个。2018 年,新建文明生态村 664 个,累计达到 18 598 个。

3. 收入情况

2017 年,海南省全省地区生产总值达近 4462 亿元,全省人均地区生产总值 48 430 元,全年全省常住居民人均可支配收入 22 553 元,比上年增长 9.2%。其中,城镇常住居民人均可支配收入 30 817 元,名义增长 8.3%,实际增长 5.0%;农村常住居民人均可支配收入 12 902 元,名义增长 8.9%,实际增长 6.9%。全年全省城镇新增就业人数 12 万人,比上年增长 30.4%;2017 年年末城镇登记失业率 2.33%,降低 0.03 个百分点。劳动就业规模继续扩大。2017 年年末全省从业人员 583.88 万人。其中,城镇从业人员 256.82 万人。农村劳动力转移 14.8 万人,下降 1.9%。根据 2018 年海南省经济和社会发展统计公报,2018 年,海南省农村劳动力转移就业 14.06 万人,下降 4.9%。海南省农村劳动力转移就业人数下降原因值得深入研究和探讨,初步分析原因是海南省农村第三产业的发展,使得农民本地就业的机会大大提高,从而异地转移就业人数有所降低。海南省全省劳动就业规模继续扩大,2017 年年末全省从业人员 583.88 万人。其中,城镇从业人员 256.82 万人。

4. 农业生产方面

2017 年全年全省农林牧渔业完成增加值 1020.28 亿元,比上年增长 3.8%。分行业看,种植业完成增加值 482.98 亿元,比上年增长 5.7%。蔬菜收获面积 394.64 万亩,下降 1.8%;蔬菜产量 579.37 万吨,下降 0.1%。水果产量 410.97 万吨。林业完成增加值 72.74 亿元,比上年增长 2.5%。干胶产量 36.21 万吨。畜牧业完成增加值 147.27 亿元,比上年增长 2.9%。肉类总产量 78.92 万吨。渔业完成增加值 284.19 亿元,比上年增长 0.4%。水产品总产量 201.19 万吨。农林牧渔服务业完成增加值 33.11 亿元,增长 10.0%。2017 年年末农业机械总动力 556.86 万千瓦,比上年增长 7.8%;拖拉机 8.93 万台,下降 1.4%;农用运输车 3.68 万辆,增长 14.9%。全年化肥施用量(实物)132.87 万吨;农田有效灌溉面积 193.82 千公顷,增长 0.7%。

5. 扶贫工作方面

2017 年海南省超额完成年度减贫任务,全年全省实际脱贫 4.79 万户 20.80 万人,净减少贫困人口 4.59 万户 20.0 万人,117 个贫困村脱贫出列。全年安排财政专项扶贫资金 28.47 亿元。农业特色产业辐射带动贫困户 6.8

万户 28.8 万人，贫困户特色产业覆盖率达到 95%以上，组织化程度达 87%。实施 238 个旅游扶贫项目，直接带动贫困户 6587 户 2.71 万人受益。开展分布式光伏扶贫工作，建成村级光伏电站 34 座、户用屋顶光伏项目 1052 个，受益贫困人口 3601 户 1.52 万人。银行机构为 3.93 万户贫困户发放贷款 9.41 亿元，创立"保险+期货+精准扶贫"新模式，开展"两权"抵押贷款试点。全省建档立卡贫困学生特惠资助实现全覆盖，共发放教育补助金 3.4 亿元，资助在校生 10.6 万人。建档立卡贫困人口财政全额代缴新农合个人参合金，全部纳入民政医疗救助范围。对于贫困人口较多市县完成公路建设里程 500 千米；建档立卡贫困村和旅游扶贫重点村 4G 信号和光纤宽带网络整体上全覆盖。

第二节 海南省城乡社会经济发展横向比较分析

一、海南省城乡居民社会经济发展数据比较分析

1. 第三次农业普查数据比较分析

为摸清"三农"基本国情，查清"三农"新发展新变化，根据国务院的统一部署，海南省政府组织开展了海南省第三次全国农业普查。这次普查的标准时点为 2016 年 12 月 31 日，时期资料为 2016 年度。普查对象包括农业经营户、居住在农村有确权（承包）土地或拥有农业生产资料的农户、农业经营单位、村民委员会和乡镇人民政府。普查主要内容是农业生产能力及其产出、农村基础设施及其基本社会服务和农民生活条件等。农业普查采用全面调查的方法，由普查员对所有普查对象进行逐个查点和填报。全省共组织动员了普查员、普查指导员和各级普查机构的工作人员约 2.15 万人，登记了 124.11 万农户、3153 个村级单位、264 个乡级单位、13 859 个农业经营单位；组织 642 名工作人员对粮食等大宗农作物播种面积进行卫星遥感测量，完成了 1412 景卫星遥感数据处理，实地调查了 1590 个样方和 319 个抽中普查区，实施了 262 架次整村无人机飞行测量，掌握了全省主要农作物种植空间分布，取得了全省各市（县）及种植大县主要农作物种植面积数据。

根据国务院农普办统一部署，省政府农普办组织了数据质量抽查，评估

了普查数据质量。综合抽查结果显示，海南省第三次全国农业普查在普查对象的覆盖误差、普查指标的计量误差等方面均在设计的允许范围之内，数据质量达到设计标准。

海南省第三次全国农业普查共调查了 196 个乡镇，其中乡 21 个、镇 175 个；2894 个村，其中 2612 个行政村、282 个涉农居委会；19 931 个自然村；299 个 2006 年以后新建的农村居民定居点。

（1）农业经营主体

2016 年，全省共有 13 859 个农业经营单位。2016 年年末，在工商部门注册的农民合作社总数 15 147 个，其中，农业普查登记的以农业生产经营或服务为主的农民合作社 8222 个；115.32 万农业经营户，其中，2.44 万规模农业经营户。全省共有 222.48 万农业生产经营人员。

（2）农业机械拥有量

2016 年年末，全省共有拖拉机 7.07 万台，耕整机 4.33 万台，旋耕机 0.65 万台，播种机 0.03 万台，水稻插秧机 0.05 万台，联合收获机 0.16 万台，机动脱粒机 2.1 万台。

（3）土地利用

2016 年年末，耕地面积 722.73 千公顷，实际经营的林地面积（不含未纳入生态公益林补偿面积的生态林防护林）834.61 千公顷，实际经营的牧草地（草场）面积 1.65 千公顷。

（4）农村基础设施

根据第三次全国农业普查数据公报，2016 年年末，在乡镇地域范围内，全国范围内有火车站的乡镇占 8.6%，有高速公路出入口的占 21.5%，有码头的占 7.7%，99.3%的村通公路。

根据海南省第三次农业普查统计公告，2016 年年末，在乡镇地域范围内，海南省有火车站的乡镇占 11.7%，高于全国水平 3.1%；有码头的占 12.8%，高于全国平均水平 5.1%；有高速公路出入口的占 36.2%，高于全国水平 14.7%；100%的村通公路，高于全国水平的 0.7%。截至 2016 年年底，海南省农村基础设施建设要好于全国平均水平。

2016 年年末，全省 100%的村通电，5.2%的村通天然气，21.8%的村有电子商务配送站点。与全国数据相比，2016 年年末，全国 99.7%的村通电，11.9%的村通天然气，25.1%的村有电子商务配送站点。相比之下，海南省村通电数据高于全国平均水平 0.3%，村通天然气比率比全国水平低 6.7%，电子商务配送站点比率低于全国水平 3.3%（表 3-1）。

表 3-1　海南省与全国农村基础设施比较

	海南省	全国	差值
有火车站的乡镇占比	11.7%	8.6%	3.1%
有高速公路出入口的乡镇占比	36.2%	21.5%	14.7%
有码头的乡镇占比	12.8%	7.7%	5.1%
村通公路占比	100%	99.3%	0.7%
村通电占比	100%	99.7%	0.3%
村通天然气占比	5.2%	11.9%	-6.7%
有电子商务配送站点村占比	21.8%	25.1%	-3.3%

数据来源：第三次全国与海南省农业普查数据公报。

在全国范围内，2016 年年末，91.3%的乡镇集中或部分集中供水，90.8%的乡镇生活垃圾集中或部分集中处理。17.4%的村生活污水集中处理或部分集中处理，53.5%的村完成或部分完成改厕。

在海南省范围内，2016 年年末，88.8%的乡镇集中或部分集中供水，低于全国水平 2.5%；96.9%的乡镇生活垃圾集中或部分集中处理，高于全国平均水平 6.1%。93.5%的村生活垃圾集中处理或部分集中处理，高于全国平均水平 2.7%；10.9%的村生活污水集中处理或部分集中处理，低于全国平均水平 6.5%；74.5%的村完成或部分完成改厕，高于全国水平 21%。

全国范围内，2016 年，10 995 万户的饮用水为经过净化处理的自来水，占 47.7%，比 10 年前提高 24.6 个百分点；9572 万户的饮用水为受保护的井水和泉水，占 41.6%；2011 万户的饮用水为不受保护的井水和泉水，占 8.7%；130 万户的饮用水为江河湖泊水，占 0.6%，比 10 年前下降 2.2 个百分点；155 万户的饮用水为收集雨水，占 0.7%，比 10 年前下降 0.7 个百分点；67 万户的饮用水为桶装水，占 0.3%；96 万户饮用其他水源，占 0.4%。

海南省农村 64.01 万户的饮用水为经过净化处理的自来水，占 51.6%，高于全国平均水平 3.9%；50.30 万户的饮用水为受保护的井水和泉水，占 40.5%，低于全国平均水平 1.1%；9.39 万户的饮用水为不受保护的井水和泉水，占 7.6%，低于全国平均水平 1.1%；1822 户的饮用水为江河湖泊水，占 0.1%，低于全国平均水平0.5%；34户的饮用水为收集雨水，占0.003%，低于全国平均水平0.67%；387户的饮用水为桶装水，占0.03%，低于全国平均水平0.27%；1883户饮用其他水源，占0.2%，低于全国平均水平0.2%。整体来看，海南省农村居民饮用水卫生情况好于全国平均水平。

全国范围来看，全国农村居民使用水冲式卫生厕所的有8339万户，占36.2%；使用水冲式非卫生厕所的有721万户，占3.1%；使用卫生旱厕的有2859万户，占12.4%；使用普通旱厕的有10 639万户，占46.2%；无厕所的有469万户，占2.0%。

海南省使用水冲式卫生厕所的有94.31万户，占76.0%，高于全国平均水平39.8%；使用水冲式非卫生厕所的有4.88万户，占3.9%，高于全国平均水平0.8%；使用卫生旱厕的有2.18万户，占1.8%，低于全国平均水平10.6%；使用普通旱厕的有5.28万户，占4.2%，低于全国平均水平42%；无厕所的有17.47万户，占14.1%，高于全国平均水平12.1%。除了无厕所农户比例高于全国平均水平，总体上看，海南省农村居民卫生设施使用和配备情况好于全国平均水平。

（5）农民生活条件

在全国范围内，2016年年末，99.5%的农户拥有自己的住房，比2006年提高了0.2个百分点。其中，拥有1处住房的有20 030万户，占87.0%，比10年前下降5.5个百分点；拥有2处住房的有2677万户，占11.6%，比10年前提高5.2个百分点；拥有3处及以上住房的有196万户，占0.9%，比10年前提高0.5个百分点；拥有商品房的有1997万户，占8.7%。

农户住房主要为砖混结构。住房为砖混结构的有13 182万户，占57.2%，比10年前提高17.8个百分点；砖（石）木结构的有5993万户，占26.0%，比10年前下降18.3个百分点；钢筋混凝土结构的有2884万户，占12.5%，比10年前提高6.5个百分点；竹草土坯结构的有640万户，占2.8%，比10年前下降6.8个百分点；其他结构的有329万户，占1.4%，比10年前提高0.7个百分点。

从海南省的农村普查数据来看，2016年年末，99.7%的农户拥有自己的住房，高于全国平均水平0.2%。其中，拥有1处住房的有110.41万户，占89.0%，高于全国平均水平2.0%；拥有2处住房的有12.48万户，占10.1%，低于全国平均水平1.5%；拥有3处及以上住房的有0.79万户，占0.6%，低于全国平均水平0.3%；拥有商品房的有3.46万户，占2.8%，低于全国平均水平5.9%。

农户住房主要为砖（石）木结构、砖混结构和钢筋混凝土。住房为砖（石）木结构的有 41.90 万户，占 33.8%，高于全国平均水平 7.8%；砖混结构的有 41.82 万户，占 33.7%，低于全国平均水平 23.5%；钢筋混凝土结构的有 39.75 万户，占 32.0%，高于全国平均水平 19.5%；竹草土坯结构的有 0.17 万户，占 0.1%，低于全国平均水平 2.7%；其他结构的有 0.48 万户，占 0.4%，低于全国平均水平 1.0%。整体来看，海南省农村居民住房水平好于全国平均水平（表 3-2）。

表 3-2　海南省与全国农村居民住房水平比较

	海南省	全国	差值
拥有自己的住房的农户	99.7%	99.5%	0.2%
拥有商品房的农户	2.8%	8.7%	-5.9%
住房为砖（石）木结构的农户	33.8%	26%	7.8%
住房为砖混结构的农户	33.7%	57.2%	-23.5%
住房为钢筋混凝土结构的农户	32.0%	12.5%	19.5%
住房为竹草土坯结构的农户	0.1%	2.8%	-2.7%
住房为其他结构的农户	0.4%	1.4%	-1.0%

数据来源：第三次全国与海南省农业普查数据公报。

(6) 拥有耐用消费品情况

全国范围内，农村居民平均每百户拥有小汽车 24.8 辆，摩托车、电瓶车 101.9 部，淋浴热水器 57.2 台，空调 52.8 台，电冰箱 85.9 台，彩色电视机 115.2 台，电脑 32.2 台，手机 244.3 部。2016 年，平均每百户拥有小汽车 24.8 台，比 10 年前增加 21.4 台；彩色电视机 115.2 台，比 10 年前增加 27.9 台；电脑 32.2 台，比 10 年前增加 30.0 台；手机 244.3 部，比 10 年前增加 174.5 部。

从海南省统计数据来看，海南省农村居民平均每百户拥有小汽车 12.1 辆，低于全国平均水平 12.7 辆；摩托车、电瓶车 130.8 辆，高于全国平均水平 28.8 辆；淋浴热水器 51.8 台，低于全国平均水平 5.4 台；空调 35.8 台，低于全国平均水平 17 台；电冰箱 62.5 台，低于全国平均水平 23.4 台；彩色电视机 100.5 台，低于全国平均水平 14.7 台；电脑 13.7 台，低于全国平均水平 18.5 台；手机 251.5 部，高于全国平均水平 7.2 部。通过统计数据可以看出，海南省农村居民拥有耐用消费品数量基本低于全国农村居民平均水平，农村居民耐用消费品消费能力偏低，这个指标与海南省农村居民整体经济收入低于全国平均水平状况基本吻合（表3-3）。

表3-3　海南省与全国农村居民拥有耐用消费品数量比较

	海南省	全国	差值
平均每百户拥有小汽车（辆）	12.1	24.8	-12.7
平均每百户拥有摩托车、电瓶车(辆)	130.8	101.9	28.8
平均每百户拥有淋浴热水器（台）	51.8	57.2	-5.4
平均每百户拥有空调（台）	35.8	52.8	-17
平均每百户拥有电冰箱（台）	62.5	85.9	-23.4
平均每百户拥有彩色电视机（台）	100.5	115.2	-14.7
平均每百户拥有电脑（台）	13.7	32.2	-18.5
平均每百户拥有手机（部）	251.5	244.3	7.2

数据来源：第三次全国与海南省农业普查数据公报。

（7）市场建设情况

全国范围内，2016年年末，68.1%的乡镇有商品交易市场，39.4%的乡镇有以粮油、蔬菜、水果为主的专业市场，10.8%的乡镇有以畜禽为主的专业市场，4.3%的乡镇有以水产为主的专业市场。47.5%的村有50平方米以上的综合商店或超市，4.9%的村开展旅游接待服务，30.0%的村有拥有营业执照的餐馆。

根据海南省第三次农业普查数据，2016年年末，79.6%的乡镇有商品交易市场，高于全国平均水平11.5%；31.1%的乡镇有以粮油、蔬菜、水果为主的专业市场，低于全国平均水平8.3%；8.2%的乡镇有以畜禽为主的专业市场，低于全国平均水平2.6%；5.1%的乡镇有以水产为主的专业市场，高于全国平均水平0.8%。27.1%的村有50平方米以上的综合商店或超市，低于全国平均水平20.4%；3.1%的村开展旅游接待服务，低于全国平均水平1.8%；23.2%的村有拥有营业执照的餐馆，低于全国平均水平6.8%。由此可见，海南省农村市场建设方面还有待加强，乡村旅游还有待进一步发展（表3-4）。

表3-4 海南省与全国农村市场建设情况比较

	海南省	全国	差值
有商品交易市场的乡镇占比	79.6%	68.1%	11.5%
有以粮油、蔬菜、水果为主的专业市场的乡镇占比	31.1%	39.4%	-8.3%
有以畜禽为主的专业市场的乡镇占比	8.2%	10.8%	-2.6%
有以水产为主的专业市场的乡镇占比	5.1%	4.3%	0.8%
有50平方米以上的综合商店或超市的乡镇占比	27.1%	47.5%	-20.4%
开展旅游接待服务的村占比	3.1%	4.9%	-1.8%
有拥有营业执照的餐馆的村占比	23.2%	30.0%	-6.8%

数据来源：第三次全国与海南省农业普查数据公报。

（8）主要生活能源使用情况

全国范围内，农民做饭取暖使用的能源中，主要使用电的有13 503万户，占58.6%；主要使用煤气、天然气、液化石油气的有11 347万户，占49.3%；主要使用柴草的有10 177万户，占44.2%；主要使用煤的有5506万户，占23.9%；主要使用沼气的有156万户，占0.7%；使用其他能源的有126万户，占0.5%；主要使用太阳能的有56万户，占0.2%。2016年，农民做饭取暖使用的能源中，排在第一位的是电，排在第二位的是煤气、天然气、液化石油气，而2006年排在第一位的柴草和排在第二位的煤已不再是农民做饭取暖的最主要能源。农民使用能源更加清洁，生活方式向更为绿色生态的方向转变。

海南省农民做饭取暖使用的能源中，主要使用电的有80.48万户，占64.8%，高于全国平均水平6.2%；主要使用煤气、天然气、液化石油气的有93.73万户，占75.5%，高于全国平均水平26.2%；主要使用柴草的有53.92万户，占43.4%，低于全国平均水平0.8%；主要使用煤的有0.39万户，占0.3%，低于全国平均水平23.6%；主要使用沼气的有0.86万户，占0.7%，与全国平均水平持平；使用其他能源的有0.22万户，占0.2%，低于全国平均水平0.3%；主要使用太阳能的有0.13万户，占0.1%，低于全国平均水平0.1%。总体上看，海南省农村居民使用能源中，电和煤气使用率均高于全国平均水平，分别高出6.2%和26.2%；柴草和煤的使用率分别低于全国平均水平0.8%和23.6%，说明海南省农村居民能源使用要比全国平均水平更为清洁和生态环保（表3-5）。

表3-5 海南省与全国农村居民主要生活能源使用情况比较

	海南省	全国	差值
做饭取暖主要使用电的农户占比	64.8%	58.6%	6.2%
做饭取暖主要使用煤气、天然气、液化石油气的农户占比	75.5%	49.3%	26.2%
做饭取暖主要使用柴草的农户占比	43.4%	44.2%	−0.8%
做饭取暖主要使用煤的农户占比	0.3%	23.9%	−23.6%
做饭取暖主要使用沼气的农户占比	0.7%	0.7%	0
做饭取暖主要使用其他能源的农户占比	0.2%	0.5%	−0.3%
做饭取暖主要使用太阳能的农户占比	0.1%	0.2%	−0.1%

数据来源：第三次全国与海南省农业普查数据公报。

（9）农业生产经营人员数量和结构

全国范围内，2016年，全国农业生产经营人员31 422万人，其中女性14 927万人。在农业生产经营人员中，35岁及以下的有6023万人，36～54岁的有14 848万人，55岁及以上的有10 551万人。从农业生产经营人员的年龄分组看，2016年，36～54岁分组农业生产经营人员数量最多，占农业生产经营人员的比重为47.3%，分别比55岁及以上年龄组和35岁及以下年龄组高13.7个和28.1个百分点。分地区看，东北地区36～54岁农业生产经营人员比重达到49.8%，分别比东部、中部和西部高5.3个、2.1个和1.2个百分点。

2016年，在农业经营户或农业经营单位中从事农业生产经营活动累计30天以上的人员数（包括兼业人员）有31 422万人，比2006年减少8.7%。

2016年，男性农业生产经营人员占农业生产经营人员的比重为52.5%，女性占47.5%。随着农业机械化进程加快，在一定程度上代替了女性的田间劳动，女性农业生产经营人员减少。分地区看，大中型拖拉机最多的东北地区，男性农业生产经营人员占农业生产经营人员的比重最高，达到54.3%。

2016年，海南省农业生产经营人员有222.48万人，其中女性100.73万人，男性121.75万，占比54.7%，高于全国平均水平2.2%，甚至高于农业机械化程度最高的东北地区0.4%。在农业生产经营人员中，35岁及以下的有64.05万人，36～54岁的有104.32万人，55岁及以上的有54.11万人（表3-6）。

表 3-6　海南省与全国农业生产经营人员数量和结构比较

	海南省	全国	差值
35 岁及以下年龄组占比	28.8%	19.2%	9.6%
36～54 岁年龄组占比	46.9%	47.3%	−0.4%
55 岁及以上年龄组占比	24.3%	33.6%	−9.3%
男性农业生产经营人员占比	54.7%	52.5%	2.2%

数据来源：第三次全国与海南省农业普查数据公报。

（10）规模农业经营户农业生产经营人员数量和结构

全国范围内，2016 年，规模农业经营户农业生产经营人员（包括本户生产经营人员及雇用人员）1289 万人，其中女性 609 万人，男性 680 万人；35 岁及以下的 272 万人，36～54 岁的 751 万人，55 岁及以上的 266 万人。规模农业经营户中，男性农业生产经营人员比重为 52.8%，高于总农业生产经营人员男性比重 0.3 个百分点；36～54 岁农业生产经营人员比重为 58.3%，比总农业生产经营人员同年龄组比重高 11.0 个百分点。

2016 年，海南省规模农业经营户农业生产经营人员（包括本户生产经营人员及雇用人员）11.00 万人，其中女性 4.14 万人，男性 6.86 万人，男性占比 62.4%，高于全国同类数据 9.6%。35 岁及以下的 3.54 万人，36～54 岁的 5.89 万人，55 岁及以上的 1.57 万人，36～54 岁农业生产经营人员比重为 53.5%，低于全国同类数据 4.8%（表 3-7）。

表 3-7　海南省与全国规模农业经营户农业生产经营人员数量和结构比较

	海南省	全国	差值
35 岁及以下年龄组占比	32.2%	21.1%	11.1%
36～54 岁年龄组占比	53.5%	58.3%	−4.8%
55 岁及以上年龄组占比	14.3%	20.6%	−6.3%
男性农业生产经营人员占比	62.4%	52.8%	9.6%

数据来源：第三次全国与海南省农业普查数据公报。

（11）农业经营单位农业生产经营人员数量和结构

全国范围内，2016 年，农业经营单位农业生产经营人员 1092 万人，其中女性 444 万人，男性 648 万人；35 岁及以下的 215 万人，36～54 岁的 668 万人，55岁及以上的209万人。农业经营单位中，男性农业生产经营人员比重为59.4%，高于总农业生产经营人员男性比重6.9个百分点；36～54岁农业生产经营人员比重为61.2%，比农业生产经营人员同年龄组比重高13.9个百分点。

2016年，海南省农业经营单位农业生产经营人员27.37万人，其中女性11.41万人，男性15.96万人，35岁及以下的6.55万人，占比23.4%，高于全国同类数据3.7%；36～54岁的16.38万人，占比59.8%，低于全国同类数据1.4%；55岁及以上的4.45万人，占比16.3%，低于全国同类数据2.8%。这些数据说明海南省农业经营单位农业生产经营人员整体年龄低于全国平均水平，更加年轻，有利于新技术和新知识的学习（表3-8）。

表3-8 海南省与全国农业经营单位农业生产经营人员数量和结构比较

	海南省	全国	差值
35岁及以下年龄组占比	23.4%	19.7%	3.7%
36～54岁年龄组占比	59.8%	61.2%	-1.4%
55岁及以上年龄组占比	16.3%	19.1%	-2.8%
男性农业生产经营人员占比	58.3%	59.4%	-1.1%

数据来源：第三次全国与海南省农业普查数据公报。

2. 《海南统计年鉴-2018》数据分析

（1）居民收支与生活状况

根据国家统计局2017年对全国31个省（区、市）16万户居民家庭开展的住户收支与生活状况调查，2017年全国居民人均可支配收入25 974元，扣除价格影响因素，比上一年度实际增长7.3%。其中城镇居民人均可支配收入36 393元，比上一年度实际增长6.5%；农村居民人均可支配收入13 432元，比上一年度实际增长7.3%，尽管增长速度略高于城镇居民人均可支配收入的增长速度，但农村居民人均可支配收入与城镇居民相比，两者相差22 961元，农村居民人均可支配收入仅占城镇居民人均可支配收入的37%，大大低于城镇居民的数值，城乡居民可支配收入之比为2.71，比上一年度下降0.01。由此可见，目前中国城乡居民人均可支配收入差距仍然较大，城乡经济发展水平还存在较大的距离，农村劳动力非农化转移的推力依然较强劲。

根据《海南统计年鉴-2018》，2017年，海南省城镇居民人均可支配收入为30 817元，比上一年度增加2364元，增加8.3%，低于全国城镇居民人均可支配收入 5576 元；农村居民人均可支配收入 12 902 元，比上一年度增加 1059 元，增长 8.9%，低于全国农村居民人均可支配收入 530 元。这个现象说明海南省城乡居民人均可支配收入差距较大，差距高于全国平均水平（表 3-9）。

表 3-9　海南省与全国居民人均可支配收入比较　　　　　单位：元

	海南省	全国	差值
城镇居民人均可支配收入	30 817	36 393	-5576
农村居民人均可支配收入	12 902	13 432	-530

数据来源：国家统计局 2017 年住户收支与生活状况调查，《海南统计年鉴-2018》。

根据国家统计局海南调查总队住户调查的最新统计数据（海南省人民政府网站），2018 年海南省居民人均可支配收入为 24 579 元，同比名义增长 9.0%，扣除价格因素实际增长 6.3%，其中，城镇居民人均可支配收入 33 349 元，同比名义增长 8.2%，扣除价格因素实际增长 5.7%；农村居民人均可支配收入 13 989 元，同比名义增长 8.4%，扣除价格因素实际增长 5.8%。城乡居民收入增收好于预期，增速高于年初政府制定的工作目标。

2018 年，海南省国内生产总值增速为 5.8%，考虑人口增长因素，人均国内生产总值增速为 4.8%。海南省居民人均可支配收入实际增速为 6.3%，高于国内生产总值总量增速 0.5 个百分点，高于人均国内生产总值增速 1.5 个百分点，居民收入增长快于经济增长，居民在经济增长中的获得感有所增强。

2018 年，海南省城镇居民收入名义增速分别快于全国平均水平 0.4 个百分点，但农村居民收入名义增速慢于全国 0.4 个百分点（全国同期增速分别为 7.8% 和 8.8%）。在全国 31 个省（区、市）中，海南省全体、城镇、农村居民收入增速分别排全国第 14、第 11 和第 25 位，收入水平分别排全国第 14、第 18 和第 14 位。从排位看，在全国 31 个省（区、市）中，海南省农村居民收入水平排在第 14 位，与上年持平；名义增速排在第 25 位，比上年低 12 位。

2018 年海南省城乡居民收入倍差从上一年度的 2.39 缩小至 2.38，城乡居民收入比小于全国平均水平（2.69），城乡居民收入比连续 8 年缩小。这个数据说明，尽管 2018 年海南省农村居民收入名义增速低于全国平均水平 0.4 个百分点，但海南省农村居民收入水平呈逐年稳步增长趋势，城乡居民收入差距呈现持续多年缩小的趋势。

2018 年海南省 18 个市县（不含三沙市）中有 11 个收入增速快于全省农

民平均水平；有 3 个市县农村居民人均收入绝对额跃上 1.5 万元，有 8 个市县农村居民人均收入绝对额超过全省平均水平，有 6 个市县农村居民人均收入绝对额超过全国农民平均水平。

1）人均工资性收入

2017 年度，全国农村居民人均工资性收入 5498 元，城镇居民人均工资性收入 22 201 元，相比之下，城镇居民工资性收入是农村居民的 4.03 倍。农村居民工资性收入占人均可支配收入的 40.9%，2017 年，农民工本地就业人数增长 2.0%，农民工人均月收入增长了 6.4%，使农村居民工资性收入保持较快增长，由此可见，提高农民的非农化转移是提高农村居民收入增长的重要因素。

根据国家统计局海南调查总队的调查数据，2017 年，海南省城镇居民工资性收入 20 396 元，占人均可支配收入的 66.2%；农村居民工资性收入为 5168 元，占人均可支配收入的 40.1%。2018 年，海南省城镇居民工资性收入 21 506 元，占人均可支配收入的 64.5%；农村居民工资性收入为 5611 元，占人均可支配收入的 40.1%。作为收入主体，工资性收入的稳步提升有力推动了居民收入的增长。

2018 年，海南省居民人均工资性收入为 14 306 元，同比增长 7.0%，对收入增长的贡献率达 46.2%，在四大项收入中贡献率最大，是海南省居民收入增长的主要驱动力。从影响因素看，2018 年海南省社会就业整体稳定，全年城镇新增就业人数 12.84 万人，在岗职工工资延续稳步增加态势。同时，2018 年以来，海南省出台多项政策性增资，首次实施并发放机关事业单位人员绩效工资，促进机关事业单位人员工资收入较快增长。

2018 年，海南省农民人均工资性收入 5611 元，同比增加 444 元，增长 8.6%，对农民增收的贡献率为 40.8%，拉动可支配收入增长 3.4 个百分点。工资性收入增长的主要原因：一是农民外出从业人员增加，农民工工资平稳增长。据调查，2018 年农民外出从业人员比上年增长 5.6%，人均月收入 2970 元，同比增长 6.9%。二是村干部、乡村教师等工资标准提升较快。乡村旅游不断升温，带动农村富余劳动力向非农就业转移，农村外出务工和本地务工工资保持增长。

2）人均经营净收入

2017 年，全国城镇居民人均经营净收入 4065 元，增长 6.7%，比上一年增长 0.1%，占人均可支配收入的 11.2%，增长的主要原因是大众创业、万众创新的政策扶持，个体工商和小微企业的经营环境不断完善，以及供给侧改革使得第二、第三产业较快增长。农村居民人均经营净收入5028元，占人均可支配收入的37.4%，相比之下，这个收入超过了城镇居民的数值。第一产业经营净收入稳定增长，种植业、牧业收入持续增长，第二、第三产业经营净收入快速增长。

2017年，海南省城镇居民人均经营净收入3181元，占人均可支配收入的10.3%；农村居民人均经营性净收入5576元，占人均可支配收入的43.2%。2018年，海南省城镇居民人均经营净收入3349元，占人均可支配收入的10.0%；农村居民人均经营性净收入5806元，占人均可支配收入的41.5%。城镇方面，第三产业经营是城镇家庭经营收入的主要来源。2018年社会商品交易保持活跃，城镇社会商品零售总额同比增长6.2%，全年接待游客总人数增长11.8%，这都促进了城镇居民家庭第三产业经营持续发展。农村方面，2018年以来，海南省农产品生产价格波动较大，农产品价格指数高开低走，一季度蔬菜价格高位运行，但进入二季度以来，杧果、菠萝等热带水果价格下滑明显，橡胶价格持续低迷，生猪价格虽有回升但同比下降仍较为明显，导致农民家庭第一产业经营净收入增速逐季下滑（一季度、上半年、前三季度和全年增速分别为8.5%、4.6%、3.4%和2.5%），在此背景下，非农经营尤其是第三产业经营的稳定增长，成为2018年稳定农民家庭经营增收的重要因素。2018年，海南省农村居民非农经营净收入增长7.5%，高于第一产业经营净收入增速5.0个百分点，占农村居民家庭经营净收入的比重从31.6%提升至32.6%，提升了1.0个百分点，对农民增收的作用增强。主要原因是随着美丽乡村、特色小镇的建设和居民对生活品质追求的提升，乡村自驾休闲旅游逐渐升温，带动了农村家庭第三产业经营的活力，促进农民非农经营增收。第三产业经营发展平稳，尤其是农村地区，在2018年农产品价格波动较大的情况下，第三产业经营收入对稳定农村居民经营增收发挥了重要支撑。

3）人均财产净收入

2017年全国城镇居民人均财产净收入3607元，增长10.3%，增速比上一年度提高2.8%，占人均可支配收入的9.9%，其中城镇居民出租房屋收入增长较快，增长11.9%。

相比之下，全国农村居民人均财产净收入仅为303元，占城镇居民同类收入的8.4%，差距加大，农村居民人均财产净收入仅占人均可支配收入的2.3%，主要来自转让承包土地经营权租金净收入、出租房屋净收入和红利收入，分别比上一年度增长12.4%、11.2%和12.9%。

2017年，海南省城镇居民人均财产净收入2375元，占人均可支配收入的7.7%；农村居民人均财产净收入186元，占人均可支配收入的1.4%。2018年，海南省城镇居民人均财产净收入3244元，比上一年度增长36.6%，占人均可支配收入的9.7%；农村居民人均财产净收入254元，比上一年度增长36.5%，占人均可支配收入的1.8%。2018年，海南省城镇居民人均财产净收入的提高主要来自海南省本地住房价格上涨、租房需求增加，房屋租金上涨较快，使得城镇居民来自财产净收入呈现快速增长态势。海南省农村居民财产净收入增长主要得益于农村土地流转加快，农民来自转让承包土地经营权租金净收入及农村土地集体土地出租后分配的红利增加较快，同时，由于这方面基数较低，使得2018年海南省农村居民财产净收入大幅增长。

4）人均转移净收入

2017年，全国城镇居民人均转移净收入6524元，占人均可支配收入的17.9%，比上一年度增长10.4%，主要来自企业和机关事业单位退休人员基本养老金的提高。

2017年，全国农村居民人均转移净收入2603元，约为城镇居民同类收入的40%，占人均可支配收入的19.4%，增长11.8%，增长的因素包括精准扶贫的落实及最低生活保障等社会救济和补助的提高。

2017年，海南省城镇居民人均转移净收入4866元，低于全国平均水平1658元，占人均可支配收入的15.8%；农村居民人均转移净收入1972元，低于全国平均水平631元，占人均可支配收入的15.3%。2018年，海南省城镇居民人均转移净收入5249元，比上一年度增长7.9%，占人均可支配收入的15.7%；农村居民人均转移净收入2318元，比上一年度增长17.5%，占人均可支配收入的16.6%。海南省城镇人均转移净收入的增长主要得益于城镇居民的养老金和离退休金的增长。受离退休人数增加、企事业单位养老金和离退休金标准提高和行政单位离退休人员政策性增资等多重因素影响，2018年，海南省城镇居民养老金和离退休金同比增长6.3%，带动城镇居民转移净收入平稳增长。2018年，海南省农村居民人均转移净收入的快速增长因素主要有下述几点因素：全省扶贫资金投入、惠农支农政策力度不减；农村低保标准提高，年内两次提高农村基础养老金；特别是扶贫产业持续较快发展，年底贫困户入股合作社分红发放。以上种种因素促进了本省农民人均转移净收入增长加快，全年增速比前三季度提升了7.6个百分点（表3-10）。

表3-10　海南省与全国农村居民各项收入来源比较　　　　单位：元

	海南省	全国	差值
人均工资性收入	5168	5498	-330
人均经营净收入	5576	5028	548
人均财产净收入	186	303	-117
人均转移净收入	1972	2603	-631

数据来源：国家统计局2017年住户收支与生活状况调查，《海南统计年鉴-2018》。

（2）消费支出数据分析

从消费支出数据来看，2017年，全国城镇居民人均消费支出24 445元，实际增长4.1%；农村居民人均消费支出10 955元，实际增长6.8%。其中，城镇居民人均食品烟酒支出7001元，增长3.5%；农村居民人均食品烟酒支出3415元，增长4.6%。城镇居民食品消费支出占比28.6%，农村居民食品消费支出占比31.2%，恩格尔系数分别比上一年下降0.7%和1.0%。

2017年，海南省城镇居民人均消费支出20 205元，低于全国城镇平均水平4240元；农村居民人均消费支出9602元，低于全国农村居民平均水平1353元。

2018年，随着海南省城镇居民收入的持续增加，海南省居民人均生活消费支出呈现较快增长态势，人均消费支出17 528元，同比增长13.8%，增速快于收入4.8个百分点。按常住地分，城镇居民人均生活消费支出22 791元，同比增长12.8%，增速快于收入4.6个百分点；农村居民人均生活消费支出首次突破万元大关，达到10 956元，同比增长14.1%，增速快于收入5.7个百分点。

1）食品消费支出

2017年，海南省城镇居民食品消费支出占比37.2%，比上一年度低1.8%，恩格尔系数高于全国平均水平8.6%；海南省农村居民食品消费支出占比41.9%，比上一年度减少1.3%，高于全国农村恩格尔系数10.7%。这个数据说明海南省整体经济发展低于全国平均水平。从全国范围数据来看，2017年海南省居民在食品烟酒类上的支出在全国排名第9位，而同年人均生活消费支出水平在全国仅排名第19位。2017年恩格尔系数高居全国第2位，仅低于收入水平排全国倒数第一的西藏。

和全国数据比较，海南省居民恩格尔系数仍显著高于全国平均水平。2018年，海南省居民恩格尔系数为37.4%，比全国居民高9.0个百分点，其中，海南省城镇居民恩格尔系数为35.6%,高于全国平均水平7.9%;农村居民恩格尔系数为41.8%,高于全国平均水平11.7个百分点。

2018年,食品烟酒类消费仍是海南省居民最大的支出项目,人均支出6552元,占生活消费支出的比重(恩格尔系数)为37.4%,居住类、教育文化娱乐类、交通通信类方面的消费支出居第2~第4位,人均分别支出3774元、2185元和1919元,占生活消费支出的比重依次为21.4%、12.5%和10.9%。

2)教育文化支出

2017年,全国城镇居民人均教育文化娱乐支出2847元,增长7.9%,占比11.6%;农村居民人均教育文化娱乐支出1171元,增长9.4%,占比10.7%。

2017年,海南省城镇居民教育文化娱乐服务支出占比11.1%,比上一年度增加0.8%,低于全国城镇居民同类数据0.5%;海南省农村居民教育文化娱乐支出占比12.5%,比上一年度增加0.1%,高于全国农村居民教育文化娱乐支出1.8%。

3)医疗保健支出

2017年,全国城镇居民人均医疗保健支出1777元,增长9.0%,占比7.3%;农村居民人均医疗保健支出1059元,增长13.9%,占比9.7%。

2017年,海南省城镇居民人均医疗保健支出占比7.4%,与上一年度数据持平,高于全国平均数据0.1%;海南省农村居民人均医疗保健支出占比6.6%,与上一年度持平,低于全国农村居民医疗保健支出3.1%(表3-11)。

表3-11 海南省与全国农村居民消费支出比较　　　　单位:元

	海南省	全国	差值
人均消费支出	9602	10 955	-1353
食品消费支出	6552	3415	3137
教育文化支出	1200.3	1171	29.3
医疗保健支出	633.7	1059	-425.3

数据来源:国家统计局2017年住户收支与生活状况调查,《海南统计年鉴-2018》。

2018年,海南省居民人均服务性消费支出7902元,同比增长24.3%,增速高于人均生活消费支出增速10.5个百分点。从居民服务性消费结构看,海南省居民人均饮食服务(含在外饮食、食堂就餐和食品加工费)支出增长29.2%,居住服务支出增长30.5%,教育文化娱乐服务支出增长25.2%,医疗服务支出增长 10.5%，包含旅馆住宿、美容美发等在内的其他服务支出增长50.4%。服务性消费支出快速增长的主要原因是随着收入水平不断提高，城乡居民消费观念提升，更加注重发展型、享受型消费；同时，国家大力推进城乡居民医保并轨和异地就医直接结算等惠民措施，带动在外饮食、居住服务、教育文化娱乐服务、医疗服务等服务性消费实现较快增长。

二、海南省农村地区贫困人口脱贫效果分析

1. 贫困发生率

2017年，全国农村贫困人口3046万人，比上年减少1289万人，降低29.7%；贫困发生率3.1%，比上一年度下降1.4。海南省贫困发生率3.9%，处在3%～7%，与上一年度相比，贫困发生率有所下降。贫困发生率高于7%的地区包括云南、贵州、西藏、甘肃和新疆；贫困发生率在3%～7%的省份，除了海南省，还包括山西、河南、湖南、广西、四川、陕西、青海、宁夏；贫困发生率在0.5%～3%的省份包括河北、内蒙古、辽宁、吉林、黑龙江、安徽、江西、山东、湖北、重庆；贫困发生率低于0.5%的地区包括北京、天津、上海、浙江、江苏、福建、广东，这些地区实现全面脱贫。海南省贫困发生率还处于较高的第二梯队中，贫困人口在100万人以下，扶贫脱困任务还没完成全面脱贫目标。

根据国家统计局全国农村贫困监测调查，按现行国家农村贫困标准测算，2018年，海南省农村净脱贫人口达 15 万人，贫困人口降至 7 万人；减贫率高达 67.6%，比上年提高了 37.7 个百分点；贫困发生率从 2017 年的 3.9%下降至 1.3%，下降 2.6 个百分点。从党中央部署扶贫攻坚任务以来，在海南省各级政府机构、企事业单位及各界人士的共同努力下，截至 2018 年年末，海南省农村贫困人口从 2012 年年末的 65 万人减少至 7 万人，累计减少 58 万人。贫困发生率从 2012 年的 11.4%下降至 1.3%，累计下降 10.1 个百分点。海南省农村贫困发生率比全国平均水平（1.7%）低 0.4 个百分点。

2. 贫困地区农民收入情况

根据海南省最新统计数据（资料来源：海南省人民政府网），2018 年海南省贫困地区农村常住居民人均可支配收入达 11 545 元，比上年增加 1233 元，同比名义增长 12.0%，增幅高于全省农民可支配收入 3.6 个百分点；扣除价格因素，实际增长 9.3%。2018 年海南省贫困地区农民收入与全省农民平均水平差距继续缩小。从收入水平看，2018 年海南省贫困地区农民可支配收入水平低于全省平均水平2444 元，差距比上年缩小了 146 元；从收入增速看，2018

年海南省贫困地区农民收入增速快于全省农民 3.6 个百分点;从收入构成来看,四大项收入中除经营净收入外,其他 3 项收入增速均快于全省农村居民,贫困地区农村居民人均工资性收入、财产净收入、转移净收入增速分别比全省农民平均水平高出 4.7 个、66.9 个和 11.7 个百分点;从收入比看,贫困地区农民人均可支配收入占全省农民平均水平的 82.5%,比上年提高了 2.6 个百分点,贫困地区农民收入与全省农民的差距继续缩小。从全国范围来看,2018 年全国贫困地区农民人均可支配收入 10 371 元,同比增长 10.6%,海南省贫困地区农民收入水平比全国平均水平高 1174 元,增速比全国平均高 1.4 个百分点。从排位看,在全国贫困监测调查的 22 个省区中,海南省贫困地区农村居民收入水平排在第 5 位,比上年提升 1 个位次;增速排在第 3 位,比上年下降 1 个位次。

自 2015 年以来,海南省贫困地区农民可支配收入连续 4 年保持两位数增长,呈逐渐快速增长态势,具体如图 3-1 所示。

从贫困地区农民收入来源看,2018 年,海南省贫困地区农民四大项收入同比全面增长,其中,人均财产净收入增长最快,人均工资性收入和转移净收入增长对农民增收的贡献率居前两位。从构成看,四大项收入呈现"三

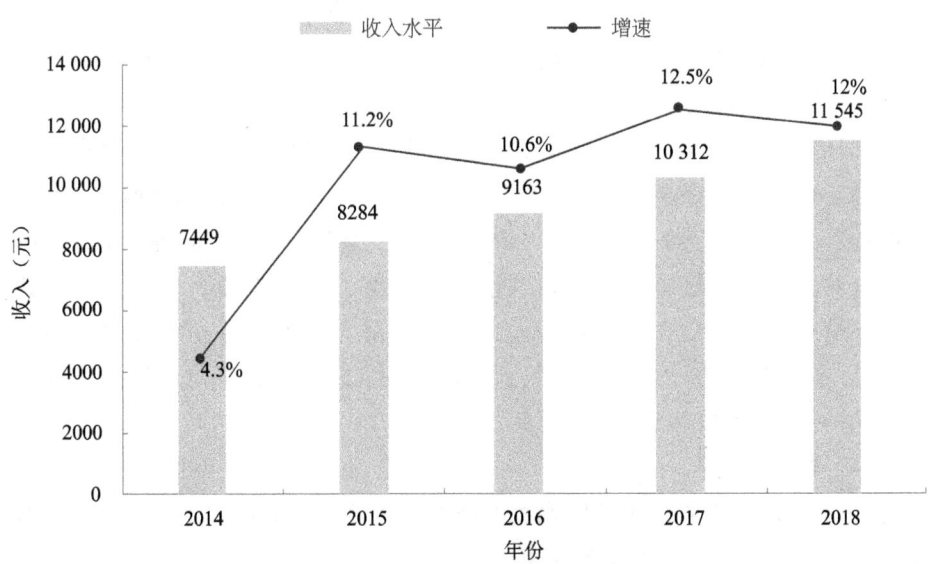

图 3-1 2014—2018 年海南省贫困地区农民收入变化情况

(数据来源:海南省人民政府网)

升一降",工资性收入、财产净收入、转移净收入比重分别为42.9%、0.3%、21.1%,比上年同期分别提高0.6个、0.1个、2.8个百分点,经营净收入比重为35.7%,较上年同期下降3.4个百分点。

（1）工资性收入

2018年,海南省贫困地区农民工资性收入增长较快,对增收的贡献率最大。据统计,海南省贫困地区农民人均工资性收入达到4947元,比上年增加580元,同比增长13.3%,对可支配收入增长的贡献率为47.1%,贡献率居四大项收入之首。工资性收入增长的主要原因：一是就业扶持政策落实到位,贫困地区农民就业机会增多,外出务工人员增加,同时近年农民工工资呈上升态势。据农民工调查数据,2018年海南省贫困地区农民外出从业人员比上年增长5.6%,人均月收入2970元,同比增长6.9%。二是村干部、乡村教师等工资标准提升较快。

（2）转移净收入

2018年,海南省贫困地区农民转移净收入显著增长,贡献率仅次于工资性收入。海南省贫困地区人均转移净收入为2439元,同比增长29.2%,对可支配收入增长的贡献率为44.7%。主要增长原因：一是近几年海南省全面落实贫困人口新农合、大病保险、医疗救助、社会救助、低保"五重保障",扶贫措施力度加大；二是养老金标准提高至178元,较上年增长22.8%。

（3）经营净收入

2018年,海南省贫困地区农民经营净收入小幅增长,来自第三产业经营收入增长较快。海南省贫困地区人均经营净收入为4127元,同比增长2.1%。从产业看,第一产业净收入下降1.6%,其中,受瓜菜、海产品等价格上涨影响,农业、渔业经营净收入比上年分别增长38.0%、37.2%；受橡胶和活猪价格下降影响,林业、牧业经营收入大幅下降,比上年分别下降47.3%、40.9%。来自第三产业经营净收入则同比增长15.2%,是影响农民经营净收入增长的主要因素。

（4）财产净收入

2018年,海南省贫困地区农民财产净收入倍增,但占比低、影响小。海南省贫困地区人均财产净收入为32元,同比增长103.4%,占可支配收入比重仅为0.3%。财产净收入高速增长主要原因是农村土地流转加快,使得农民转让土地承包经营权收入快速增加,促进了财产性收入大幅增长。

3. 贫困地区消费支出情况

从消费支出来看，2018年，海南省贫困地区农民人均消费支出9159元，同比增加1207元，增长15.2%，增速快于全省农民平均消费水平1.1个百分点。与全国相比，消费水平比全国平均水平高203元，排第10位；增幅比全国高3.2个百分点，排第1位。

2018年，海南省贫困地区农民衣食住用等基本支出虽然稳步增长，但占比却有所下降。其中，贫困地区农民食品烟酒、衣着、居住、生活用品及服务四类消费支出共计6128元，比上年增加774元，增长14.5%，所占比重为66.9%，比上年下降了0.4个百分点。随着海南省不断加大扶持力度，贫困地区基础设施迅速改善，带动农民交通通信、教育文化娱乐及医疗保健支出快速增长，占比提高。2018年，农村贫困地区农民交通通信、教育文化娱乐、医疗保健三项消费支出共计2962元，比上年增加459元，增长18.3%，所占比重为32.3%，比上年同期提高0.8个百分点。

第四章　海南省农村教育医疗发展状况分析

根据海南省人民政府网站数据，整体上看，海南省教育事业发展取得了很大的进步。截至2017年，海南省开办普通高等学校20所，招生6.12万人，在校学生20.73万人。兴办中等职业教育学校87所，招生5.11万人，在校学生13.36万人。拥有普通高中116所、增长6.4%，招生5.66万人、下降1.1%，在校学生17.1万人、增长0.7%，高中阶段毛入学率90.6%、提高1.24个百分点。普通初中397所、增长0.8%，招生12.13万人、增长10.0%，在校学生33.33万人、增长3.0%，初中毛入学率101.74%、降低0.5个百分点。普通小学（不含教学点）1388所、下降8%，招生14.27万人、增长2.2%，在校学生80.95万人、增长2%，小学毛入学率101.73%、提高0.9个百分点。

第一节　海南省各级教育发展现状分析

和海南城市地区的教育资源分配相比，海南省农村教育发展整体上与城市地区相比，还有一定的上升空间。黎嫔（2015）通过对海南部分农村中学实地访谈调研指出，海南省部分地区有的农村中学部分教师存在无心教学、不求上进的情况，而学生成绩也处在全县末位。有的农村初中教师结构不合理、所教非所学，部分教师士气较低，成绩好的学生被县城的中学录取，农村初中留下的学生成绩不理想。

刘庚（2019）指出，在海南省农村小学师资力量有限的情况下，如何更好地安排教师组合，也是提高本地农村小学教学质量，改善农村小学教学效果的方法，此外，家庭教育的作用也不可忽视。

林梓华（2019）指出，尽管海南省政府有关部门投入了大量的工作，海南农村义务教育多年来仍呈现学生学业低水平状态，解决问题的关键在于重新提倡尊师重教的社会氛围，唤醒教师的职业价值和履责能力，改造农村义务教育课程，恢复农村学校的社会价值等方面。

李晶晶（2014）通过对8位海南农村教师的访谈，指出部分农村教师对自己工作并不满意，他们把不满意归因于教学环境的恶劣，如学校的规章制度、学生的生源质量和教师过低的待遇等方面。由于农村教师职称评审限制，部分教师对自己的职业生涯的发展前景感到迷茫。海南农村地区学校部分学生学习兴趣不高，学习氛围不佳，部分学生家长不重视子女的学习状态，部分学生学习基础较弱。作者指出，对于农村教师的发展，首先要了解他们的心理需求，增加人文关怀，肯定教师付出，建立同质教师之间的交流，以此提高教师的教学效能感。

1. 海南省高等教育发展概况

海南省高等教育的发展，单纯从数量上看远远落后国内其他地区发展水平，普通高等学校数量仅占全国0.7%，排名倒数第三，仅高于西藏（7所）和青海（12所），与宁夏回族自治区同列倒数第3位（19所），而相比之下，新疆有47所普通高等学校，甘肃49所普通高等学校，江西等地有百余所普通高等学校。在普通高等学校中，海南省还没有一所中央部门兴办的高等学校；本科院校数量，海南省居全国倒数第2位，仅高于青海省和西藏自治区（4所）；高职高专数量，海南省居全国倒数第4位，仅高于宁夏、青海和西藏。由此可见，海南省在高等教育发展上，整体水平偏弱。

根据2018年海南省国民经济和社会发展统计公报，截至2018年年底，海南省全年普通高等学校20所、比上年增长5.3%，招生5.94万人（不包含成人和网络本、专科）、增长4.9%，在校学生19.61万人、增长2.5%。

在研究生培养数量来看，海南省数据还低于本科（专科）水平，在全国占比仅为0.2%~0.3%，其中，博士研究生毕业（结业）数量及在校生人数仅仅占全国0.086%，招生数占全国0.11%。可见，在高层次人才培养上，海南省还有相当大的差距。

海南省整个高等教育普通本专科学生数量在全国所占比重偏低，不论是毕（结）业学生人数、授予学位数、招生人数及在校生人数基本占全国整体数据的0.6%左右，位次仅高于宁夏、青海和西藏，居倒数第4位。此外，海南省高等教育成人本专科人数也居全国末位。这些数据说明海南省高等教育学生数量还有较大提升空间。截至2016年年末，海南省高等教育网络本专科人数居全国末位，人数为零，同处末位的省（区、市）还包括河北、陕西、内蒙古、江西、广西、贵州、西藏、青海和新疆。海南省在高等理工院校、高等农业院校、高等林业院校、高等医学院校、高等师范院校、高等体育院校、高等艺术院校及高等职业院校等不同门类高等学校的发展上，也明显滞后于多数省（区、市）的发展情况，有的还处于缺位的状态。

海南省普通高校占地面积、图书拥有量、计算机台数、教室及固定资产等数据在国内所占比重较小，占地面积、图书拥有量仅高于青海和西藏，计算机数量高于青海、宁夏和西藏，教室数量高于青海、西藏，网络多媒体教室高于青海、宁夏和西藏，固定资产超过青海、宁夏和西藏，居全国末位。

2. 普通高中教育投入情况分析

（1）普通高中校数班数情况

根据《中国教育统计年鉴–2017》数据统计，海南省普通高中共有116所，其中完全中学79所，高级中学14所，十二年一贯制学校23所；班级数合计3411个班，其中一年级1141个班，二年级1137个班，三年级1133个班。从全国范围横向比较来看，海南省普通高中学校数仅仅高于青海、宁夏和西藏数据，居全国末位。海南省城区普通高中学校数仅仅高于青海、宁夏和西藏数据，居全国末位。海南省城乡结合区普通高中学校数所占全国比例大幅减少。

根据上述资料，海南省普通高中数量城区最多，达65所；其次是镇区40所；城乡结合区8所；镇乡结合区11所；乡村较少，仅11所。其中原因应该是乡村学生在高中阶段以镇乡结合区、镇区上学为主，选择在乡村读高中的较少。

（2）普通高中学生数情况

海南省普通高中毕业生数56 105，招生数56 627，在校生数171 077，其中一年级学生数56 638，二年级学生数57 297，三年级学生数57 142，预计毕业生数57 448。全国范围内横向比较可以看出，海南省普通高中学生数仅仅高于青海、宁夏和西藏数据，居全国末位。毕业生数和招生数仅占全国总数的0.7%左右。

海南省城区普通高中学生数仅仅高于青海、宁夏和西藏数据，居全国末位。毕业生数和招生数仅占全国总数的0.9%左右。相比之下，城区高中学生数比例有所增加。海南省城区普通高中毕业生人数占全省总数的63%，招生人数占全省总数的61%。

海南省城乡结合区普通高中学生毕业生数高于北京、上海、内蒙古、吉林、甘肃、青海、宁夏和西藏数据。毕业生数和招生数仅占全国总数的0.6%左右。相比之下，城乡结合区高中学生数比例略有减少。海南省城乡集合区普通高中毕业生人数占全省总数的7.3%，招生人数占全省总数的6.6%。

海南省镇区普通高中学生毕业生数高于北京、上海、天津和西藏数据。毕业生数和招生数仅占全国总数的0.5%左右。相比之下，海南省镇区高中学生数比例略有减少。海南镇区普通高中毕业生人数占全省总数的33%，招生人数占全省总数的32%。

海南省镇乡结合区普通高中学生毕业生数高于北京、上海、辽宁、吉林、宁夏和西藏数据。毕业生数和招生数仅占全国总数的0.55%左右。相比镇区数据，海南省镇乡结合区高中学生数比例略有增加。

海南省乡村普通高中学生毕业生数高于北京、上海、天津、内蒙古、吉林、宁夏数据。毕业生数和招生数仅占全国总数的1.07%和1.45%。从表4-1可以看出，海南省城乡普通高中学生数相差较大，城区、镇区占大部分生源，乡村普通高中毕业生人数仅占全省总数的4.4%，招生人数占全省总数的7.1%。

表4-1 海南省城乡普通高中学生数比较

地区	毕业生数（人）	招生数（人）	在校生数（人）				预计毕业生数（人）
			合计	一年级	二年级	三年级	
海南省	56 105	56 627	171 077	56 638	57 297	57 142	57 448
城区	35 147	34 346	104 456	34 341	34 681	35 434	35 740
占比	63%	61%	61%	61%	61%	62%	62%
镇区	18 473	18 264	55 891	18 270	18 572	19 049	19 049
占比	33%	32%	33%	32%	32%	33%	33%
乡村	2485	4017	10 730	4027	4044	2659	2659
占比	4.4%	7.1%	6.3%	7.1%	7.1%	4.7%	4.6%

资料来源：《中国教育统计年鉴-2017》，中国统计出版社，2018年。

（3）普通中学教职工数

海南省普通中学拥有教职工人数54 144，仅占国内总数的0.8%；其中专任教师46 432人，占国内总数的0.78%；行政人员1292，占全国总数的0.67%；教辅人员1370，占全国总数的0.51%；工勤人员4893，占全国总数的1.65%；校办企业职工157人，占全国总数的6.98%；代课教师1102人，占全国总数的1.63%；兼任教师344人，占全国总数的2.05%。和普通中学专任教师数据相比，海南省普通中学行政人员和教辅人员相对精简，工勤人员相对较多，代课教师和兼任教师比重相对较高。

从全国范围数据横向比较来看，海南省普通中学教职工总数仅高于西藏、青海和宁夏普通中学教职工总数，居国内末位。从这个数据可以看出，海南省普通高中教师数量偏低，还有待进一步提高。

海南省城区普通中学教职工仅高于西藏、青海和宁夏城区普通中学教职工人数，居国内末位。从这个数据可以看出，即便是城区普通高中，教师数量依然偏低，还有待进一步提高。海南省城区普通中学教职工占全省总数的47%，专任教师占全省总数的45%。从教师数量来看，海南省城区教师数量约占全省教育资源的半数。

海南省城乡结合区普通中学教职工高于内蒙古、吉林、西藏、甘肃、青海和宁夏城乡结合区普通中学教职工人数，居国内末位。相比城区数据，海南省城乡结合区普通中学兼任教师数量比例略高。

海南省镇区普通中学教职工高于北京、天津、上海、西藏、青海和宁夏镇区普通中学教职工人数，北京、天津、上海镇区中学数量也较少，主要分布在城区。海南省镇区普通中学教职工占全省总数的45%，专任教师占全省总数的47%。

海南省乡村普通中学教职工高于天津、上海和西藏乡村普通中学教职工人数。天津和上海城市化率比较高，相比之下，乡村中学数量和教职工数量随之减少，但与其他经济发展水平居后的省（区、市）相比，海南省乡村中学发展比较落后，还有较大发展空间。海南省乡村普通中学教职工仅占全省的8.3%，专任教师仅占全省总数的8.1%；城区普通中学教职工总数占全省总数的47%，专任教师占全省总数的45%；海南省镇区普通中学教职工总数占全省总数的48%，专任教师占全省总数的47%。从本省城区和镇区教职工总数和专任教师数量来看，海南省乡村普通高中教师数量普遍偏低（表4-2）。

表4-2 海南省城区、镇区和乡村普通中学教职工人数比较　　　　　单位：人

地区	教职工数						代课教师	兼任教师
	合计	专任教师	行政人员	教辅人员	工勤人员	校办企业职工		
总计	54 144	46 432	1292	1370	4893	157	1102	344
城区	25 291	20 975	750	780	2748	38	832	164

续表

地区	教职工数						代课教师	兼任教师
	合计	专任教师	行政人员	教辅人员	工勤人员	校办企业职工		
占比	47%	45%	58%	57%	56%	24%	75%	48%
镇区	24 343	21 677	410	483	1692	81	182	155
占比	48%	47%	32%	35%	35%	52%	17%	45%
乡村	4510	3780	132	107	453	38	88	25
占比	8.3%	8.1%	10.2%	7.8%	9.3%	24%	8.0%	7.3%

资料来源：《中国教育统计年鉴–2017》，中国统计出版社，2018年。

（4）普通高中专任教师学历、专业技术职务情况

从学历分布情况看，海南省普通高中专任教师有735人拥有研究生学历，12 234人获得本科学历，专科学历的有356人，高中及以下学历的有3人。从专业技术职务分布情况来看，获得中学高级职称的3607人，拥有中学一级职称的4496人，获得中学二级职称的有4085人，中学三级职称的有90人，1050人未定职称。

从学历分布情况来看，与国内其他地区相比，海南省普通高中专任教师学历中，专科占全国比例最高，其次是本科、高中和研究生。从学历上看，海南省城区普通高中专任教师研究生数量超过西藏和青海，居全国末位；本科数量超过西藏、宁夏和青海，居全国末位。从专业技术职务上看，海南省城区普通高中高级教师数量超过青海和西藏，居全国末位。

从全省范围来看，海南省普通高中专任教师本科生人数最高，其次是研究生、专科和高中。从专业技术职务来看，与国内总数相比，中学二级和中学三级专业技术职务占比最高，其次中学高级、未定职级和中学一级。从全省范围来看，中学一级人数最多，其次是中学二级、中学高级、未定职级和中学三级。

海南省城乡结合区高中专任教师学历分布中，研究生有47人，数量高于吉林、甘肃、青海和宁夏；本科生有766人，人数高于内蒙古、甘肃、青海和宁夏。

从专业技术职务分布来看，中学高级职称有136人，人数高于宁夏和甘肃；中学一级232人，人数高于宁夏、甘肃和青海；中学二级有375人，人

数高于宁夏、甘肃和青海；中学三级为零；未定职级 85 人。

海南省镇区普通高中专任教师学历分布，研究生 141 人，高于西藏；本科生 4092 人，高于北京、天津、上海、西藏和宁夏。海南省镇区普通高中专任教师专业技术职务分布，中学高级 1003 人，人数高于北京、天津、上海、宁夏和西藏；中学一级 1465 人，人数高于北京、天津、上海、宁夏和西藏；中学二级 1691 人，人数高于北京、天津、上海、青海和西藏；中学三级 36 人，未定职级 203 人。

海南省镇乡结合区普通高中专任教师学历分布，研究生 49 人，本科 1125 人。海南省镇乡结合区普通高中专任教师专业技术职务分布，中学高级 222 人，中学一级 325 人，中学二级 591 人，中学三级 25 人，未定职级 31 人。

海南省乡村普通高中专任教师学历分布，研究生 84 人，本科生 753 人。乡村普通高中专任教师专业技术职务分布，中学高级 234 人，中学一级 247 人，中学二级 229 人，中学三级 8 人，未定职级 124 人。

海南省城区、镇区和乡村高中专任教师学历、专业技术职务情况比较如表 4-3 所示。

表 4-3 海南省城区、镇区和乡村高中专任教师学历、专业技术职务情况比较　　单位：人

地区	合计	按学历分					按专业技术职务分				
		研究生	本科	专科	高中	高中以下	中学高级	中学一级	中学二级	中学三级	未定职级
总计	13 328	735	12 234	356	3	0	3607	4496	4085	90	1050
城区	8088	510	7389	187	2	0	2370	2784	2165	46	723
占比	61%	69%	60%	53%	67%		66%	62%	53%	51%	69%
镇区	4398	141	4092	164	1	0	1003	1465	1691	36	203
占比	33%	19%	33%	46%	33%		28%	33%	41%	40%	19%
乡村	842	84	753	5	0	0	234	247	229	8	124
占比	6%	11%	6%	1.4%	0		6.5%	5.5%	5.6%	8.9%	12%

资料来源：《中国教育统计年鉴-2017》，中国统计出版社，2018 年。

从表 4-3 可以看出，海南省城区、镇区和乡村高中专任教师学历、专业技术职务情况大不相同。从学历上纵向比较看，城区专任教师高中研究生学历占全省总数的 69%，镇区高中专任教师研究生学历占全省总数的 19%，乡村高中专任教师研究生学历占全省总数的 11%。城区高中专任教师本科学历占全省

总数的60%，镇区高中专任教师本科学历占全省总数的33%，乡村高中专任教师本科学历占全省总数的6%。城区高中专任教师专科学历占全省总数的53%，镇区高中专任教师专科学历占全省总数的46%，乡村高中专任教师专科学历占全省总数的1.4%。城区高中专任教师高中学历占全省总数的67%，镇区高中专任教师高中学历占全省总数的33%。

从学历的横向比较来看，城区高中专任教师中研究生学历占城区高中教师比例为6.3%，本科学历占城区高中教师比例为91%，专科学历占城区高中教师比例为2.3%。镇区高中专任教师研究生学历占镇区高中教师比例为3.2%，本科学历占镇区高中教师比例为93%，专科学历占镇区高中教师比例为3.7%。乡村高中专任教师研究生学历占乡村高中教师比例为10%，本科学历占乡村高中教师比例为89%，专科学历占乡村高中教师比例为0.6%。相比之下，在同一区域教师群体中，乡村高中专任教师研究生学历占比最高，镇区高中专任教师本科学历占比最高。

从职称的纵向比较来看，城区高中专任教师中学高级职称占全省总数的66%，镇区高中专任教师中学高级职称占全省总数的28%，乡村高中专任教师中学高级职称占全省总数的6.5%。城区高中专任教师中学一级职称占全省总数的62%，镇区高中专任教师中学一级职称占全省总数的33%，乡村高中专任教师中学一级职称占全省总数的5.55%。城区高中专任教师中学二级职称占全省总数的53%，镇区高中专任教师中学二级职称占全省总数的41%，乡村高中专任教师中学二级职称占全省总数的5.6%。城区高中专任教师中学三级职称占全省总数的51%，镇区高中专任教师中学三级职称占全省总数的40%，乡村高中专任教师中学三级职称占全省总数的8.9%。城区高中专任教师未定职级职称的占全省总数的69%，镇区高中专任教师未定职级职称的占全省总数的19%，乡村高中专任教师未定职级职称的占全省总数的12%。

从职称的横向比较来看，城区高中专任教师中学高级职称占城区高中教师总数的29%，中学一级职称占城区高中教师总数的34%，中学二级职称占城区高中教师总数的27%，中学三级职称占城区高中教师总数的0.6%，未定职级职称占城区高中教师总数的8.9%。镇区高中专任教师中学高级职称占镇区高中教师总数的23%，中学一级职称占镇区高中教师总数的33%，中学二级职称占镇区高中教师总数的38%，中学三级职称占镇区高中教师总数的0.8%，未定职级职称占镇区高中教师总数的4.6%。乡村高中专任教师中学高级职称占乡村高中教师总数的28%，中学一级职称占乡村高中教师总数的29%，中学二级职称占乡村高中教师总数的27%，中学三级职称占乡村高中教师总数的1.0%，未定职级职称占乡村高中教师总数的15%。城区中学专任教师中学高级职称占比最高，其次是乡村中学；城区中学一级职称专任教师占比最高，其次是镇区中学；中学二级职称镇区占比最高；未定职级乡村中学占比最高。

（5）普通高中办学条件（总计）之一

海南省普通高中校舍建筑面积为5 150 703平方米，这个数据高于天津、青海、西藏和宁夏普通高中校舍建筑面积，但海南省普通高中校舍中有危房存在，全国范围内，只有天津市普通高中校舍无危房。

海南省普通高中拥有教室面积为1 286 844平方米，图书室面积共有161 344平方米，语音室面积17 906平方米，体育馆面积144 294平方米。行政用房面积总计251 932平方米，其中教师办公室面积138 813平方米。生活用房面积总计2 706 313平方米，其中，教工宿舍面积834 468平方米（教师周转宿舍298 389平方米），学生宿舍面积1 267 815平方米，食堂面积361 360平方米，厕所面积122 070平方米，其他用房126 538平方米。校舍面积中危房面积22 147平方米，当年新增校舍面积73 433平方米。

海南省普通高中拥有微机室62 695平方米，这个数据仅高于青海和西藏；图书室161 344平方米，这个数据仅高于西藏、青海和宁夏；实验室272 624平方米，仅高于西藏、青海和宁夏。

海南省城区普通高中校舍建筑面积3 034 129平方米，高于西藏、甘肃、青海和宁夏。实验室173 825平方米，仅高于西藏、青海和宁夏；图书室92 596平方米，仅高于西藏、青海和宁夏；微机室38 788平方米，仅高于西藏、青海和宁夏。

海南省城乡结合区普通高中校舍面积265 985平方米，高于内蒙古、吉林、甘肃、青海和宁夏，西藏没有城乡结合区普通高中。

海南省镇区普通高中校舍面积1 545 259平方米，高于北京、天津、上海、西藏、青海和宁夏。

海南省镇乡结合区普通高中校舍面积447 265平方米，高于北京、天津、辽宁、吉林、黑龙江、青海和宁夏，西藏没有此类高中。

海南省乡村普通高中校舍面积571 314平方米，高于北京、天津、上海、江苏、辽宁、吉林、黑龙江、内蒙古、重庆、陕西、甘肃和青海。教室86 458平方米，高于北京、天津、上海、内蒙古、辽宁、吉林、黑龙江、江苏、陕西和青海；实验室30 212平方米，高于天津、上海、内蒙古、辽宁、吉林、黑龙江、江苏、江西、湖北、重庆、西藏、陕西和青海；图书室13 173平方米，高于天津、上海、辽宁、吉林、黑龙江、江西、重庆、甘肃、陕西和青海；微机室4182平方米，高于天津、内蒙古、吉林、黑龙江、上海和青海；语音室1306平方米，高于北京、天津、内蒙古、上海、江苏和青海；体育馆31 960平方米，高于河北、山西、内蒙古、辽宁、吉林、黑龙江、上海、江苏、安徽、福建、江西、河南、湖北、湖南、广西、重庆、四川、西藏、陕西、甘肃、青海和宁夏；教师办公室7733平方米，高于天津、吉林、上海、江苏和青海；教工宿舍59 028平方米，高于北京、天津、内蒙古、辽宁、吉林、黑龙江、上海、江苏、山东、重庆、青海和甘肃；学生宿舍143 843平方米，高于北京、天津、内蒙古、辽宁、吉林、黑龙江、上海、江苏、青海、甘肃和陕西；食堂51 592平方米，高于北京、天津、内蒙古、辽宁、吉林、黑龙江、上海、江苏、湖北、重庆、青海、甘肃和陕西。

海南省城乡普通高中办学条件比较如表4—4、表4—5所示。从办学条件比较可以看出，海南省乡村普通高中生均校舍建筑面积53.2平方米（海南省平均水平30.1平方米）、生均教室面积8.06平方米（海南省平均水平7.52平方米）、生均实验室面积2.82平方米（海南省平均水平1.59平方米）、生均图书室面积1.23平方米（海南省平均水平0.94平方米）、生均微机室面积0.39平方米（海南省平均水平0.37平方米）、生均语音室面积0.12平方米（海南省平均水平0.10平方米）、生均体育馆面积2.98平方米（海南省平均水平0.84平方米），均超过海南省平均水平；仅教师人均办公室面积低于海南省平均水平。这说明海南省乡村普通高中教学硬件设施在全省处于较高水平。

表4—4 海南省城乡普通高中办学条件之一比较（1） 单位：平方米

地区	校舍建筑面积	教学及辅助用房							行政用房	
		合计	其中						合计	其中教师办公室
			教室	实验室	图书室	微机室	语音室	体育馆		
海南	5 150 703	1 945 709	1 286 844	272 624	161 344	62 695	17 906	144 294	251 932	138 818
人均	30.1	11.4	7.52	1.59	0.94	0.37	0.10	0.84		10.4
城区	3 034 129	1 132 106	751 524	173 825	92 596	38 788	9061	66 310	169 878	97 167
人均	29.0	10.8	7.19	1.66	0.89	0.37	0.09	0.63		12.0
镇区	1 545 259	646 311	448 862	68 586	55 575	19 725	7539	46 023	62 866	33 918
人均	27.6	11.6	8.03	1.23	0.99	0.35	0.13	0.82		7.71

续表

地区	校舍建筑面积	教学及辅助用房								行政用房	
		合计	其中							合计	其中教师办公室
			教室	实验室	图书室	微机室	语音室	体育馆			
乡村	571 314	167 291	86 458	30 212	13 173	4182	1306	31 960		19 188	7733
生均	53.2	15.6	8.06	2.82	1.23	0.39	0.12	2.98			9.18

资料来源：《中国教育统计年鉴—2017》，中国统计出版社，2018年。

表4-5 海南省城乡普通高中办学条件之一比较（2） 单位：平方米

区域	生活用房							其他用房	校舍面积	
	合计	教工宿舍		学生宿舍	食堂	厕所	其他		危房面积	当年新增校舍
		小计	其中教师周转宿舍							
海南	2 706 313	834 468	298 389	1 261 875	361 360	122 070	126 538	246 747	22 147	73 433
城区	1 618 860	505 497	133 036	753 270	207 485	71 661	80 945	113 284	15 334	56 303
镇区	797 531	269 943	111 860	364 762	103 282	29 052	30 491	38 549	6813	17 125
乡村	289 921	59 028	53 493	143 843	51 592	21 356	15 402	94 914	0	5

资料来源：《中国教育统计年鉴—2017》，中国统计出版社，2018年。

(6) 普通高中办学条件之二

海南省普通高中固定资产总值930 768万元，其中，教学仪器设备资产值109 252万元，教学仪器设备中实验设备资产33 051万元。从全国范围来看，海南省普通高中固定资产总值仅高于天津、宁夏、青海和西藏。占地面积10 353 770平方米（其中绿化用地面积2 778 151平方米，运动场地占地面积2 197 136平方米），这个数据仅高于天津、西藏、青海和宁夏；拥有图书8 221 842册，数据仅高于天津、西藏、青海和宁夏；拥有计算机47 667台，数据仅高于西藏、青海和宁夏；其中教学用计算机39 008台，仅高于西藏、青海和宁夏；教室9148间，仅高于西藏、青海和宁夏；其中网络多媒体教室6408间，仅高于西藏、青海和宁夏。

海南省城区普通高中固定资产465 011万元，从全国范围来看，高于宁夏、青海和西藏。海南省城乡结合区普通高中固定资产64 020万元，高于天津、内蒙古、吉林、黑龙江、重庆、宁夏和青海。海南省镇区普通高中固定资产323 874万元，高于北京、天津、吉林、上海、宁夏、青海和西藏。

海南省乡村普通高中固定资产141 882万元，从全国范围来看，高于北京、天津、上海、河北、辽宁、吉林、黑龙江、江苏、江西、河南、湖北、湖南、广西、重庆、四川、青海、甘肃和陕西。占地面积1 358 636平方米，高于北京、天津、上海、辽宁、吉林、黑龙江、江苏、湖北、重庆、青海、甘肃和陕西。图书621 765册，高于天津、上海、辽宁、吉林、黑龙江、江西、重庆和青海。计算机4215台，高于天津、上海、辽宁、吉林、黑龙江、江苏、江西、湖北、重庆、西藏、陕西、甘肃、宁夏和青海。其中教学用计算机3223台，高于天津、上海、辽宁、吉林、黑龙江、江苏、江西、重庆、陕西、西藏和青海。教室863间，高于天津、上海、辽宁、吉林、黑龙江、江苏、重庆、陕西、西藏和青海。其中网络和多媒体教室458间，高于天津、上海、辽宁、吉林、黑龙江、江苏和陕西。

海南省城乡普通高中办学条件比较如表4-6、表4-7所示。海南省乡村普通高中生均占地126.6平方米（海南省平均水平60.5平方米），生均绿化用地42.6平方米（海南省平均水平16.2平方米）、生均运动场地21.4平方米（海南省平均水平12.8平方米）、生均图书57.9册（海南省平均水平48.1册）、生均计算机台数0.40台（海南省平均水平0.28台）、生均教室面积0.08间（海南省平均水平0.05间）、生均固定资产13.2万元（海南省平均水平5.44万元），生均教学仪器设备资产1.0万元（海南省平均水平0.64万元）。这些数据均超过海南省平均水平，说明海南省乡村普通高中教学硬件条件在全省处于相对较高水平。

表4-6 海南省城乡普通高中办学条件之二比较（1）

地区	占地面积（平方米）			图书数量（册）	计算机数（台）		
	合计	其中：			合计	其中教学用计算机	
		绿化用地	运动场地			小计	其中平板电脑
海南	10 353 770	2 778 161	2 197 136	8 221 842	47 667	39 008	1997
生均	60.5	16.2	12.8	48.1	0.28	0.23	0.01
城区	5 292 770	1 386 898	1 138 488	4 401 192	27 700	23 383	1782
生均	50.7	13.3	10.9	42.1	0.27	0.22	0.02
镇区	3 702 362	933 705	828 219	3 198 935	15 716	12 302	152
生均	66.2	16.7	14.8	57.2	0.28	0.22	0.003
乡村	1 358 636	457 557	230 428	621 715	4251	3323	63
生均	126.6	42.6	21.4	57.9	0.40	0.31	0.006

资料来源：《中国教育统计年鉴-2017》，中国统计出版社，2018年。

表4-7 海南省城乡普通高中办学条件之二比较（2）

地区	教室（间）		教室中：普通教室		固定资产总值（万元）		
	合计	其中网络多媒体	合计	其中网络多媒体	合计	其中：教学仪器设备资产值	
						小计	其中实验设备
海南	9148	6408	7286	5868	930 768	109 252	33 051
生均	0.05	0.04	0.04	0.03	5.44	0.64	0.19
城区	5453	4049	4447	3707	465 011	65 504	20 214
生均	0.05	0.04	0.04	0.04	4.45	0.63	0.19
镇区	2832	1901	2278	1773	323 874	32 940	9123
生均	0.05	0.03	0.04	0.03	5.79	0.59	0.16
乡村	863	458	561	388	141 882	10 808	3713
生均	0.08	0.04	0.05	0.04	13.2	1.00	0.35

资料来源：《中国教育统计年鉴-2017》，中国统计出版社，2018年。

3.海南省普通教育初中情况分析

（1）初中校数班数

海南省初中有397所学校，其中初级中学有207所，九年一贯制学校有190所，没有职业初中学校。海南省初中班级数共有6925个，其中一年级有2473个班，二年级有2276个班，三年级有2176个班，四年级没有班级。

从全省范围看，镇区初中学校数量最多，有243所，其中初级中学148所，九年一贯制学校95所；其次是城区，有96所初中，其中初级中学31所，九年一贯制学校65所；乡村拥有初中学校数量最少，仅58所，其中初级中学28所，九年一贯制学校30所。从班级数量来看，镇区初中班级数最多，有3488个班，其中一年级1246个班，二年级1135个班，三年级1107个班；城区初中拥有班级数2898个，其中一年级1014个班，二年级968个班，三年级916个班，各区域都没有四年级的班。

海南省城乡初中校数班数比较如表4-8所示。从中可以看出，海南省乡村初中学校数占比最少，仅占全省总数的15%；镇区占比最高，其次是城区；海南省乡村初中班数占比最少，仅占7.8%，镇区占比最高，其次是城区。

表 4-8　海南省城乡初中校数班数比较

地区	学校数（所）				班数（个）				
	合计	初级中学	九年一贯制学校	职业初中	合计	一年级	二年级	三年级	四年级
海南	397	207	190	0	6925	2473	2276	2176	0
城区	96	31	65	0	2898	1014	968	916	0
占比	24%	15%	34%	0	42%	41%	43%	42%	0
镇区	243	148	95	0	3488	1246	1135	1107	0
占比	61%	71%	50%	0	50%	50%	50%	51%	0
乡村	58	28	30	0	539	213	173	153	0
占比	15%	14%	16%	0	7.8%	8.6%	7.6%	7%	0

资料来源：《中国教育统计年鉴-2017》，中国统计出版社，2018年。

（2）初中学生数

海南省初中毕业生人数总计105 107人，招生数121 338人。在校生总计149 527人，其中一年级121 761人，二年级104 534人，三年级102 047人，四年级没有学生，女生总数149 527人。

海南省初中学生人数最多的区域是镇区，有毕业生51 024人，招生数59 873人。在校生总数163 359人，其中一年级60 060人，二年级53 041人，三年级50 258人；海南省城区初中学生人数位居次席，有毕业生47 929人，招生数52 615人。在校生总数147 771人，其中一年级52 815人，二年级49 240人，三年级45 716人。

从表4-9可以看出，海南省乡村初中学生人数在全省占比最少，毕业生人数仅6154人，招生数8850人。在校生总数22 212人，仅占6.7%，其中一年级8886人，二年级7253人，三年级6073人。

表4-9 海南省城乡初中学生人数比较　　　　　　　单位：人

地区	毕业生数	招生数	在校生数						预计毕业生数
			合计	其中：女	一年级	二年级	三年级	四年级	
海南	105 107	121 338	333 342	149 527	121 761	104 534	102 047	0	102 047
城区	47 929	52 615	147 771	63 877	52 815	49 240	45 716	0	45 716
占比	46%	43%	44%	43%	43%	47%	45%	0	45%
镇区	51 024	59 873	163 359	75 717	60 060	53 041	50 258	0	50 258
占比	49%	49%	49%	51%	49%	51%	49%	0	49%
乡村	6154	8850	22 212	9933	8886	7253	6073	0	6073
占比	6%	7.3%	6.7%	6.6%	7.2%	6.9%	6.0%	0	6.0%

资料来源：《中国教育统计年鉴-2017》，中国统计出版社，2018年。

（3）初中专任教师学历、专业技术职务情况

按学历分布纵向比较，海南省初中专任教师中共有研究生学历的教师269人，其中城区初中教师研究生人数有166人，占全省总数的62%；镇区有61人，占全省总数的23%；乡村有42人，占全省总数的16%。海南省初中专任教师中共有本科学历教师20 621人，其中城区初中教师本科学历人数有8407人，占全省总数的41%；镇区初中教师本科学历的有10 628人，占全省总数的52%；乡村初中教师本科学历的有1586人，占全省总数的7.7%。海南省初中专任教师中共有专科学历教师4867人，其中城区初中教师专科学历人数有1301人，占全省总数的27%；镇区初中教师专科学历的有3202人，占全省总数的66%；乡村初中教师专科学历的有464人，占全省总数的9.5%。海南省初中专任教师中共有高中学历教师74人，其中城区初中教师高中学历人数有11人，占全省总数的15%；镇区初中教师高中学历的有52人，占全省总数的70%；乡村初中教师专科学历的有11人，占全省总数的15%。高中阶段以下学历初中教师仅有一人，隶属镇区初中。

按学历分布横向比较，海南省城区初中教师研究生学历占其总数的1.7%，本科学历占其总数的85%，专科学历占其总数的13%。镇区初中教师研究生学历占其总数的0.4%，本科学历占其总数的76%，专科学历占其总数的23%。乡村初中教师研究生学历占其总数的2%，本科学历占其总数的75%，专科学历占其总数的22%。乡村初中研究生学历比例最高，其次是城区、乡村初中；城区初中本科学历占比最高，其次是镇区、乡村初中；镇区初中专科学历占比最高，其次是乡村、城区初中。

按职称分布比较，海南省初中专任教师中共有中学高级职称的教师4766人，其中城区初中教师中学高级职称人数有1960人，占全省总数的41%；镇区初中教师中学高级职称人数有2499人，占全省总数的52%；乡村初中教师中学高级职称人数有307人，占全省总数的6.4%。海南省初中专任教师中共有中学一级职称的教师9839人，其中城区初中教师中学一级职称人数有3400人，占全省总数的35%；镇区初中教师中学一级职称人数有5716人，占全省总数的58%；乡村初中教师中学一级职称人数有723人，占全省总数的7.3%。海南省初中专任教师中共有中学二级职称的教师9537人，其中城区初中教师中学二级职称的人数有3355人，占全省总数的35%；镇区初中教师中学二级职称的有5331人，占全省总数的56%；乡村初中教师中学二级职称的有851人，占全省总数的9%。海南省初中专任教师中共有中学三级职称的教师82人，其中城区初中教师中学三级职称的人数有32人，占全省总数的39%；镇区初中教师中学三级职称的有47人，占全省总数的57%；乡村初中教师中学三级职称的有3人，占全省总数的3.7%。海南省初中专任教师中共有未定职称的教师1708人，其中城区初中教师中学未定职称的人数有1138人，占全省总数的67%；镇区初中教师中学未定职称的有351人，占全省总数的21%；乡村初中教师未定职称的有219人，占全省总数的13%。

按职称分布横向比较来看，城区初中中学高级职称教师占其总数的20%，中学一级职称教师占其总数的34%，中学二级职称教师占其总数的34%，中学三级职称教师占其总数的0.3%，未定职级教师占其总数的12%。镇区初中中学高级职称教师占其总数的18%，中学一级职称教师占其总数的41%，中学二级职称教师占其总数的38%，中学三级职称教师占其总数的0.3%，未定职级教师占其总数的2.5%。乡村初中中学高级职称教师占其总数的15%，中学一级职称教师占其总数的34%，中学二级职称教师占其总数的40%，中学三级职称教师占其总数的0.1%，未定职级教师占其总数的10%（表4-10）。

表4-10 海南省城乡初中专任教师学历、专业技术职务情况比较　　　　单位：人

地区	合计	按学历分					按专业技术职务分				
		研究生毕业	本科毕业	专科毕业	高中阶段毕业	高中阶段毕业以下	中学高级	中学一级	中学二级	中学三级	未定职级
海南	25 932	269	20 621	4967	74	1	4766	9839	9537	82	1708
城区	9885	166	8407	1301	11	0	1960	3400	3355	32	1138
占比	38%	62%	41%	27%	15%	—	41%	35%	35%	39%	67%
镇区	13 944	61	10 628	3202	52	1	2499	5716	5331	47	351
占比	54%	23%	52%	66%	70%	—	52%	58%	56%	57%	21%
乡村	2103	42	1586	464	11	0	307	723	851	3	219
占比	8%	16%	7.7%	9.5%	15%	—	6.4%	7.3%	9%	3.7%	13%

资料来源：《中国教育统计年鉴-2017》，中国统计出版社，2018年。

(4) 初中办学条件之一

海南省初中城乡办学条件之一比较如表4-11、表4-12所示。

表4-11 海南省初中城乡办学条件之一比较（1）　　　　单位：平方米

地区	校舍建筑面积	教学及辅助用房							行政办公用房	
		合计	其中：						合计	其中：教师办公室
			教室	实验室	图书室	微机室	语音室	体育馆		
海南	4 267 558	1 728 369	1 302 176	218 466	98 077	67 050	24 358	18 239	220 995	139 793
人均	12.8	5.2	3.9	0.66	0.29	0.20	0.07	0.05	—	5.4
城区	1 149 879	511 016	401 607	49 479	28 079	17 513	7112	7224	66 660	43 235
人均	7.8	3.5	2.7	0.33	0.19	0.12	0.05	0.05	—	4.4
镇区	2 655 727	1 039 874	773 505	143 484	58 585	41 985	14 416	7896	128 805	80 625
人均	16.3	6.4	4.7	0.88	0.36	0.26	0.09	0.05	—	5.8
乡村	461 951	177 478	127 063	25 502	11 413	7551	2830	3119	25 529	15 932
人均	20.8	8.0	5.7	1.15	0.51	0.34	0.13	0.14	—	7.6

资料来源：《中国教育统计年鉴-2017》，中国统计出版社，2018年。

表 4–12 海南省初中城乡办学条件之一比较（2） 单位：平方米

区域	生活用房							其他用房	校舍面积	
	合计	教工宿舍		学生宿舍	食堂	厕所	其他		危房面积	当年新增校舍
		小计	其中：教师周转宿舍							
海南	2 138 970	831 393	283 362	873 673	275 413	110 487	48 003	179 222	38 528	126 629
城区	497 058	266 409	42 878	170 756	58 927	36 447	24 518	75 144	8700	30 672
镇区	1 397 661	537 870	209 776	592 533	186 713	62 175	18 368	89 385	26 272	88 595
乡村	244 250	87 113	30 707	11 383	29 773	11 864	5117	14 693	3556	7361

资料来源：《中国教育统计年鉴-2017》，中国统计出版社，2018年。

从表 4–11、表 4–12 可以看出，海南省乡村初中在生均校舍面积 20.8 平方米（海南省平均水平 12.8 平方米）、生均教室面积 5.7 平方米（海南省平均水平 3.9 平方米）、生均实验室面积 1.15 平方米（海南省平均水平 0.66 平方米）、生均图书室面积 0.51 平方米（海南省平均水平 0.29 平方米）、生均微机室面积 0.34 平方米（海南省平均水平 0.20 平方米）、生均语音室面积 0.13 平方米（海南省平均水平 0.07 平方米）、生均体育馆面积 0.14 平方米（海南省平均水平 0.05 平方米）和人均教师办公室面积 7.6 平方米（海南省平均水平 5.4 平方米）。这些指标都超过全省平均水平，说明海南省乡村初中办学条件硬件水平在全省相对较高。

（5）初中办学条件之二

海南省初中城乡办学条件比较如表 4–13、表 4–14 所示。

表 4–13 海南省初中城乡办学条件之二比较（1）

地区	占地面积（平方米）			图书数量（册）	计算机数（台）		
	合计	其中：			合计	其中：教学用计算机	
		绿化用地	运动场地			小计	其中平板电脑
海南	16 322 816	3 587 866	3 144 979	9 311 285	46 817	40 759	1019
生均	49.0	10.8	9.4	27.9	0.14	0.12	0.003
城区	2 090 526	456 698	643 670	2 890 573	14 659	12 405	555
生均	14.1	3.1	4.4	19.6	0.10	0.08	0.004

续表

地区	占地面积（平方米）			图书数量（册）	计算机数（台）		
	合计	其中：			合计	其中：教学用计算机	
		绿化用地	运动场地			小计	其中平板电脑
镇区	12 053 638	2 695 978	2 139 842	5 605 102	27 307	24 151	310
生均	73.8	16.5	13.1	34.3	0.17	0.15	0.002
乡村	2 178 696	435 190	361 466	815 610	4851	4203	154
生均	98.1	19.6	16.3	36.7	0.22	0.19	0.007

资料来源：《中国教育统计年鉴–2017》，中国统计出版社，2018年。

表4–14 海南省初中城乡办学条件之二比较（2）

地区	教室（间）		教室中：普通教室		固定资产总值（万元）		
	合计	其中：网络多媒体	合计	其中：网络多媒体	合计	其中：教学仪器设备资产值	
						小计	其中：实验设备
海南	10 284	6059	7919	5533	619 538	87 031	27 351
生均	0.03	0.02	0.02	0.02	1.86	0.26	0.08
城区	3171	1958	2783	1840	148 037	31 698	8519
生均	0.02	0.01	0.02	0.01	1.00	0.21	0.06
镇区	5948	3489	4330	3156	402 544	47 522	15 494
生均	0.04	0.02	0.03	0.02	2.46	0.29	0.09
乡村	1165	612	806	537	68 956	7809	3334
生均	0.05	0.03	0.04	0.02	3.10	0.35	0.15

资料来源：《中国教育统计年鉴–2017》，中国统计出版社，2018年。

从表4–13、表4–14可以看出，海南省乡村初中办学条件得到了极大改善，生均占地面积98.1平方米（海南省平均水平49.0平方米）、生均绿化用地19.6平方米（海南省平均水平49.0平方米）、生均运动场地16.3平方米（海南省平均水平9.4平方米）、生均图书36.7册（海南省平均水平27.9册）、生均计算机数量0.22台（海南省平均水平0.14台）、生均教室0.05间（海南省平均水平0.03间）、生均固定资产3.10万元（海南省平均水平1.86万元）及生均教学仪器设备资产 0.35 万元（海南省平均水平 0.26 万元），这些指标都超过海南省平均水平，也超过海南省城区和镇区初中水平。

4. 海南省小学办学情况分析

（1）小学校数、教学点数及班数情况

海南省城乡小学校数、教学点数及班数比较如表 4-15 所示。

表 4-15 海南省城乡小学校数、教学点数及班数比较

地区	学校数（所）	教学点数（个）	班数（个）							
			合计	一年级	二年级	三年级	四年级	五年级	六年级	复式班
海南	1388	1040	21 562	4157	3918	3686	3391	3230	3178	2
城区	205	12	6208	1204	1078	1050	1003	951	922	0
占比	15%	1.2%	29%	29%	28%	28%	30%	29%	29%	0
镇区	398	123	7735	1352	1295	1281	1274	1252	1281	0
占比	27%	11.8%	36%	33%	33%	35%	38%	39%	40%	0
乡村	785	905	7619	1601	1545	1355	1114	1027	975	2
占比	57%	87%	35%	39%	39%	37%	33%	32%	31%	100%

资料来源：《中国教育统计年鉴-2017》，中国统计出版社，2018 年。

从表 4-15 可以看出，海南省乡村小学有 785 所，城区有 205 所，镇区有 398 所，从学校数来看，乡村小学占比最高，其次是镇区，城区最少。海南省乡村小学有 905 个教学点，城区有 12 个，镇区有 123 个，乡村小学教学点数做多，占全省总数的 87%，其次为镇区，城区最少，说明乡村小学教学点比较分散且分布较多。从班数上看，海南省镇区小学有 7735 个班，占比最高；其次为乡村小学，有 7619 个班；城区最少，有 6208 个班。

（2）小学学生数情况

海南省城乡小学学生数比较如表 4-16 所示。从中可以看出，小学生在校生人数镇区小学最高，有 339 414 人，城区小学次之，有 313 341 人，乡村小学人数最少，有 156 728 人。

表 4-16 海南省城乡小学学生数比较　　　　　　单位：人

地区	毕业生数	招生数		在校生数							预计毕业生数
		合计	其中：受过学前教育	合计	一年级	二年级	三年级	四年级	五年级	六年级	
海南	122 661	142 730	140 760	809 483	143 070	138 536	137 852	133 528	128 225	128 272	128 272
城区	44 853	56 880	56 659	313 341	56 882	54 281	54 346	52 336	48 764	46 732	46 732
占比	37%	40%	40%	39%	40%	39%	39%	39%	38%	36%	36%
镇区	54 313	56 947	56 057	339 414	57 189	55 986	56 561	56 622	55 809	57 247	57 247
占比	44%	40%	40%	42%	40%	40%	41%	42%	44%	45%	45%
乡村	23 495	28 903	28 044	156 728	28 999	28 269	26 945	24 570	23 652	24 293	24 293
占比	19%	20%	20%	19%	20%	20%	20%	18%	18%	19%	19%

资料来源：《中国教育统计年鉴—2017》，中国统计出版社，2018 年。

（3）小学教职工情况

海南省城乡小学教职工人数比较如表 4-17 所示。

表 4-17 海南省城乡小学教职工人数比较　　　　　　单位：人

地区	教职工数						代课教师	兼任教师
	合计	专任教师	行政人员	教辅人员	工勤人员	校办企业职工		
海南	45 647	42 618	644	411	1953	21	1615	1029
城区	12 730	11 697	200	178	640	15	997	600
占比	28%	27%	31%	43%	33%	71%	62%	58%
镇区	18 071	16 718	261	188	898	6	227	181
占比	40%	39%	41%	46%	46%	29%	14%	18%
乡村	14 846	14 203	183	45	415	0	391	248
占比	33%	33%	28%	11%	21%	0	24%	24%

资料来源：《中国教育统计年鉴—2017》，中国统计出版社，2018 年。

从表4-17可以看出，海南省小学教职工总数镇区小学最多，有18 071人；其次为乡村小学，有14 846人；城区小学人数最少，有12 730人。专任教师人数镇区小学最多，有16 718人；其次为乡村小学，有14 203人；城区小学人数最少,有11 697人。行政人员镇区小学人数最多,有261人;其次为城区小学,有200人;乡村小学人数最少,有183人。教辅人员镇区小学人数最多,有188人;其次为城区小学,有178人;乡村小学人数最少,有45人。工勤人员镇区小学人数最多,有898人;其次为城区小学,有640人;乡村小学人数最少,有415人。校办企业职工城区小学人数最多,有15人;其次为镇区小学,有6人;乡村小学没有校办企业职工。代课教师人数城区小学最多,有997人;其次为乡村小学,有391人;镇区小学人数最少,有227人。兼任教师人数城区小学最多,有600人;其次为乡村小学,有248人;镇区小学人数最少,有181人。

（4）小学专任教师学历、专业技术职务情况

海南省城乡小学专任教师学历、专业技术职务比较如表4-18所示。从中可以看出,从学历上看,海南省城乡小学专任教师中研究生毕业层次,城区数量最多,其次为镇区小学,乡村小学人数最少;本科毕业层次,城区小学人数最多,其次为镇区小学,乡村小学人数最少;专科毕业层次,乡村小学人数最多,其次为镇区小学,城区小学人数最少;高中阶段毕业层次,乡村小学人数最少,其次为镇区小学,城区小学人数最少;高中阶段毕业以下,乡村小学人数最少,其次为镇区小学,城区小学没有。从专业技术职务来看,中学高级层次,城区小学人数最多,其次为镇区小学,乡村小学人数最少;小学高级层次,镇区小学人数最多,其次为乡村小学,城区小学人数最少;小学一级层次,乡村小学人数最多,其次为镇区小学,城区小学人数最少;小学二级层次,城区小学人数最多,其次为乡村小学,镇区小学人数最少;小学三级层次,乡村小学人数最多,其次为镇区小学,城区小学没有;未定职级层次,城区小学人数最多,其次为镇区小学,乡村小学人数最少。

在同一区域横向比较来看,城区小学研究生毕业学历占其总数的0.47%,镇区小学为0.19%,乡村小学为0.10%,城区小学最高;城区小学本科学历占其总数的45%,镇区小学为27%,乡村小学为18%;城区小学最高;城区小学专科学历占其总数的52%,镇区小学为64%,乡村小学为66%,乡村小学最高。城区小学高中阶段学历占其总数的3.1%,镇区小学为9.4%,乡村小学为15%。从专业技术职务来看,城区小学中学高级职称占其总数1.4%。镇区小学为0.6%,乡村小学为0.4%,城区小学最高,其次为镇区小学,乡村小学最低;小学高级职称城区小学占其总数的40%,镇区小学为52%,乡村小学为44%,镇区小学最高,其次为乡村小学,城区小学最低;

城区小学的小学一级职称占其总数的34%，镇区小学为37%，乡村小学为45%，乡村学校最高，其次为镇区小学，城区小学最低；小学二级职称占其总数的比例，城区小学为7.5%，镇区小学为4.0%，乡村小学为4.7%，城区小学最高，其次为乡村小学，镇区小学最低；未定职级职称占其总数的比例，城区小学为18%，镇区小学为6.4%，乡村小学为5.8%，城区小学最高，其次为镇区小学，乡村小学最低。

表4-18　海南省城乡小学专任教师学历、专业技术职务比较　　　单位：人

地区	合计	按学历分					按专业技术职务分					
		研究生毕业	本科毕业	专科毕业	高中阶段毕业	高中阶段毕业以下	中学高级	小学高级	小学一级	小学二级	小学三级	未定职级
海南	49 790	123	14 670	30 401	4568	28	377	22 962	19 046	2624	5	4766
城区	14 699	69	6551	7621	458	0	203	5835	4944	1102	0	2615
占比	30%	56%	45%	21%	10%	0	54%	25%	26%	42%	0	55%
镇区	20 053	39	5339	12 786	1887	2	117	10 500	7338	811	2	1285
占比	40%	32%	36%	42%	41%	7%	31%	46%	39%	31%	40%	27%
乡村	15 038	15	2780	9994	2223	26	57	6627	6764	711	3	876
占比	30%	12%	19%	33%	49%	93%	15%	29%	36%	27%	60%	18%

资料来源：《中国教育统计年鉴-2017》，中国统计出版社，2018年。

(5) 小学办学条件之一

海南省城乡小学办学条件之一比较如表4-19、表4-20所示。

表4-19　海南省城乡小学办学条件之一比较（1）　　　单位：平方米

地区	校舍建筑面积	教学及辅助用房							行政办公用房	
		合计	其中：						合计	其中：教师办公室
			教室	实验室	图书室	微机室	语音室	体育馆		
海南	6 088 764	3 253 688	2 803 400	137 539	149 494	101 872	38 752	22 629	369 707	262 429
人均	7.52	4.02	3.46	0.17	0.18	0.13	0.05	0.03		5.27

续表

地区	校舍建筑面积	教学及辅助用房							行政办公用房	
		合计	其中：						合计	其中：教师办公室
			教室	实验室	图书室	微机室	语音室	体育馆		
城区	1 352 771	798 323	690 455	31 272	31 798	23 988	10 602	10 205	94 033	64 408
人均	4.32	2.55	2.20	0.10	0.10	0.08	0.03	0.03		4.38
镇区	2 405 301	1 253 581	1 084 930	50 949	63 996	40 650	14 662	8392	138 400	96 487
人均	7.09	3.69	3.20	0.15	0.19	0.12	0.04	0.02		4.81
乡村	2 330 691	1 201 784	1 028 014	55 317	63 699	37 233	13 487	4032	137 273	101 532
人均	14.87	7.67	6.56	0.35	0.41	0.24	0.09	0.03		6.75

资料来源：《中国教育统计年鉴–2017》，中国统计出版社，2018年。

表4-20　海南省城乡小学办学条件之一比较（2）　　单位：平方米

区域	生活用房							其他用房	校舍面积	
	合计	教工宿舍		学生宿舍	食堂	厕所	其他		危房面积	当年新增校舍
		小计	其中：教师周转宿舍							
海南	2 091 647	1 251 387	444 003	379 016	171 420	187 431	102 391	373 720	30 555	297 457
城区	343 448	188 295	65 407	43 352	25 270	50 678	35 851	116 966	2301	51 912
镇区	907 701	475 221	180 021	239 907	93 516	64 289	34 765	105 618	4862	94 066
乡村	840 497	587 869	198 974	95 757	52 632	72 462	31 774	151 136	23 392	151 478

资料来源：《中国教育统计年鉴–2017》，中国统计出版社，2018年。

从表4-19、表4-20可以看出，海南省乡村小学生均校舍面积14.87平方米（海南省平均水平为7.52平方米），生均教室面积6.56平方米（海南省平均水平为3.46平方米），生均实验室面积0.35平方米（海南省平均水平为0.17平方米），生均图书室面积0.41平方米（海南省平均水平为0.18平方米），生均微机室面积0.24平方米（海南省平均水平为0.13平方米），生均语音室面积0.09平方米（海南省平均水平为0.05平方米），生均体育馆面积0.03平方米（海南省平均水平为0.03平方米），教师办公室人均面积6.75平方米（海南省平均水平为5.27平方米）。

(6) 小学办学条件之二

海南省城乡小学办学条件之二比较如表 4-21、表 4-22 所示。

表 4-21 海南省城乡小学办学条件之二比较（1）

地区	占地面积（平方米）			图书数量（册）	计算机数（台）		
	合计	其中：			合计	其中教学用计算机	
		绿化用地	运动场地			小计	其中平板电脑
海南	30 917 997	6 532 025	5 791 286	13 967 820	84 282	71 999	2972
生均	38.1	8.07	7.15	17.3	0.1	0.09	0.004
城区	2 772 596	551 618	817 768	4 941 885	26 199	22 050	1205
生均	8.8	1.76	2.61	15.8	0.08	0.07	0.004
镇区	8 847 504	1 706 070	2 186 017	5 530 525	32 083	28 694	693
生均	26.1	5.03	6.4	16.3	0.09	0.08	0.002
乡村	19 297 896	4 274 335	2 787 499	3 495 410	26 000	21 255	1074
生均	123.1	27.3	17.8	22.3	0.17	0.14	0.007

资料来源：《中国教育统计年鉴-2017》，中国统计出版社，2018 年。

表 4-22 海南省城乡小学办学条件之二比较（2）

地区	教室（间）		教室中：普通教室		固定资产总值（万元）		
	合计	其中网络多媒体	合计	其中网络多媒体	合计	其中：教学仪器设备资产值	
						小计	其中实验设备
海南	26 458	11 311	20 647	10 464	957 496	116 979	24 915
生均	0.03	0.01	0.03	0.01	1.18	0.14	0.03
城区	5806	3848	4953	3611	251 496	41 536	7918
生均	0.02	0.01	0.02	0.01	0.80	0.13	0.03
镇区	9043	4331	6900	3917	370 722	44 606	9302
生均	0.03	0.01	0.02	0.01	1.09	0.13	0.03
乡村	11 609	3132	8794	2936	335 277	30 836	7694
生均	0.07	0.02	0.06	0.02	2.14	0.20	0.05

资料来源：《中国教育统计年鉴-2017》，中国统计出版社，2018 年。

从表 4-21、表 4-22 可以看出，海南省城乡小学办学硬件条件中，乡村小学生均占地面积为 123.1 平方米，远远大于镇区小学生均占地面积（26.1 平方米）和城区小学生均占地面积（8.8 平方米）；乡村小学生均绿化用地面积为 27.3 平方米，镇区小学生均绿化用地面积为 5.03 平方米，城区小学生均绿化用地面积为 1.76 平方米；乡村小学生均运动场地面积为 17.8 平方米，镇区小学生均运动场地面积为 6.4 平方米，城区小学生均运动场地面积为 2.61 平方米；海南省乡村小学生均图书为 22.3 册，镇区小学生均图书为 16.3 册，城区小学生均图书为 15.8 册；乡村小学生均计算机台数为 0.17 台，镇区小学生均为 0.09 台，城区小学生均为 0.08 台；海南省乡村小学生均固定资产值为 2.14 万元，镇区小学生均固定资产值为 1.09 万元，城区小学生均固定资产值为 0.80 万元；乡村小学生均教学仪器设备值为 0.20 万元，镇区小学生均教学仪器设备值为 0.13 万元，城区小学生均教学仪器设备值为 0.13 万元；乡村小学生均实验设备资产也高于镇区和城区数值。

第二节　海南省农村居民教育、医疗卫生发展状况

一、海南省农村第三次农业普查数据分析

1. 海南省村镇文化教育设施建设情况

根据海南省农村第三次农业普查统计公报数据，2016年年末，海南省96.9%的乡镇有图书馆、文化站，14.8%的乡镇有剧场、影剧院，24.5%的乡镇有体育场馆，37.8%的乡镇有公园及休闲健身广场；53.5%的村有体育健身场所，28.9%的村有农民业余文化组织。

2016 年年末，海南省 98.5%的乡镇有幼儿园、托儿所，99.5%的乡镇有小学；27.8%的村有幼儿园、托儿所。

根据第三次全国农业普查数据公告，2016年年末，全国范围内96.5%的乡镇有幼儿园、托儿所，98.0%的乡镇有小学，96.8%的乡镇有图书馆、文化站，11.9%的乡镇有剧场、影剧院，16.6%的乡镇有体育场馆，70.6%的乡镇有公园及休闲健身广场；32.3%的村有幼儿园、托儿所，59.2%的村有体育健身场所，41.3%

的村有农民业余文化组织。

相比之下,2016 年年末,海南省乡镇级文化教育设施普遍要好于全国平均水平,但村一级的文化教育设施则普遍低于全国平均水平,其中有幼儿园、托儿所的村低于全国平均水平 4.5 个百分点;有体育健身场所的村低于全国平均水平 5.7 个百分点;有农民业余文化组织的村数量低于全国平均水平 5.7 个百分点(表 4–23)。

表 4–23 海南省及全国乡镇、村文化教育设施

	全国	海南省	差值
有幼儿园、托儿所的乡镇	96.5%	98.5%	2.0%
有小学的乡镇	98.0%	99.5%	1.5%
有图书馆、文化站的乡镇	96.8%	96.9%	0.1%
有剧场、影剧院的乡镇	11.9%	14.8%	2.9%
有体育场馆的乡镇	16.6%	24.5%	7.9%
有公园及休闲健身广场的乡镇	70.6%	37.8%	−32.8%
有幼儿园、托儿所的村	32.3%	27.8%	−4.5%
有体育健身场所的村	59.2%	53.5%	−5.7%
有农民业余文化组织的村	41.3%	28.9%	−12.4%

资料来源:海南省和全国第三次农业普查公告。

2. 海南省农业生产经营人员数量和结构及教育程度

2016 年,海南省农业生产经营人员 222.48 万人,其中女性 100.73 万人。在农业生产经营人员中,35 岁及以下的 64.05 万人,36~54 岁的 104.32 万人,55 岁及以上的 54.11 万人。

2016 年,全国农业生产经营人员 31 422 万人,其中女性 14 927 万人。在农业生产经营人员中,35 岁及以下的 6023 万人,36~54 岁的 14 848 万人,55 岁及以上的 10 551 万人。

从教育程度上看,海南省未上过学的农业生产经营人员的比例低于全国平均水平3.1个百分点;小学程度比例低于全国平均水平14个百分点;初中程度高于全国平均水平12.2个百分点;高中或中专程度高于全国平均水平4.2个百分点;大专以上程度高于全国平均水平0.8个百分点。除了小学教育程度的

比例低于全国平均水平14个百分点,其他阶段数据均高于全国平均水平。这些数据反映了海南省农民受教育程度普遍好于全国平均水平,也给海南省农村经济发展带来了发展潜力,对于农民增收、本地就业及非农化转移带来了较大的可能性和发展空间(表4-24)。

表4-24 海南省和全国农业生产经营人员数量和结构　　　单位:万人

	全国	海南省	差值
农业生产经营人员总数	31 422	222.48	
男性	52.5	54.7	2.2
女性	47.5	45.3	−2.2
农业生产经营人员年龄构成			
35岁及以下	19.2%	28.8%	9.6%
36~54岁	47.3%	46.9%	−0.4%
55岁及以上	33.6%	24.3%	9.3%
农业生产经营人员受教育程度构成			
未上过学	6.4%	3.1%	−3.1%
小学	37.0%	23.0%	−14%
初中	48.4%	60.6%	12.2%
高中或中专	7.1%	11.3%	4.2%
大专及以上	1.2%	2.0%	0.8%
农业生产经营人员主要从事农业行业构成			
种植业	92.9%	78.0%	−14.9%
林业	2.2%	10.5%	8.3%
畜牧业	3.5%	6.0%	2.5%
渔业	0.8%	3.9%	3.1%
农林牧渔服务业	0.6%	1.6%	1.0%

资料来源:海南省和全国第三次农业普查公告。

3. 规模农业经营户农业生产经营人员数量和结构及教育程度

2016年，海南省规模农业经营户农业生产经营人员（包括本户生产经营人员及雇用人员）11.00万人，其中女性4.14万人，35岁及以下的3.54万人，36~54岁的5.89万人，55岁及以上的1.57万人。

2016年，规模农业经营户农业生产经营人员（包括本户生产经营人员及雇用人员）1289万人，其中女性609万人，35岁及以下的272万人，36~54岁的751万人，55岁及以上的266万人。

和全国数据相比，从教育程度上看，海南省未上过学的规模农业经营户农业生产经营人员的比例低于全国平均水平0.9个百分点；小学程度比例低于全国平均水平9.7个百分点；初中程度高于全国平均水平7.1个百分点；高中或中专程度高于全国平均水平3.1个百分点；大专以上程度高于全国平均水平0.4个百分点。除了小学教育程度的比例低于全国平均水平9.7个百分点，其他阶段数据均高于全国平均水平。这些数据反映了海南省规模农业经营户农业生产经营人员农民受教育程度普遍好于全国平均水平，有助于海南省农民学习掌握新的生产技术和生产工具，进而提高农业生产收入（表4-25）。

表4-25 海南省和全国规模农业经营户农业生产经营人员数量和结构　　单位：万人

	全国	海南省	差值
农业生产经营人员总数	1289	11.00	
男性	52.8	62.4	9.6
女性	47.2	37.6	-9.6
农业生产经营人员年龄构成			
35岁及以下	21.1%	32.1%	11.0%
36~54岁	58.3%	53.6%	-4.7%
55岁及以上	20.7%	14.3%	-6.4%
农业生产经营人员受教育程度构成			
未上过学	3.6%	2.7%	-0.9%
小学	30.6%	20.9%	-9.7%
初中	55.4%	62.5%	7.1%
高中或中专	8.9%	12.0%	3.1%
大专及以上	1.5%	1.9%	0.4%

续表

	全国	海南省	差值
农业生产经营人员主要从事农业行业构成			
种植业	67.7%	41.9%	−25.8%
林业	2.7%	2.5%	−0.2%
畜牧业	21.3%	12.6%	−8.7%
渔业	6.4%	36.3%	29.9%
农林牧渔服务业	1.9%	6.7%	4.8%

资料来源：海南省和全国第三次农业普查公告。

4. 农业经营单位农业生产经营人员数量和结构及教育程度

2016年，海南省农业经营单位农业生产经营人员27.37万人，其中女性11.41万人，35岁及以下的6.55万人，36~54岁的16.38万人，55岁及以上的4.45万人。

2016年，全国范围内，农业经营单位农业生产经营人员1092万人，其中女性444万人，35岁及以下的215万人，36~54岁的668万人，55岁及以上的209万人。

和全国数据相比，从教育程度上看，海南省未上过学的农业经营单位农业生产经营人员的比例低于全国平均水平1.9个百分点；小学程度低于全国平均水平8.8个百分点；初中程度高于全国平均水平5.8个百分点；高中或中专程度高于全国平均水平6.7个百分点；大专以上程度低于全国平均水平1.7个百分点。除了小学教育程度的比例低于全国平均水平8.8个百分点，大专及以上程度低于全国平均水平1.7个百分点以外，海南省初中和高中教育程度数据均高于全国平均水平（表4-26）。

表4-26 海南省和全国农业经营单位农业生产经营人员数量和结构　　单位：万人

	全国	海南省
农业生产经营人员总数	1092	27.37
男性	50.4	58.3
女性	49.6	41.7
农业生产经营人员年龄构成		
35岁及以下	19.7%	23.9%

续表

	全国	海南省
36~54 岁	61.2%	59.9%
55 岁及以上	19.1%	16.2%
农业生产经营人员受教育程度构成		
未上过学	3.5%	1.6%
小学	21.8%	13.0%
初中	47.0%	52.8%
高中或中专	19.6%	26.3%
大专及以上	8.0%	6.3%
农业生产经营人员主要从事农业行业构成		
种植业	50.3%	48.2%
林业	16.4%	28.3%
畜牧业	16.6%	14.0%
渔业	6.2%	5.1%
农林牧渔服务业	10.6%	4.4%

资料来源：海南省和全国第三次农业普查公告。

二、海南省农村居民医疗和社会福利情况

2016 年年末，海南省 100%的乡镇有医疗卫生机构，99.5%的乡镇有执业（助理）医师，70.9%的乡镇有社会福利收养性单位，63.3%的乡镇有本级政府创办的敬老院；81.7%的村有卫生室，57.9%的村有执业（助理）医师。

相比之下，海南省乡镇、村医疗和社会福利机构数量基本高于全国平均水平，仅有卫生室的村的数量低于全国平均水平 0.2 个百分点（表 4-27）。

表 4-27 海南省和全国乡镇、村医疗和社会福利机构

	全国	海南省	差值
有医疗卫生机构的乡镇	99.9%	100%	0.1%
有执业（助理）医师的乡镇	98.4%	99.5%	1.1%

续表

	全国	海南省	差值
有社会福利收养性单位的乡镇	66.8%	70.9%	4.1%
有本级政府创办的敬老院的乡镇	56.4%	63.3%	6.9%
有卫生室的村	81.9%	81.7%	-0.2%
有执业（助理）医师的村	54.9%	57.9%	3.0%

资料来源：海南省和全国第三次农业普查公告。

根据《海南统计年鉴-2018》，海南省 2017 年年末拥有乡镇卫生院个数为 299 个，比上一年度增加 2 个；海南省 2017 年拥有村卫生室 2637 个，比上一年度减少 31 个。

社会保险方面，2017年年末，全省参加城镇职工基本养老保险人数240.89万人；其中，在职人员172.01万人，离退休人员 68.88 万人。城镇职工基本医疗保险参保人数209.56万人，其中，在职人员149.14万人，退休人员60.42万人。城乡居民养老保险参保人数285.89万人，城乡居民医疗保险参保人数209.89万人，参加工伤保险141.41万人，参加生育保险140.27万人。

根据海南省人民政府网站数据，2018 年，海南省居民教育文化娱乐服务支出增长 25.2%，医疗服务支出增长 10.5%；海南省农村居民人均教育文化娱乐消费支出 1376 元，增长 15.0%，占人均消费支出的比重为 12.6%；人均医疗保健消费支出 712 元，增长 13.2%，占人均消费支出的比重为 6.5%；2018 年海南省农村贫困地区农民交通通信、教育文化娱乐、医疗保健 3 项消费支出共计 2962 元，比上年增加 459 元，增长 18.3%，所占比重为 32.3%，比上年同期提高 0.8 个百分点。

医疗方面，基本医疗保障水平大幅提升，参加新型农村合作医疗农民468.67 万人，比上年增长 1.4%；新农合人均筹资达到每人每年 600 元。2017年年末全省共有各类卫生机构 5177 个。其中疾病预防控制中心 25 个，妇幼保健机构 24 个，专科疾病防治机构 15 个。社区卫生服务机构 175 个，乡镇卫生院 299 个。全省卫生机构共有病床位 4.20 万张，各类卫生技术人员 6.06 万人。其中，执业（助理）医师 2.09 万人，注册护士 2.85 万人，药师（士）2978 人，技师 3303 人。全年法定报告传染病发病总例数 3.51 万例，报告死亡 81 人，报告传染病发病率每十万人有 382.3 人，死亡率每十万人有 0.9 人。

第五章　海南省农村职业技术培训状况分析

农民提高农业生产收益及非农化转移提高收入都与其自身的人力资本积累有密切关系。海南省各级政府在农村劳动力培训投入很多，也取得了较好的效果，但从总体上看，也存在一些问题。

肖友容（2017）团队通过对海南省多地 600 余位农民进行了问卷调查，发现有 36%的农民接受过种植业、31%的农民接受过养殖业的技能培训，有 21%左右的农民接受过非农生产技术的培训，还有接近 11%的农民没有接受过任何职业技能培训。通过调研，他们提出应当以政府为主体解决农民技能培训这一公益性项目，政府部门应给予长期稳定的农民职业技能培训的经费扶持，此外，也要发挥本地职业院校的作用，对农民因地制宜进行技术指导和帮助。

汪志军（2017）指出，海南省在新型农民培育问题存在以下几个问题：首先，有些地方的政府部门认识不够，有些地方为培训而培训，政府部门没有将多方力量协同联合起来；其次，培训机构的培训方式和效果不理想，教学内容没有紧扣"三农"的实际问题，针对性不明显，培训效果不理想。

杨远富等（2012）通过问卷调查，指出海南省农民获取信息的手段比较传统单一，主要依赖电视媒体，以及村干部宣传及亲朋好友面对面信息传播途径。关注的信息主要集中在农业技术及养老、医疗和教育等方面。其原因主要是农民的文化素质低，使得农民不善于利用平面媒体和互联网媒体，还有就是经济条件差和硬件设备落后。此外，农民家用计算机拥有量较低，也限制了农民利用网络获取信息的可能性。

孙铁玉等（2019）通过对海南省临高、保亭等 5 个国家级贫困县的实地调研和深度访谈，总结出海南省未脱贫贫困户致贫原因主要有因病致贫、缺乏资金和缺乏劳动力等，并提出海南省农业产业扶贫存在以下问题：首先，扶贫产业发展质量不高，主要包括特色产业规模不大，差异化竞争优势不明显，农产品附加值不高，容易出现丰产不丰收和价低难卖现象；其次，资产收益扶贫模式利益联结机制不紧密；再次，产业扶贫精准施策不足；最后，村集体经济薄弱等。同时他们给出了利用海南省特色热带农业进行精准扶贫的政策建议，包括发展特色种养业、发展农产品加工业、发展休闲农业与乡村旅游、提高农业科技水平、加强农业金融保险服务、推进农村农业改革、加大贫困地区产业投入、智志双扶激发内生动力等措施。

孙铁玉（2017）提出，海南省新型职业农民培育的精准程度不高，高水平师资缺乏，基础条件薄弱，课程体系设计缺乏针对性与个性化，在课程定位、目标、结构、内容及实施等方面都存在"脱农"问题。

周艳丽等（2016）提出，为了促进新型职业农民的发展，应该加强农业教育与培训，鼓励更多的社会机构参与这项工作。

第一节 海南省农村职业技术培训的机构状况及行动方案

一、海南省职业技术培训机构情况

根据《中国教育统计年鉴–2017》和《中国劳动统计年鉴–2018》的统计数据，从横向比较来看，海南省职业技术培训机构的发展还有待进一步提高，在培训机构数量、学生数量、教职工数量、培训机构资产等方面，在全国范围内，还处在末位行列。尤其是面向农民的技术培训，不论是农业生产技术，还是非农业生产技术的培训，也居于国内落后地位，在培训机构数量、培训农民数量及教职工数量等方面，和其他地区相比，也居国内末位。这一点与海南省近半数的农民数量是不相称的，还需要政府和各类有关组织进一步努力加以逐步改善。

1. 海南省职业技术培训机构基本情况

从表 5-1 可以看出,职业技术培训机构全国共有 89 211 所学校,海南省有 245 所,数量仅高于江西、广西和宁夏,西藏没有职业技术培训机构。从结业生和注册学生数量来看,海南省有 49 835 名学生结业,结业学生数量仅高于江西、广西、青海和宁夏;海南省有注册学生 51 020 人,注册学生数量仅高于江西、广西、青海和宁夏。职业技术培训机构教职工数全国有 514 975 人,海南省有 943 人,仅高于江西、广西、青海和宁夏。

表 5-1　海南省职业技术培训机构基本情况

地区	学校数（所）	教学班（点）（个）	结业生数（人）		注册学生数（人）		教职工数（人）		聘请校外教师（人）
			小计	其中：女	小计	其中：女	小计	其中：专任教师	
全国	89 211	517 924	42 800 768	21 272 081	42 064 949	20 834 989	514 975	289 647	243 592
海南省	245	2057	49 835	33 480	51 020	33 826	943	199	721

资料来源:《中国教育统计年鉴-2017》。

2. 职工技术培训学校基本情况

从表 5-2 可以看出,职工技术培训学校全国共有 2333 所,教学班（点）共有 33 665 个。海南省设有职工技术培训学校 28 所,高于北京、天津、上海、江西、山东、湖北、广西、贵州、西藏、青海、宁夏和新疆;教学班（点）185 个,数量仅高于云南、西藏、青海、宁夏和新疆。海南省职工技术培训学校结业生人数 9710 人,数量仅高于天津、广西、西藏、青海、宁夏和新疆。教职工人数 247 人,数量仅高于广西、西藏、青海、宁夏和新疆。

表 5-2　职工技术培训学校基本情况

地区	学校数（所）	教学班（点）（个）	结业生数（人）		注册学生数（人）		教职工数（人）		聘请校外教师（人）
			小计	其中：女	小计	其中：女	小计	其中：专任教师	
全国	2333	33 665	2 894 687	1 380 479	2 903 058	1 367 227	60 473	46 226	16 130
海南省	28	185	9710	6760	10 895	7106	247	183	39

资料来源:《中国教育统计年鉴-2017》。

3. 农村成人文化技术培训学校基本情况

从表5-3可以看出，全国农村成人文化技术培训学校有64 307所，教学班（点）207 411个。海南省有农村成人文化技术培训学校217所，数量仅高于上海、安徽、江西、广西和宁夏，西藏没有。海南省有农村成人文化技术培训学校教学班（点）1872个，数量高于内蒙古、吉林、江西、湖北、广西、青海和宁夏，西藏没有。农村成人文化技术培训学校结业生数量海南省有40 125人，仅高于江西、广西和宁夏，西藏没有。农村成人文化技术培训学校教职工数海南省是696人，仅高于江西、广西、宁夏和青海。

表5-3 农村成人文化技术培训学校基本情况

地区	学校数（所）	教学班（点）（个）	结业生数（人）		注册学生数（人）		教职工数（人）		聘请校外教师（人）
			小计	其中：女	小计	其中：女	小计	其中：专任教师	
全国	64 307	207 441	29 703 643	14 712 983	28 082 089	13 801 071	128 491	67 702	135 077
海南省	217	1872	40 125	26 720	40 125	26 720	696	16	682

资料来源：《中国教育统计年鉴-2017》。

4. 职业技术培训机构资产情况

从表5-4可以看出，海南省职业技术培训机构占地面积242 279平方米，仅高于宁夏和西藏；教学行政用房建筑面积106 530平方米，仅高于江西、广西、西藏、青海和宁夏；拥有图书192 915册，仅高于西藏、青海和宁夏；计算机906台，仅高于西藏、青海和宁夏；教室410间，仅高于江西、广西、西藏和宁夏；固定资产总值11 335万元，仅高于西藏、青海和宁夏；其中教学实习仪器设备资产1299万元，仅高于西藏、青海。

表5-4 职业技术培训机构资产情况

地区	占地面积（平方米）	教学行政用房建筑面积（平方米）	图书数量（册）	计算机数（台）			教室（间）		固定资产总值（万元）	
				合计	其中：教学用计算机		合计	其中：网络多媒体	合计	其中：教学实习仪器设备资产值
					小计	其中：平板电脑				
全国	103 581 068	62 376 001	125 186 655	741 915	617 531	77 556	299 090	81 527	30 181 304	8 120 921
海南省	242 279	106 530	192 915	906	830	72	410	164	11 335	1299

资料来源：《中国教育统计年鉴-2017》。

5. 职工技术培训学校资产情况

从表 5-5 可以看出，海南省职工技术培训学校占地面积 205 589 平方米，高于北京、天津、上海、广东、重庆、西藏、青海和宁夏；教学行政用房建筑面积 66 680 平方米，仅高于天津、江西、西藏、青海和宁夏；拥有图书 106 165 册，仅高于西藏、青海和宁夏；计算机 726 台，仅高于西藏、青海和宁夏；教室 192 间，仅高于江西、广西、西藏、青海和宁夏；固定资产总值 9985 万元，仅高于重庆、西藏、青海和宁夏；其中教学实习仪器设备资产值 2934 万元，仅高于西藏、青海和宁夏。

表 5-5 职工技术培训学校资产情况

地区	占地面积（平方米）	教学行政用房建筑面积（平方米）	图书数量（册）	计算机数（台）			教室（间）		固定资产总值（万元）	
				合计	其中：教学用计算机		合计	其中：网络多媒体	合计	其中：教学实习仪器设备资产值
					小计	其中：平板电脑				
全国	30 562 141	8 739 859	25 188 312	178 669	149 777	10 172	33 862	13 072	6 316 791	397 247
海南省	205 589	66 680	106 165	726	650	42	192	96	9985	2934

资料来源：《中国教育统计年鉴-2017》。

6. 农村成人文化技术培训学校资产情况

从表 5-6 可以看出，海南省农村成人文化技术培训学校占地面积 36 690 平方米，仅高于广西和宁夏。海南省农村成人文化技术培训学校教学行政用房建筑面积 39 850 平方米，仅高于江西、广西、青海和宁夏。海南省农村成人文化技术培训学校拥有图书 86 750 册，仅高于江西、广西和宁夏。海南省农村成人文化技术培训学校拥有计算机 180 台，仅高于江西，宁夏和西藏没有。海南省农村成人文化技术培训学校拥有教室 218 间，仅高于江西、广西，宁夏和西藏没有。海南省农村成人文化技术培训学校拥有教室中有网络多媒体教室 68 间，仅高于内蒙古、江西、广西、青海、宁夏和西藏。海南省农村成人文化技术培训学校拥有固定资产总值 1350 万元，数值仅高于江西、宁夏、青海和西藏。海南省农村成人文化技术培训学校拥有固定资产总值其中教学实习仪器设备资产 350 万元，数值仅高于江西、宁夏、青海和西藏。

第五章 海南省农村职业技术培训状况分析

表 5-6 农村成人文化技术培训学校资产情况

地区	占地面积（平方米）	教学行政用房建筑面积（平方米）	图书数量（册）	计算机数（台）			教室（间）		固定资产总值（万元）	
				合计	其中：教学用计算机		合计	其中：网络多媒体	合计	其中：教学实习仪器设备资产值
					小计	其中：平板电脑				
全国	46 577 063	13 044 852	44 001 188	233 830	206 992	19 418	108 211	23 061	14 181 307	1 155 327
海南省	36 690	39 850	86 750	180	180	30	218	68	1350	350

资料来源：《中国教育统计年鉴-2017》。

7. 技工院校情况

根据《中国劳动统计年鉴-2018》数据，2017年海南省有技工院校11个，除西藏外，居全国末位；其中职业培训定点机构数7个，除西藏外，居全国末位；在职教职工人数1776人，数量仅高于青海；招生人数9182人，数量仅高于内蒙古、青海和宁夏；其中农业户口学生4736人，数量仅高于内蒙古、青海和宁夏；在校生人数22 025人，数量仅高于内蒙古、青海和宁夏；在校生中农业户口学生14 091人，数量仅高于内蒙古、青海和宁夏；培训社会人员29 085人次，数量仅高于宁夏；培训社会人员结业人数26 088人，数量仅高于青海和宁夏。培训在职职工11 127人，数量仅高于甘肃和宁夏；培训农村劳动者997人，居全国末位。根据《中国劳动统计年鉴-2018》数据，2017年海南省没有设立就业训练中心机构。

8. 民办职业培训机构情况

根据《中国劳动统计年鉴-2018》数据，2017年海南省有民办职业培训机构174个，数量仅高于广西和西藏；在职教职工总人数496人，数量仅高于广西；兼职教师人数1318人，数量仅高于广西、西藏和青海；经费0.7亿元，数量仅高于黑龙江、西藏、甘肃、青海和新疆；经费来源中没有财政补助，职业培训补贴0.5亿元。培训人数45 579人，数量仅高于广西和青海；结业人数38 472人，数量仅高于广西；培训农村劳动者26 731人，数量高于黑龙江、上海和广西；培训在职职工240人，数量居全国末位。

二、海南省农村职业技术培训的具体实施

毋庸讳言，海南省在农民工职业技能培训方面逐年加大了投入力度，相继推出针对农民工培训的"阳光工程""春风行动""春潮行动"取得了较明

显的成果。

2004年，海南省推出"阳光工程"计划，由政府财政支持开展了农村劳动力转移前职业技能培训。由于组织者、基层部门和被培训农民积极性等几个方面的问题，该项目没有取得预期的效果。

2005年，海南省率先在全省范围内取消农业税，比全国其他省份提前一年全部免除农民的税收负担。

2006年，海南省人事劳动保障厅和海口市人事劳动保障局举办了"农民工免费专场招聘会"。海南省已把农民工进城纳入公共就业服务范围，农民工不仅可免费享受就业服务，免费参加各种招聘会，而且从2006年开始，他们还将享受政府技能培训补贴。

据了解，海南省就业局和海口、三亚、儋州、万宁、乐东、保亭、屯昌、白沙、定安、文昌等地政府联合，相继开设了农民工就业服务窗口。这些服务窗口都免费为农民工提供求职登记、进场应聘、职业指导、职业介绍、就业信息、政策咨询、招工备案等服务。

从2007年开始，国家在海南省实施农村劳动力转移培训"阳光工程"，以农村富余劳动力转移就业技能培训为重点，由当地政府出钱免费培训想转移就业的农民。中央和海南省共安排财政资金3000余万元在海南省18个市县开展此项工程，成功帮助近8万名农民实现转移就业，使工资性收入成为这些农民的主要收入。培训内容包括农民创业、乡村旅游服务员、农村建筑工匠、保健、美发、制造、藤竹编制、农产品加工等20多项职业技能。

2010年，海南省农业厅认定海南省农业科学院、海南省农业干部学校、海南省动物疫病预防控制中心、海南商务旅游学校、海南永基文昌鸡有限公司、海南省建设职业技能岗位培训中心6家单位为"海南省农村劳动力转移培训阳光工程培训基地"。这6家省级培训基地致力于培训提高农民就地就近就业能力、创业能力和辐射带动能力，促进农村劳动力由单纯外出务工向就地就近转移就业转变，由偏重服务城市发展向注重支撑农村经济社会发展转变。

2011年，人社部发起"春风行动"，专门为进城农民工提供职业技能培训。海南省三亚市人力资源保障局组织有意愿的农民工进行专项培训，首先调研用人单位的岗位技能要求，组织有关培训机构有针对性地进行技能培训。技能培训的科目主要有保安员、调酒师、收银员、家电维修工等42种，培训天数有20天和30天两种。对年龄在16~45周岁的农村富余劳动力，每年可享受一次2000多元的职业技能培训补贴。该项目首先筛选有意愿接受技能培训的农民工，同时结合了用人企业的具体岗位技能需求，同时对于参加培训的农民工给予培训费用的补贴，所以取得了较好的效果，参加培训的农民工对口就业率平均为80%，初次就业工资收入为630~1500元。

2012年，为确保农民工都能按时足额拿到工资安心回家过年，海南省成立专项领导小组办公室，要求各市县人社部门实行农民工工资拖欠情况日报制度、公告制度及问责制度，以确保农民工工资在春节前基本无拖欠。

2013年，中铁十一局二公司海南项目部专门成立了"农民工学校"，以提高一线务工人员的业务技能，丰富业余文化生活，促进工程优质、质量平稳。

2014年，海南省澄迈县为推动返乡农民工再就业，举办了服装基础理论和实操辅导班。这个项目属于中央财政支持社会组织参与社会服务A类发展示范类项目。培训班根据海口服装企业的用工岗位需求，有针对性地对本县农村地区的农民工进行职业技能培训，帮助农民工在当地服装企业就业。

2014年，人社部印发了《农民工职业技能提升计划——"春潮行动"实施方案》。"春潮行动"是专门面向农村转移就业劳动者开展的一项重要的职业培训活动，旨在提升农村转移就业劳动者职业素质和就业创业能力，促进其实现就业和稳定就业，有力促进国家新型城镇化和农业转移人口市民化。

2015年，海南省政府组织开展了农民工职业技能提升计划，即"春潮行动"。海南省计划依托本省技工院校、职业培训机构、企业职工培训机构和职业技能实训基地等各类培训机构，面向农民工开展就业技能培训、岗位技能提升培训和创业培训。通过完善财政补贴标准制度，对符合条件的农民工按规定落实好职业培训和职业技能鉴定补贴，对经认定具备培训能力的企业自主培训符合条件的农民工，按规定给予职业培训补贴。为加强农民工培训实训基地建设，在海南省的主要城市确定一批职业学校、技工院校和培训机构作为农民工培训基地。

2015年，海南省共有91%农民工加入工会，通过加入工会，农民工可以接受免费专业技能培训。12月11日，省总工会主办、省工会职工培训中心承办的农民工育婴师（月嫂）职业资格培训班已经开班，为期20天的培训让251名农民工有机会考取全国通用的国家职业资格证书。取证后，有求职意愿者还可由相关工会推荐到海口各大家政公司上岗就业。

此外，为了帮农民工拓宽就业创业之路，省总工会还举办了6期淘宝网店培训，不断拓宽本省广大城乡劳动者的就业渠道，帮助失业下岗人员、农民工和大中专毕业生提高技能。

2016年,海南省教育厅和海南省总工会启动实施海南省农民工"求学圆梦行动"。到2020年,在有学历提升需求且符合入学条件的农民工中,资助10 000名农民工接受大专层次及以上学历教育,加强技术技能培训,使每一位农民工都能得到相应的技术技能培训,通过学习免费开放课程提升自身素质与从业能力。

海南省总工会和海南广播电视大学联合启动2016年海南省农民工学历与能力提升计划"求学圆梦行动"。该项目将帮助900名农民工获得大专学历、100名农民工获得本科学历。

2016年,海南省白沙县举办农民工挖掘机操作技能培训班,共有140多名来自县城周边的农民工参加培训。此次挖掘机操作工培训班为期22天,邀请海南成功力职业培训中心老师为学员们授课,采取理论学习与实践教学结合授课方式,学习机械常识、挖掘机操作、挖掘机维护和维修、安全生产知识等内容。

2017年,海南省农业农村厅获悉,共安排专项资金1882万元,培育有文化、懂技术、善经营、会管理的新型职业农民7783人。其中新型农业经营主体带头人4283人,精准扶贫对象1000人,青年农场主200人,专业技能型和专业服务型2300人。海南省农业厅和市县农业局分级建立师资库,吸纳全省教育培训机构、农业科研院所、科技推广单位等部门专家400多人,搭建了强有力的师资队伍。

2018年,为加大对重大劳动保障违法行为的惩戒力度,强化社会监督,促进用人单位自觉遵守劳动保障法律法规规章,维护广大劳动者劳动保障权益,维护社会公平正义,海南省人力资源和社会保障厅将部分市、县(区)查处的拖欠农民工工资"黑名单"案件予以公布。

2019年,海南省白沙黎族自治县政府和中国热带农业科学院橡胶研究所签订天然橡胶产业战略合作协议。按照约定,此次合作期限从2019年3月至2023年3月,合作内容包括在白沙建立一批林下种植示范区、共建新型职业农民割胶培训基地等,推动白沙脱贫摘帽和乡村振兴进程。

2019年,海南省农业农村厅确立了19个海南省新型职业农民培育省级实训基地,这些基地将积极配合培训机构开展新型职业农民实训工作,不断提高参训学员的生产经营能力。

2019年,人力资源和社会保障部印发《新生代农民工职业技能提升计划

（2019—2022年）》，明确加强新生代农民工职业技能培训，带动农民工队伍技能素质全面提升。

《2017年农民工监测调查报告》数据显示，全国农民工接受过非农职业技能培训的仅占30.6%，说明农民工培训工作还需进一步加强。

人社部明确将从事非农产业的技能劳动者纳入培训计划，在不同就业形态对应的培训中分别提出创新举措，体现在4个方面：一是针对准备就业人员提出"对登记培训愿望的农民工，在1个月内提供相应的培训信息或统筹组织参加培训"；二是针对已就业人员提出"鼓励企业重点对新生代农民工开展企业新型学徒制培训，对具备条件的技能人才，开展岗位创新创效培训"；三是针对建档立卡贫困劳动力提出"精准掌握就业困难人员中新生代农民工的基本情况，优先提供技能培训服务或技工教育"；四是针对拟创业和创业初期人员提出"重点开展电子商务培训，对具备一定条件的人员开展以创办个体工商户和创办小微企业为中心的创业技能培训；对已创业人员，持续开展改善或扩大企业经营的创业能力提升培训和企业经营指导"。

第二节 海南省农民工监测报告及就业趋势分析

屈小博、都阳（2013）利用国家统计局农民工监测调查的微观数据，对农民工的教育、培训、人力资本回报，以及农民工人力资本回报与劳动生产率变动的关系，进行了实证分析，分析结果表明，外出农民工小时工资的对数与受教育水平和受教育年限均呈现正向相关关系，即随着受教育程度的提高，农民工的小时工资呈现增加的趋势。他们指出，农民工的教育水平决定了中国劳动力的人力资本总体水平，也决定了劳动生产率的总体水平，甚至影响了经济增长的可持续性。目前，我国农民工人力资本积累还比较低，由于农村处于义务教育年龄的人口比重大，对农村教育公共投入应该倾斜。通过深化农村教育，可以有效增加农民工人力资本积累水平的巨大供给潜力。此外，培训是增强农民工人力资本积累水平的一种有效方式，对农民工人力资本的回报具有显著的促进作用。

袁敏（2019）指出，海南省农村人力资源开发存在以下几个问题：首先，农村劳动力文化素质较低，农业生产经营人员受教育程度总体不高；其次，农村文化教育底子较薄，全海南行政村目前没有一个公立幼儿园，农村小学师资水平普遍不高,农村中学辍学率高;再次,对农村进行的技能培训力度不够,质量不高,部分外包培训机构培训形式单一,效果一般。还有一个问题就是农村医疗卫生得不到保障,农村医疗设施设备简陋,合格医生数量少,农民医疗保障支出较少。同时,他给出了对策建议:加大教育投入,完善农村文化教育,发展多种形式在职学历教育;加大对农民培训力度,有针对性地进行分类培训,以及加大财政投入,完善农村医疗基础设施,增加农村医疗人员,加大宣传培训力度,提高农民的健康意识。

苏子益(2016)指出,海南农村基层人才匮乏,应积极探索适合海南农村实用型人才培养模式,完善农村人力资源发展。

从下面的海南农民工监测调查报告数据也可以看出,海南农民工的人力资本积累和投入影响了所从事的职业和工资收入水平,而目前海南农民工的职业技能培训现状不容乐观,如何更好地提高本省农民工职业技能培训水平,是有关政府机构、培训学校和机构亟须解决的问题。

1. 2015年海南农民工监测报告

(1)总体情况

根据国家统计局海南调查总队对海南农民工监测抽样调查显示:2015年,海南外出农民工总量同比持续增加,农民工收入稳步增长,但农民工整体收入水平偏低、权益保障与福利情况仍有待改善。

根据2015年海南省农民工监测调查结果推算,2015年全省农民工总量达到112.3万人,比上年增加2.8万人,比2013年增加13.3万,增长2.6%,年均增长6.7万人;其中,到户籍所在乡镇地域外从业6个月及以上的农民工(简称外出农民工)为68.1万人,较上年增加7.2万人,增长11.8%,从2013年到2015年,年均增长5.5万人;外出农民工占农民工总量达60.6%,比重比上年增加5个百分点。在海南省本地就业的农民工44.2万人,从2013年到2015年,年均增长1.2万人。2015年,海南省有25.1万农村劳动力举家外出从业;农村常住户家庭中,有过外出从业经历的劳动力达到43万。

从年龄结构上看,海南农民工以青壮年为主,年轻农民工比重减少。其中,16~19岁的占3.2%,20~29岁的占40.2%,30~40岁的占27.4%,41~50岁的占19.2%,51岁以上的占10%。与上年同期相比,24岁及以下的新生代农民工比重由24.3%下降到22.4%。从性别上看,男性农民工占60.5%,同比略降1个百分点。所占比重虽略有下降,但仍是农民工主力。

从就业地点来看,海南省近年农民工就业主要集中在省内,本地化就业趋势越发明显。受特殊地理位置和传统观念的影响，海南农民工就业主要以省内为主，以 2015 年统计数据来看，本省就业所占比重达 90%左右。其中，乡内从业的占 48.9%，乡外县内从业的占 15.6%，县外省内从业的占 27.1%。近几年受本地工资水平不断上升的影响，越来越多的农民工就近就地转移，省外务工人数逐年下降。统计资料显示，2015 年省外务工的农民工仅占 8.4%，比 2013 年下降 0.2 个百分点，农民工就业有本省回流趋势。

从就业稳定性来看，外出农民工流动性趋于稳定，就业稳定性增强。2015 年海南省农民工从事当前工作的时间在 5 年以上的占 15.4%，比 2013 年增加 3.9 个百分点；2~5 年的占 39.4%，增加 2.4 个百分点；1~2 年的占 28.6%，增加 1.2 个百分点；1 年以下的占 16.7%，减少 7.4 个百分点。

（2）就业和收入情况

从就业情况来看，海南农民工就业主要集中在第三产业，比重达到 74.6%，与 2013 年相比，减少了 1.4 个百分点。主要以住宿和餐饮、居民服务业为主，从事住宿和餐饮、建筑业和制造业的比重有所提高。在全部农民工中，住宿和餐饮从业比重最大，达 23.2%，同比增加 1.9 个百分点；其次是居民服务业，占 19.7%。从事第二产业的比重为 25%，与 2013 年相比，增加了 1.9 个百分点。其中，建筑业和制造业分别占 16.2%和 8.2%，同比分别提高 1.7 个和 0.4 个百分点，比 2013 年分别增加 2 个和 0.2 个百分点。

2015 年，海南省外出就业的农民工人均收入达到 2434 元，同比增长 10.7%；本地从业的农民工为 44.1 万人，人均收入达 2477 元，同比增长 16.6%。从这个数据可以看出，2015 年农民工本地从业和外出就业的年人均收入基本持平，本地就业收入增长较快。

高收入农民工比例增加，低收入农民工比例减少。外出农民工中，月收入 3000 元以下的农民工比例由上年的 81.5%降至 2015 年的 72.2%，下降 9.3 个百分点；月收入 3000~5000 元的农民工比例由上年的 17.1%增至 2015 年的 24.8%，提高 7.7 个百分点；月收入 5000 元以上的农民工比例由上年的 1.1%增至 2015 年的 3.0%，提高 1.9 个百分点。本地非农务工农民工中，月收入 2000 元以下的农民工比例由上年的 50%降至 2015 年的 34.9%，下降 15.1 个百分点；月收入 2000~3000 元的农民工比例由上年的 33.3%增至 2015 年的 38.5%，提高 5.2 个百分点；月收入 3000 元以上的农民工由上年的 16.7%增至 2015 年的 26.6%，提高 9.9 个百分点。

从职业类别来看，专业技术型农民工收入增幅较大。从 2015 年农民工从事的职业与收入情况来看，平均月收入最高的是行政管理人员，平均月收入3226元；收入较高的是专业技术人员，月收入3104元，比上年增加363元，增长13.2%；其次是生产、运输设备操作人员，月收入2609元，比上年增加195元，增长8.1%；而商业、服务业人员月收入2303元，与上年增加279元，增长13.8%。

2015年海南农民工人均月收入为2434元，比全国农民工人均月收入低638元，工资标准整体偏低。原因在于海南省农民工大多从事技术含量较低的住宿餐饮和服务行业。收入较高的是建筑行业及其中的技术工种，海南省农民工从业人数相对较少。其根本原因在于海南省农民工的人力资本积累相对较低，所接受的教育程度和培训相对较弱。

从文化程度上看，海南省农民工小学及以下占9.5%，初中占67%，初中及以下文化程度占76.5%，高中占13.5%，大学及以上占9.9%，高中及以上文化程度仅占23.4%。其中，初中和大学文化程度的比重与上年同期相比分别增加1.3%和1%。

从技能培训来看，得益于海南省推出的"春风行动"，农民工职业技术培训有所增加。海南省全部农民工中，接受过农业技术培训的农民工比重与上年相比提高了1.8个百分点，但总体所占比重仅有5.7%；接受过非农技术培训的农民工比重同比提高了3.9个百分点，但总体所占比重仅有14.7%。

由于海南省农民工教育程度相对较低和接受的技能培训相对较少，使得本省农民工所掌握的职业技能相对较少，从而限制了他们从事的行业和职业选择，大多数农民工只能从事不需要太多职业技能而工资水平相对较低的劳动密集型产业，如住宿餐饮和服务行业。

2. 2017年海南农民工监测报告

（1）总体情况

据国家统计局海南调查总队对全省18个市县1596户农村居民家庭抽样调查推算结果，2017年海南农民工人数总量达到125.3万人，比上年增加7.2万人，增长6.1%。

2017年本地农民工（在本乡镇内从业6个月及以上）数量为54.3万人，比上年增加5万人，增长10.2%。

2017年外出农民工（在本乡镇外从业6个月及以上）数量为71万人，比上年增加2.2万人，增长3.2%，较上年提升2.2个百分点。

2017年海南农民工中，本地农民工占54.1%，比重提高3.6个百分点。其中，本地非农务工农民工占37.6%，比重提高2.7个百分点；本地非农自营农民工占16.4%，比重提高0.8个百分点。农民工本地化趋势突显主要原因：一是受"离土不离乡""就业不离家""务工兼顾家庭"传统观念的影响，海南农民工倾向于就地就近转移；二是受益于国家政策支持，近年来农村经济发展得到了有力支撑，客观上为农村劳动力就地、就近就业提供了条件。精准就业，造血式扶贫工作的大力推进需要更多的劳动力服务本地经济。

从农民工年龄结构看，29岁及以下年龄段农民工占全部农民工36.4%，较上年下降4.4个百分点；30~50岁年龄段农民工占比48.0%，较上年提高2.8个百分点；51岁及以上年龄段农民工占比15.6%，较上年提高1.6个百分点。

2017年海南农民工高中及以上文化程度占22.0%，较上年提高0.5个百分点；大学及以上文化程度的占7.6%，较上年提高0.2个百分点；初中文化程度的占66.5%，与上年相比持平；小学以下文化程度的占11.5%，较上年下降0.5个百分点。

（2）就业和收入情况

2017年海南农民工在第一产业就业的比重为0.8%，比上年略降低0.5个百分点。在第二产业就业的比重为22.8%，比上年下降1.9个百分点。其中，从事建筑业的占13.2%，下降2.3个百分点；从事制造业的占8.4%，增加0.5个百分点。在第三产业就业的比重为76.4%，比上年增加2.4个百分点。其中，从事住宿和餐饮业的占21.8%，比上年增加1.3个百分点；从事批发和零售业的占14.5%，比上年略增0.2个百分点；从事居民服务和其他服务的占21%，比上年增加1个百分点。

近年来，海南农民工收入水平保持平稳增长，监测资料显示，2017年，外出农民工月均收入2777元，比上年增加164元，增长6.3%。

2017年，从事第二产业的外出农民工月收入为2932元，比上年增加122元，增长4.3%；从事第三产业的外出农民工月收入为2738元，比上年增加165元，增长6.4%。从外出农民工务工的主要行业来看，从事制造业的农民工每月收入2719元，比上年增加66元，增长2.5%；从事建筑业的农民工月收入为3338元，比上年增加335元，增长11.2%；从事住宿和餐饮业的农民工月收入2583元，比上年增加165元，增长6.8%；从事批发和零售业的农民工月收入2618元，比上年增加144元，增长5.8%；从事居民服务、修理和其他服务业的农民工月收入2732元，增长13.4%；从事交通运输、仓储和邮政业的农民工月收入2971元，增长2.6%。

分职业看，专业技术人员月均收入4145元，增长13.9%；办事人员和有关人员月均收入3057元，增长8.2%；商业和服务业人员月均收入2571元，增长5.2%；生产、运输设备操作人员及有关人员月均收入2866元，增长4.0%。

2017年，外出农民工在省内务工月收入2640元，比上年增加154元，增长6.2%；在省外务工的农民工每月收入3427元，比上年增加131元，增长4.0%。省内外务工收入差787元，比上年减少23元。从农民工的主要输出地来看，2017年在广东务工的农民工月收入3247元，比上年增加304元，增长10.3%。上述资料显示，省内省外务工收入水平差距正在缩小，而经济发达的东部沿海地区务工收入增长幅度较大。

3. 海南省东方市农民工监测报告

（1）2018年东方市农民工监测报告

1）总体情况

全市调查的124个农民工中，40岁以下的农民工有83人，占比66.9%，而41岁以上的农民工占比33.1%。数据表明，新生代农民工逐步成为农民工主力军。

从文化教育程度上看，初中及以下文化水平85人，占农民工比例为68.5%，占比较上年下降11.5个百分点；高中及以上文化水平39人，占农民工比例为31.5%，同比上年提高11.4个百分点，其中大专及大学高等教育学历比例为11.3%，占比较上年提高3.8个百分点。

本地农民工和外出农民工比重分别为43.55%和56.45%，多数农民工外出就业。其中，外出务工人数68人，占外出农民工的97.14%；外出自营2人，仅占2.86%。本地农民工中，务工就业比例要远高于自营，占本地农民工的比例分别为57.41%和42.59%。

外出农民工中，省外就业人数仅占11.43%，省内就业人数达68人，占88.57%，其中，乡外县内有13人，占省内就业的20.97%；县外省内有49人，占比高达79.03%。

2）职业与收入情况

2018年东方市农民工全年从事主要行业中仅8人从事第一产业，占比6.45%；17人从事第二产业，占比13.71%，主要为制造业、建筑业及电力、热力、燃气及水的生产和供应业，分别占第二产业的23.53%、47.01%、29.41%；从事第三产业人数99人，占比79.84%，主要集中在"批发零售业""住宿和餐饮业""卫生、社会工作"，从事以上3类行业的总人数占第三产业总人数的比重为 66.67%。

2018 年,东方市接近五成农民工主要从事以下四大职业:一是"商业、服务业人员",占比为 43.55%;二是"不便分类的其他从业人员",占比为 31.45%;三是"专业技术人员",占比为 4.84%;四是"办事人员和有关人员",占比为 8.06%。这主要是由于"商业、服务业人员"对农民工技能要求较低,且用工量大。

2018 年,东方市从事本地非农自营人员收入为 22 907 元/年,平均月收入 1909 元,同比增长 6.2%;本地非农务工人员收入为 24 474 元/年,平均月收入 2040 元,同比增长 8%;外出务工人员收入为 26 766 元/年,平均月收入 2231 元,同比下降 15.5%;外出自营人员收入为 71 000 元/年,同比增长 181.7%,相比 2017 年,均有不同程度的提高。

从职业技能培训情况来看,2018 年东方市 124 名农民工中,从未接受过农业职业技能培训的比例高达 99.2%,从未接受过非农职业技能培训的比例为 94.4%,2018 年或以前年度接受过职业技能培训的比例不足一成。总体来看,东方市农民工接受技能培训的情况不乐观,大部分农民工个人素质能力和技能水平亟须提升,而农民工职业技能培训情况也直接影响了就业选择和工资收入水平,使得农民工从事专业技术人员、办事人员和有关人员等技术含量高和工资水平高的职业比例比较低,大多从事技能要求比较低的商业、服务业。

从就业信息渠道离开,2018 年东方市外出从业的 70 名农民工中 84.3%是通过自发和亲朋好友介绍获得当前工作机会,通过其他渠道获得当前工作机会的占 15.7%。就业信息供求不匹配,求职路径单一会使农民工就业面窄,换工作的间隔时间长,成本高。

(2) 2019 年一季度东方市农民工监测报告

2019 年一季度东方市 11 个农民工监测调查点共 110 户调查户参与调查,期内住户成员数 546 人,常住成员数 420 人,常住人口比例为 76.9%。

1) 总体情况

监测数据显示,东方市本地非农就业劳动力占从业劳动力的比重有所提高,其中本地非农务工比重提高比较显著。一季度本地非农就业人数占从业劳动力的 20.1%,同比提高 0.7 个百分点。其中,本地非农务工人数占非农就业劳动力的 69.2%,同比提高 21.7 个百分点;本地非农自营人数占非农就业劳动力的 30.8%,同比下降 21.7 个百分点。近年来,东方市大力发展现代农业,土地流转及规模经营已经成为现代农业的主要形式,越来越多的农民不再依赖耕地,转移就业人数增长较快。

监测数据显示,一季度本地非农就业劳动力中,从事第三产业人数占非农就业人数的八成以上,占86.2%;其中,从事批发和零售业占第三产业人数的39.3%,同比提高2.3个百分点;从事卫生、社会工作及公共管理、社会保障和社会组织各占第三产业人数的12.5%,同比分别提高6.9个百分点。服务业等第三产业的发展,为本地劳动力提供了更多的就业机会。同时因其岗位招聘门槛相对较低、就业形式灵活等特点,使得文化程度和技能相对偏低的农民工群体,能更多地投入第三产业中去。

从外出区域来看,省内就业占外出就业人数的94.1%,同比提高4.9个百分点;其中,乡外县内就业占外出就业人数的26.7%,同比提高5.2个百分点,县外省内就业占外出就业人数的67.3%。其主要原因是:随着海南自由贸易区(港)建设的推进,省内就业机会不断增加,工作报酬不断提升,同时为了兼顾家庭,降低交通成本,农民工外出务工多选择省内。

据监测数据显示,一季度外出从事第一产业的劳动力人数占外出从业劳动力总人数的25.7%,同比提高14.9个百分点。外出从事第一产业就业人数增加原因主要是受上年农产品价格较低迷的影响,大多数有种植技术的农民都不愿自己承担种植风险,宁愿外出选择与种植规模大户合作,或者去种植企业打工,以期取得较为稳定的工资性收入。

2)职业与收入

监测数据显示,东方市农村劳动力一季度外出就业人均月收入3377元,同比增长26.7%。海南在建设自由贸易(港)的同时,社会务工形势的良性循环促进了外出就业收入的大幅提高。

农民工外出从事的主要职业情况如下:商业服务业人员占外出劳动力比重为44.6%,比上年同期减少4.6%;农、林、牧、渔、水利业生产人员占比25.7%,比上年同期增长14.9%;专业技术人员占比7.9%,比去年同期增长0.2%;办事人员及有关人员占比3%,比上年同期减少0.1%;生产运输设备操作及有关人员占比2%,比上年同期减少2.6%;不方便分类的其他从业人员占比16.8%,比上年同期减少7.8%。从事工作以技术含量相对较低的服务业和帮雇主打理瓜棚为主,这部分农民工自身文化素养不高,学习欲望不强,学习能力不高,没有长远的职业规划,从而影响农民工整体就业层次提升。

本地农民自主创业能力较弱,自营人数大幅下降。据监测数据显示,一季度本地非农自营人数占非农就业劳动力的30.8%,同比下降21.7个百分点。

农民工创业难的原因：一是农民工创业方向主要以大众化行业为主，行业市场竞争大，又限于自身没有一技之长，难以脱颖而出；二是农民工对国家创业扶持政策不了解，在创业计划及规避创业风险等方面存在短板，难以发现一些好的创业项目。

4. 海南农民工就业趋势分析

从海南农民工监测报告数据统计来看，2013—2017 年，农民工数量和收入变化情况如表 5-7 所示。

表 5-7 海南农民工数量、收入变化

年份	2013	2014	2015	2016	2017	2018	2019 年一季度
数量（万人）	99	109.5	112.3	118.1	125.3	132.3	145.5
其中外出农民工	57.1	60.9	68.1	68.8	71	79.3	80.8
其中本地农民工	41.8	48.7	44.2	49.3	54.3	53	64.7
人均月收入（元）	2032	2199	2434	2613	2777	2970	3006

资料来源：海南省人民政府网站，海南农民工监测报告。

从表 5-7 可以看出，海南农民工数量呈逐年增长趋势，2013 年本省农民工人数仅为 99 万人，2019 年一季度就已经达到 145.5 万人。其中，外出农民工也呈现逐年增长势头。海南农民工平均月收入也呈现逐年增长趋势，从 2013 年的 2032 元增加到 2019 年一季度的 3006 元。

从表 5-8 可见，29 岁及以下的农民工比例逐年下降，从 2013 年的 46.6%降至 2017 年的 36.4%，下降了 10.2 个百分点。相反，30～50 岁的农民工比例缓慢增加（除 2016 年少许下降 1.4 个百分点外），从 2013 年的 42.9%上升到 2017 年的 48%；51 岁及以上的农民工比例也有所增加，4 年间提高了 5.1 个百分点。

表 5-8 海南农民工年龄分布

年份	2013	2014	2015	2016	2017
29 岁及以下	46.6%	—	43.4%	40.8%	36.4%
30～50 岁	42.9%	45.6%	46.6%	45.2%	48%
51 岁及以上	10.5%	—	10%	14%	15.6%

资料来源：海南省人民政府网站，海南农民工监测报告。

如表 5-9 所示，小学以下文化程度的农民工比例有所提高，从 2015 年 9.5%提高到 2017 年的 11.5%，提高了 2 个百分点；初中文化的农民工比例较稳定，基本保持在 66%左右；高中文化的农民工比例逐年增加，从 2015 年的 13.5%上升至 2017 年的 22.0%，上升了 8.5 个百分点；大专及以上农民工比例呈先升后降的趋势。

表 5-9　海南农民工学历程度

年份	2013	2014	2015	2016	2017
小学以下	—	—	9.5%	12%	11.5%
初中	63.8%	65.7%	67%	66.5%	66.5%
高中	—	—	13.5%	21.5%	22.0%
大专及以上	7.1%	8.9%	9.9%	7.4%	7.6%

资料来源：海南省人民政府网站，海南农民工监测报告。

第六章 海南省十九市（县）农村抽样调查：农村劳动力非农化转移及其社会影响

第一节 抽样调查理论框架与数据来源

一、研究主题与分析框架

（一）研究主题

本研究从社会学、经济学和人口学的角度探讨海南省农村区域的劳动力非农化转移问题，以及由此产生的社会影响或后果。

农村剩余劳动力的城市化转移是发展中国家最重要的经济现象之一，也是发展经济学家的研究重点。教育对劳动力迁移和收入的影响是劳动经济学和发展经济学研究的重要课题。Long（1973）指出，在美国的同一年龄群体中一个人是否接受过高中以上的教育，是推测其迁移可能性的主要因素；Speare & Harris（1986）对印度尼西亚不同年龄、性别和受教育程度的农村劳动力的研究表明，教育在影响农村劳动力收入的同时，也影响年轻人的迁移倾向；Lanzona（1998）通过对菲律宾数据的分析也得出了类似的结论。Mcilnnis（1971）对加拿大省际劳动力流动的研究发现，各个受教育程度组之间劳动力流动的差异可能是由于他们对期望收入的响应不同。进而，Dahl（2002）认为，劳动力流动是对不同地区存在的教育收益差异和福利差异做出的反应。

自从舒尔茨提出人力资本理论以来，国内外有关人力资本的研究就不断地被拓展和深入。特别是人力资本投资对农村剩余劳动力转移影响的研究更是成果丰硕。赵耀辉（1997）研究发现，与没有受过正规教育的人相比，高中文化程度的人外出的概率多21个百分点，初中文化程度的人多11个百分点，小学文化程度的人多3.6个百分点。他在四川省的调查结果中表明，教育对提高非农就业的概率有显著作用。高中文化程度的劳动力外出打工的概率最高，初中文化程度次之，没有受过正规教育的劳动力外出打工的概率最低。

蒯鹏州（2010）根据一组来自东莞的数据，利用Ordered Logit模型对工资收入函数进行处理，结果显示，转移人口的工资收入与受教育程度及是否接受过职业培训的关系密切。胡士华（2005）运用微观数据，使用Logit模型来分析教育对中国农村劳动力流动的影响及农村劳动力迁移选择的影响因素。研究结果显示，教育在我国农村劳动力流动过程中发挥显著的作用。钱忠好等（2008）在对农村教育投资与农村剩余劳动力转移关系进行理论分析的基础上，采用江苏省的数据，运用Grange模型和Logit模型分析农村教育投资的总量及结构对于农村剩余劳动力转移的影响。研究表明，农村教育投资与农村剩余劳动力转移互为因果关系。王广慧等（2008）依据吉林省的微观数据，应用微观经济计量方法分析了教育对农村劳动力流动和收入的影响。研究结果表明，农村劳动力受教育程度越高，其流动倾向越高。农村劳动力受教育程度与其收入水平正相关，农村劳动力在城镇劳动力市场上的教育收益率明显高于农村务农的教育收益率。

按照舒尔茨的观点，人力资本投资包括教育、职业培训、医疗保健和迁移等方面的费用。在我国现阶段，农村人力资本投资表现对农村义务教育、农村劳动者技能培训及医疗保健等方面的投入，这些投入有助于提高农村劳动力素质。而农村劳动力素质的高低直接影响其非农就业转移，包括影响选择非农就业的意愿、非农职业选择的能力和非农就业的稳定性。为此，要加快农村剩余劳动力非农就业转移，必须加大对农村人力资本投资的力度。

农业劳动力向非农部门转移，农村人口向城市迁移是经济发展、结构转变的必然趋势。2017年年末海南省全省常住人口925.76万人，城镇人口比重为58.04%。要实现海南省经济发展模式的转型，促进二元结构向一元结构的转变，中心问题就是农村剩余劳动力的转移。那么，是什么因素决定着农村劳动力的转移呢?研究影响农村劳动力转移的原因，对实现海南省农村剩余劳动力的有效转移，达到人力资源的合理配置，无论从长远发展还是从现实需要上都具有十分重要的意义。

（二）分析框架

国内外研究农村劳动力剩余和劳动力转移的文献数量颇丰，但大部分都集中在华北、华中的农村劳动力迁出地区和华南（广东、福建等省）迁入地区，以及四川等西部地区，对于经济和教育发展相对迟缓的海南省的相关研究欠缺。本书旨在从农村人力资本的视角，通过实证调研和个案访谈，探讨海南省省内教育、培训、技能和医疗对于农村非农化转移的影响程度，为政府推进城镇化建设及省内教育结构格局的改革提供真实、可靠的理论支持。

二、基本理论前提、概念界定与研究假设

（一）基本理论前提

前提一：农民都是理性的经济人的原则。即在农村现行经济体制下，农民从事的一切经济活动之目的在于追求物质利益的最大化。

前提二：对土地拥有法定使用权及对其他生产要素有支配权的农民，对其劳动时间的支配与利用将达到最充分和最有效。即农民不会在自己支配的劳动时间内偷懒或磨洋工。

前提三：以上述两个前提为基础，可推出第三个前提，即农民具有自行配置劳动力资源并使劳动资源的利用效率最大化的倾向。

（二）概念界定

1. 农村劳动力

农村劳动力是指户籍所在地为本研究所涉及乡镇内的农村人口中截至2016年1月1日15～64周岁的男性和女性个人，但不包括其中的在校学生、服兵役人员，以及因身体原因不能工作的人等。

2. 非农化转移

非农化转移是指农村劳动力由原来纯农业就业领域转为进入非农就业领域，即发生"转移"，不管是否发生地域上的转移。农村劳动力非农化转移包括从原地农业生产领域转到外地非农领域就业及在原地由农业生产转为非农就业，但不包括到外地依然从事农业生产的。

3. 人力资本投资

20世纪60年代，美国经济学家舒尔茨创立人力资本理论时所指的人力资

本是指由于"对人投资"（investments to human）所形成的、附着在人身上的并有助于提高其生产能力的资本。本书经过综合形成如下概念：人力资本是指通过对人的教育、培训、技能等投资而凝结在劳动者身上的知识、技术、资历、信息、经验和熟练程度、健康等之总称。人力资本概念的提出，意味着资本形态的重大变化，资本由以往的单一的、同质的物化资本转变为多元的、异质的资本。人力资本的形成最基础、最重要的投资是教育投资，特别是来自基础教育的投资。人力资本投资，即通过对人的基础教育、专业教育、健康、培训、流动及通过"干中学"从而增进其能力等的投资形成人力资本这一生产要素。

（三）研究假设

依据本研究涉及的具体问题和业已界定的各种概念和指标，提出以下9个将在研究中加以检验的基本假设。

假设1：农村地区存在非农化转移的劳动力。

假设2：同一社区的男性和女性劳动力非农化转移程度相同。

假设3：经济发达地带的农村比经济不发达地带的农村非农化转移程度高。

假设4：农村地区教育程度越高，劳动力非农化转移的倾向越高。

假设5：农村地区提供职业技能培训的机会越多，劳动力非农化转移的能力越强。

假设6：农村地区医疗卫生条件，影响其非农化转移的实现。

假设7：非农化转移引起农村劳动力的社会流动（含跨地域、跨职业流动）。

假设8：比较经济利益是农村劳动力非农化转移的经济动因。

假设9：农村劳动力实现非农化转移对其家庭经济收入产生正面影响。

将上述需要进行检验的假设分为三类：①农村劳动力非农化转移一般状况假设（假设1～3）；②农村人力资本投资对农村劳动力非农化转移的关系假设（假设4～6）；③农村劳动力非农化转移的社会-经济影响或后果假设（假设7～9）。

三、数据来源

本书进行分析的主要依据，来自2019年3—9月本课题组在海南省所辖的十九市（县）农村地区展开有关农村劳动力非农化转移的问卷抽样调查所获得的数据。

（一）调查总体

此次调查所涉及的范围是位于海南岛内的农村地区。就行政区划而论，包括海南省所辖的19个市（县），根据《海南统计年鉴2018》，具体包括海口、三亚、三沙、儋州4个地级市；五指山、文昌、琼海、万宁、东方5个县级市；定安、屯昌、澄迈、临高4个县；乐东黎族自治县、琼中黎族苗族自治县、保亭黎族苗族自治县、陵水黎族自治县、白沙黎族自治县、昌江黎族自治县6个民族自治县。共计195个乡镇，2665个行政村，26 083个村民小组的151.27万户。调查总体是这19个市（县）的2665个行政村和340.31万15~64岁乡村劳动力的男性和女性人口。

（二）抽样方法

按照概率论的随机原则和尽可能在样本中反映总体内部的异质性原则及经济节约原则，本研究采用分层－两阶段整群抽样方法（Stratified Sampling and Two-Stage Cluster Sampling）。具体抽样设计：①据2018年海南省国民经济和社会发展统计公报，海南省分为东部地区、中部地区和西部地区。东部地区是指海口、三亚、文昌、琼海、万宁、陵水6个市（县），中部地区是指五指山、定安、屯昌、琼中、保亭、白沙6个市（县），西部地区是指儋州、东方、澄迈、临高、乐东、昌江、洋浦7个市（县）地区。②对上述3个地区按简单随机抽样原则进行第一阶段抽样，即随机抽选第一阶段样本（若干市县）。③在抽出的若干市县中，再随机抽出若干乡镇作为第二阶段的样本（若干乡镇）。④对第二阶段抽选的样本（整群）的所有行政村进行全面（普查式）的问卷调查。

（三）抽查范围及内容

本次调查共抽出3个市县，6个乡镇，165个行政村，1650户6270人，其中，男性3323人，女性2947人。在样本行政村总人口中劳动力为3762人，其中，男性劳动力1927人，女性劳动力1835人，男女劳动力性别比为105∶100。

问卷调查包括两种问卷，一个是行政村调查问卷，另一个是农户家庭问卷。行政村调查问卷包括5个方面：村基本情况、教育状况、培训/经济服务情况、医疗卫生情况、迁移距离，包含25个问题。农户家庭问卷包括4个方面：本户基本情况、本户劳动适龄人口基本状况、本户在外打工劳动力情况、本户在家劳动力情况,包含27个问题。调查结束后对165份行政村问卷和1628份农户家庭问卷进行了SPSS（19.0版本）统计处理和分析,并有针对性地对上述9项研究假设逐一加以检验,从而得出研究结论。

由于采用二阶段混合抽样（即分层抽样与整群抽样相结合）方法,故在样本含量相同时其样本精度（对总体的代表性）介于单纯的整群抽样与简单随机抽样的精度之间。根据计算,本次调查的样本（n）对海南省十九市（县）总农户（N）作统计估计的置信度（$1-\alpha$）达95%,最大容许误差（Δ_p）不超过3%。换言之,在$1-\alpha=0.95$,$\Delta_p \leqslant 0.03$的约束条件下,本次调查的165个行政村和1650户农户对2665个行政村和151.27万农户这一总体具有代表性。

第二节 调查资料的统计分析与调查结论

一、对研究假设的检验

（一）农村劳动力非农化转移一般状况假设（假设1~3）的检验

1. 非农化转移及其性别差异

本次调查按地域分类,分别从海南东部地区、中部地区和西部地区随机抽出1个市（县）,分别是三亚市、琼中县和东方市。然后分别从抽出的3个市（县）中再随机抽出3个镇,分别是三亚市的吉阳镇、崖城镇和天涯镇,琼中县的营根镇、黎母山镇和红毛镇,东方市的八所镇、板桥镇和新龙镇。最后对抽出的6个镇的所有行政村（165个）进行全面调查,获得有效村调查问卷165份。为了从农户家庭的角度更微观地考察非农化转移,同时从每个行政村随机抽取10户家庭,共计1650户进行农户家庭问卷调查,获得有效农户家庭问卷1628份。根据165份行政村调查问卷的数据,我们进行统计汇总和分析,其结果如表6-1所示。

从表6-1可见,165个样本行政村中,按《海南统计年鉴-2018》的人均耕地1.05亩来看,东部地区的人均耕地已降到人均不足1亩,达到0.61亩。西部和中部大部分属于丘陵和山地,人均耕地超过平均水平,西部地区为2.43亩,中部地区为2.75亩。由于总耕地面积的减少和农村人口的惯性,使得人均耕地急剧减少,因而产生大量的闲置劳动力。这些闲置的适龄劳动力选择

第六章 海南省十九市（县）农村抽样调查：农村劳动力非农化转移及其社会影响

不同的务工方式：离土不离乡、离土离乡、半离土离乡。东部地区的外出务工总人口为35 745人，西部地区的外出务工总人口为20 759人，中部地区的外出务工总人口为3602人，外出务工总人口达60 106人。由此表明，农村地区存在大量剩余劳动力，并实现了非农化的转移。

从分性别外出务工人数来看，东部地区外出务工男女性别比为177∶100，西部地区外出务工男女性别比为170∶100，中部地区外出务工男女性别比为162∶100，总人口外出务工男女性别比为174∶100。这一数据说明，无论是东部、西部还是中部地区，同一区域的男性务工人数均超过女性务工人数，比例高达74%。该事实表明，海南省农村同一地域的男性和女性劳动力非农化转移的程度不相同。这也印证了海南省农村依然维系着"女人理家种田，男人外出挣钱"传统的劳动力配置模式。

表6-1 行政村整体经济状况与分性别外出务工人数（2018年）

区域	市/县	乡/镇	行政村数量（个）	人均收入（元）	人均耕地（亩）	外出务工总人数（人）	外出务工男性人数（人）	外出务工女性人数（人）
东部地区	三亚市	吉阳镇	19	14 622	0.4	8391	5161	3230
		崖城镇	23	12 042	0.87	9754	5789	3965
		天涯镇	19	11 107	0.55	17 600	11 900	5700
	小计		61	12 590	0.61	35 745	22 850	12 895
西部地区	东方市	八所镇	34	9175	1.66	13 354	8244	5110
		板桥镇	21	11 706	2.78	5095	3405	1740
		新龙镇	9	12 582	2.83	2310	1450	860
	小计		64	11 154	2.43	20 759	13 099	7710
中部地区	琼中县	营根镇	16	10 456	2.84	1886	1196	700
		黎母山镇	13	11 608	3.96	1173	718	465
		红毛镇	11	11 628	1.47	543	326	217
	小计		40	11 230	2.75	3602	2240	1382
合计			165	11 658	1.93	60 106	38 189	21 987

资料来源：行政村调查问卷汇总。

2. 非农化转移的经济程度差异

按行政村整体经济状况来看，如表 6-1 所示，东部地区 2018 年人均收入为 12 590 元，西部地区为 11 154 元，中部地区为 11 230 元。以 2018 年海南省农村居民人均可支配收入 13 989 元为基准，样本行政村均低于平均水平，其中东部地区略低于平均水平，西部和中部地区远低于平均水平。换言之，东部地区比西部和中部地区的整体经济状况更好。东部地区外出务工人数占外出务工总人口的 59%，西部地区占 35%，中部地区占 6%。该事实数据反映经济发达地带的农村比经济不发达地带的农村外出务工人数更多。

3. 小结

依据上述统计分析，得出以下结论。①假设 1 成立，即被调查的农村地区存在非农化转移的劳动力。②假设 2 不成立。事实上，海南省农村同一地域的男性和女性劳动力非农化转移的程度不相同。被调查的样本中无论是东部、西部还是中部地区，同一区域的男性劳动力非农化转移程度远高于女性劳动力。③假设 3 成立。从行政村整体年人均收入来看，东部地区高于西部和中部地区，即东部地区比西部和中部地区经济更发达。而东部地区的非农化转移程度是西部地区的 1.72 倍、中部地区的 9.9 倍，可见经济发达地带的农村比经济不发达地带的农村非农化转移程度更高。

（二）农村人力资本投资对农村劳动力非农化转移的关系假设（假设 4~7）的检验

1. 教育与非农化转移的关系

农村地区的教育资源配置和劳动力的文化程度对非农化转移影响是本研究考察的重点问题之一。从分地区行政村整体教育状况来看，如表 6-2 所示，东部地区的村平均受教育程度初中比例是 84%，小学比例是 16%；西部地区初中比例是 78%，小学比例是 22%；中部地区初中比例是 74%，小学比例是 26%。东部、西部、中部地区的村小学数量分别为 58 所、32 所、25 所，村文化室/图书室数量分别为 59 个、32 个、25 个。2018 年样本行政村中初中毕业学生比例东部地区为 95%，西部地区为 94%，中部地区为 92%；高中毕业学生比例东部地区为 64%，西部地区为 63%，中部地区为 61%；考入大学/大专的数量东部地区为 551 人，西部地区为 272 人，中部地区为 60 人。由此可见，东部地区的整体教育资源配置优于西部地区，而西部地区优于中部地区。而从非农化转移的经济差异而言，东部地区外出务工的人数远大于西部地区，西部地区大于中部地区。因此，农村地区的教育资源配置越合理，非农化转移程度越高，也就是，教育资源配置的合理性与非农化转移成正向关系。

从分乡镇教育状况来看，如表 6-2 所示，东部地区的崖城镇无论从村平均受教育程度、村小学数、村文化室/图书室、初中毕业比例、高中毕业比例和考入大学/大专的数量，均优于吉阳镇，崖城镇的外出务工人数也比吉阳镇高出 16%。但天涯镇的各项教育资源指标均低于吉阳镇，而外出务工人数却远高于吉阳镇，高达一倍以上。原因在于天涯镇有 3 个行政村：桶井村、水蛟村和海坡村，属于完全失地状态，村所属耕地全部被征用或征收，这 3 个失地行政村外出务工人数高达 6000 人。虽然吉阳镇也有 3 个失地行政村：六道村、龙坡村和海罗村，但这 3 个村庄规模不大，外出务工人数仅为 2000 人左右。因而导致天涯镇的非农化转移程度高于吉阳镇。而西部地区和中部地区的各镇之间教育资源配置与外出务工人数成正比关系，与之前的分地区教育配置结论一致。

表 6-2　分地区、分乡镇行政村整体教育状况（2018 年）

区域	乡/镇	行政村数量（个）	村平均受教育程度		村小学数量（个）	村文化室/图书室数量（个）	村初中毕业比例	村高中毕业比例	村考入大学/大专人数（人）
			初中比例	小学比例					
东部地区	吉阳镇	19	79%	21%	19	19	95%	64%	191
	崖城镇	23	87%	13%	23	23	96%	65%	194
	天涯镇	19	84%	16%	16	17	94%	62%	166
	小计	61	84%	16%	58	59	95%	64%	551
西部地区	八所镇	34	82%	18%	22	22	95%	64%	162
	板桥镇	21	76%	24%	10	10	93%	63%	76
	新龙镇	9	67%	33%	0	0	93%	61%	34
	小计	64	78%	22%	32	32	94%	63%	272

续表

区域	乡/镇	行政村数量（个）	村平均受教育程度		村小学数量（个）	村文化室/图书室数量（个）	村初中毕业比例	村高中毕业比例	村考入大学/大专人数（人）
			初中比例	小学比例					
中部地区	营根镇	16	88%	13%	10	10	95%	63%	31
	黎母山镇	13	85%	15%	10	10	91%	61%	21
	红毛镇	11	82%	18%	5	5	90%	60%	8
	小计	40	85%	15%	25	25	92%	61%	60
合计		165	74%	26%	115	116	94%	63%	883

资料来源：行政村调查问卷汇总。

从图6-1可见，1628户农户家庭问卷汇总资料显示，农村劳动力的文化程度普遍不高，初中所占的比例最高，达到37.25%，依次为小学、高中、文盲或半文盲、大专及以上。文盲或半文盲的比例也达到14.31%，大专及以上的比例最低，为8.44%。由此可见，农村适龄劳动力的文化程度极大地阻碍了劳动力的非农化转移的程度。

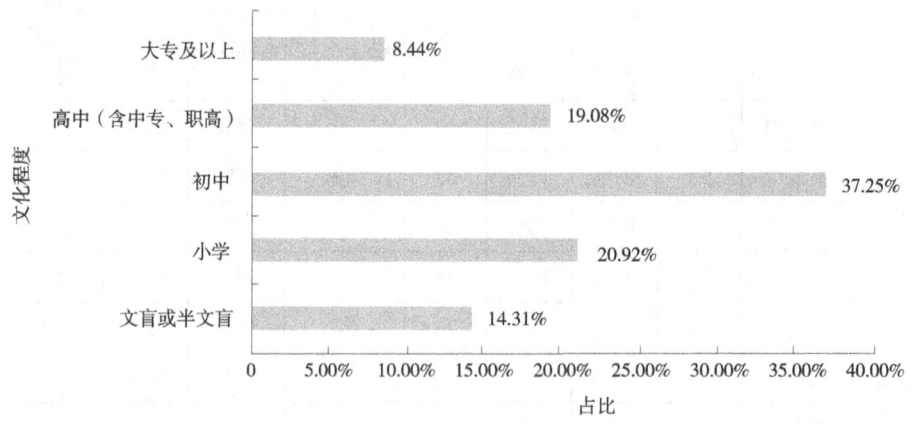

图6-1 劳动适龄人口的文化程度

2. 技能培训与非农化转移的关系

农村地区的职业培训实施状况及村整体经济服务情况对劳动力的非农化转移的影响也是本研究关注的重点问题。

从分地区培训情况来看，如表6-3所示，东部地区88.5%提供职业技能

第六章 海南省十九市（县）农村抽样调查：农村劳动力非农化转移及其社会影响

培训，西部地区为85.9%，中部地区最低为80%。这一事实数据与非农化转移的地区差异保持一致。不过中部地区的琼中县一直是海南省的国家级贫困县之一，海南省2018年将实现保亭、琼中2个国定贫困县摘帽，83个贫困村脱贫出列，8.3万贫困人口脱贫，省政府给予琼中县极大的非农化转移的政策支持和提供更实用的职业技能培训，让琼中县的农村劳动力能更快地实现脱贫。因此，琼中县将很快摆脱职业技能较低的现状。

从分地区的经济服务情况来看，东部地区拥有村合作社/乡镇企业的比例为82%，依次是西部地区的76.6%，中部地区的70%。而村招商引资项目能力，东部地区为36.1%，顺次是西部的23.4%，中部的20%。这两个数据反映出地区的经济服务状况越好，劳动力非农化转移的程度就越高。而在招商引资项目由谁引资方面，无论是东部、西部还是中部地区，政府均起到了主导和决定性的作用，村民的引资作用也不可小觑。

表6-3 分地区、分乡镇行政村培训/经济服务情况

区域	市/县	区/镇	行政村（个）	是否提供职业技能培训		是否有合作社/乡镇企业		是否有招商引资项目		招商引资项目由谁引资		
				有	没有	有	没有	有	没有	政府	村民	其他人
东部地区	三亚市	吉阳镇	19	89.5%	10.5%	78.9%	21.1%	68.4%	31.6%	36.8%	15.8%	15.8%
		崖城镇	23	87%	13%	87%	13%	13%	87%	4.3%	8.7%	0
		天涯镇	19	89.5%	10.5%	78.9%	21.1%	31.6%	68.4%	15.8%	15.8%	0
	小计		61	88.5%	11.5%	82%	18%	36.1%	63.9%	18%	13.1%	4.9%
西部地区	东方市	八所镇	34	82.4%	17.6%	76.5%	23.5%	20.6%	88.2%	8.8%	8.8%	2.9%
		板桥镇	21	95.2%	4.8%	81%	19%	19%	81%	14.3%	4.8%	0
		新龙镇	9	77.8%	22.2%	66.7%	33.3%	44.4%	55.6%	22.2%	11.1%	11.1%
	小计		64	85.9%	14.1%	76.6%	23.4%	23.4%	81.3%	12.5%	7.8%	3.1%
中部地区	琼中县	营根镇	16	81.3%	18.8%	81.3%	18.8%	6.3%	93.8%	6.3%	0	0
		黎母山镇	13	76.9%	23.1%	69.2%	30.8%	38.5%	61.5%	15.4%	15.4%	7.7%
		红毛镇	11	81.8%	18.2%	54.5%	45.5%	18.2%	81.8%	9.1%	9.1%	0
	小计		40	80%	20%	70%	30%	20%	80%	10%	7.5%	2.5%
合计			165	85.5%	14.5%	77%	23%	27.3%	74.5%	13.9%	9.7%	3.6%

资料来源：行政村调查问卷汇总。

从样本行政村问卷调查汇总可知，如图 6-2 所示，海南省农业厅、就业局，职业院校（含技工学校），农业院校等定期和不定期为农村地区的劳动力提供种类繁多的职业技能培训。按培训频率来看，排在前八的技能培训项目依次是：种植技术、养殖技术、建筑工技术、家政服务、厨师培训、黎锦制作、农村电商培训和维修工技术。其中，种植技术和养殖技术占 60%，建筑工技术、家政服务和厨师培训占 25%，黎锦制作、农村电商培训和维修工技术占 15%，可见提高农产品的产值和养殖技能的增强对于农村劳动力而言，是非常有效的支持。

从 1628 户农户家庭问卷调查来看，如图 6-3 所示，农村劳动力在外出务工之前依然有 39.29%没有接受过相关的技能培训，使得这些务工者只能选择简单的体力工作，务工时间也不稳定，打工收入极其微薄。另外，有 27.92%的劳动力曾接受过其他培训，11.36%接受过酒店服务培训，依次是厨师、家政、水电工、驾驶、电商、育婴。

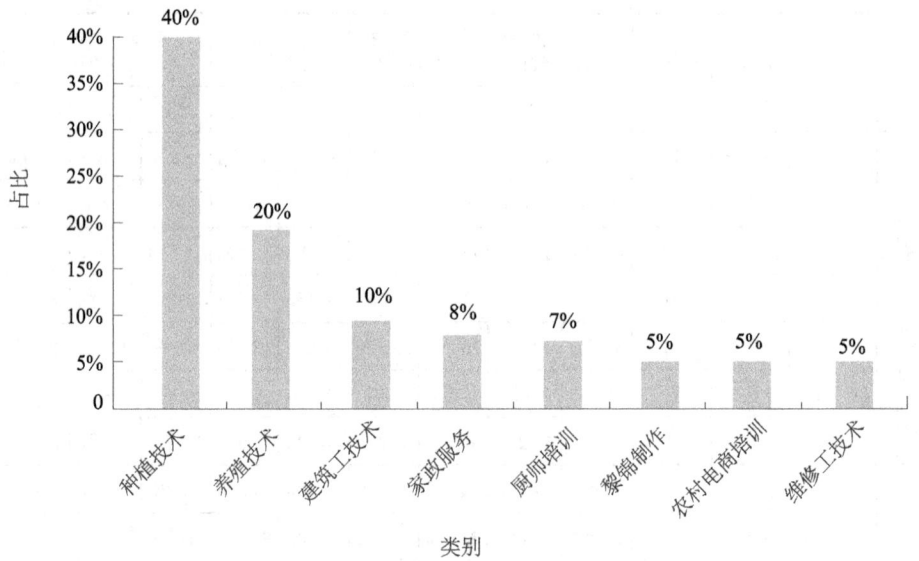

图 6-2 农民职业技能培训类别

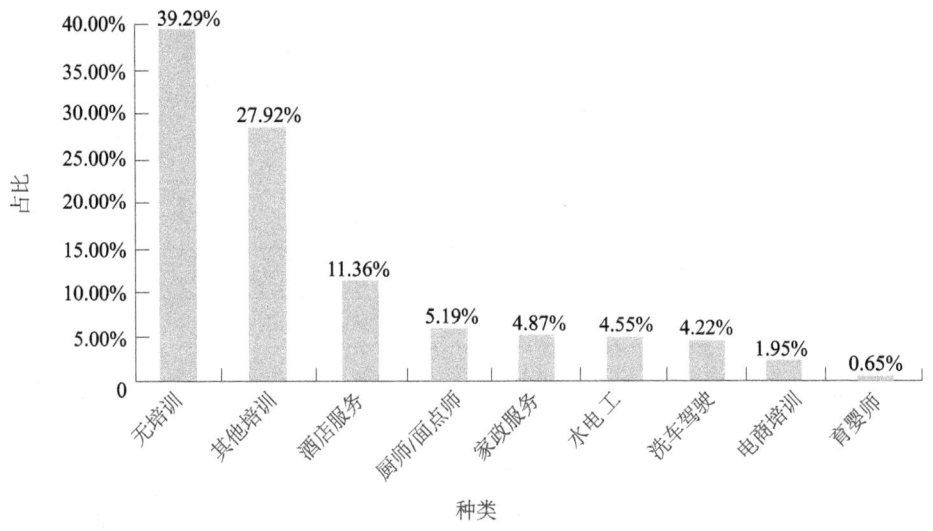

图 6–3　务工前接受过职业技能培训种类

3. 医疗卫生状况与非农化转移的关系

从村级层面考察医疗卫生状况，旨在通过村整体医疗环境的优良来分析其对农村劳动力的非农化转移产生的影响。在问卷中，设立以下几个问题：村均拥有诊所/卫生所数、村均拥有医生数、村均拥有病床数。村整体医疗卫生状况由卫生所数、医生数和病床数三者的平均数来表示。从分乡镇村整体医疗卫生状况来看，如表 6–4 所示，东部地区的天涯镇（1.3）优于崖城镇（0.97），崖城镇优于吉阳镇（0.95）；西部地区的八所镇（1.14）最好，依次是板桥镇（0.97）、新龙镇（0.89）；中部地区的营根镇（1.04）最优，其次是红毛镇（0.82）、黎母山镇（0.8）。从分地区村医疗卫生情况来看，情况类似，即东部地区（1.07）的村整体医疗卫生状况最好，依次是西部地区（1.05）和东部地区（0.9）。由此可见，无论从分乡镇还是分地区村整体医疗卫生状况看，各村庄的非农化程度与村整体医疗卫生状况成正比，即村整体医疗卫生状况越好，农户家庭的健康越有保障，进而使得劳动力有健康的身体素质实现非农化的转移。海南省 2017 年拥有村卫生室 2637 个，即每个行政村接近拥有 1 个村卫生室（98.9%），这一数值与 165 个样本村的平均整体医疗卫生状况（99%）保持一致。

表6-4 分地区、分乡镇村整体医疗卫生状况

区域	市/县	区/镇	村均拥有诊所/卫生所室数量（个）	村均拥有医生数量（人）	村均拥有病床数量（张）	村整体医疗卫生状况均值
东部地区	三亚市	吉阳镇	0.95	0.95	0.95	0.95
		崖城镇	0.96	0.96	1	0.97
		天涯镇	1.26	1.26	1.37	1.3
	小计		1.06	1.06	1.11	1.07
西部地区	东方市	八所镇	1.12	1.12	1.18	1.14
		板桥镇	0.95	0.95	1	0.97
		新龙镇	0.89	0.89	0.89	0.89
	小计		0.99	0.99	1.02	1
中部地区	琼中县	营根镇	1	1	1.13	1.04
		黎母山镇	0.77	0.77	0.85	0.8
		红毛镇	0.82	0.82	0.82	0.82
	小计		0.86	0.86	0.93	0.89
合计			0.97	0.97	1.02	0.99

资料来源：行政村调查问卷汇总。

4. 小结

根据以上统计资料分析，我们得出以下结论：①假设4成立，即农村地区教育程度越高，劳动力非农化转移的倾向越高；②假设5成立，即农村地区提供职业技能培训的机会越多，劳动力非农化转移的能力越强；③假设6成立，即农村地区医疗卫生条件，影响其非农化转移的实现。

（三）农村劳动力非农化转移的社会-经济影响或后果假设（假设7~9）的检验

1. 非农化转移与劳动力的社会流动

（1）迁移距离

为了考察迁移距离的远近是否会影响到农村劳动力的流动，我们在问卷中设置专列问题。从村距乡镇/县/市政府距离来看，如表6-5所示，东部地区

的吉阳镇19个村距市区政府距离最近（均值为7.3千米），但其非农化程度在该地区却最低（14.02%）。而崖城镇23个村距市区距离最远（均值为52.5千米），其非农化程度与吉阳镇接近（14.09%）。西部地区的八所镇34个村距市区政府距离最近（均值为10.9千米），其非农化程度在该地区最高（14.81%）。同样，中部地区的营根镇16个村距县政府距离最近（均值为12.7千米），其非农化程度在该地区最高（11.35%）。由此可见，西部地区和中部地区的村庄离经济发达区域的距离越近，即迁移距离越近，迁移成本越低，其农村劳动力的非农化转移程度越高。由于东部地区的村庄农业环境较好，农民专业合作社和乡镇企业较发达，同时村庄的招商引资项目多，使得村庄内部能够吸纳更多的农村劳动力，也就是说，适龄劳动力不需要离土离乡，也能改善家庭生活状况。2017年海南农民工监测报告显示，农民工本地化趋势凸显主要原因有：一是受"离土不离乡""就业不离家""务工兼顾家庭"传统观念的影响，海南农民工倾向于就地就近转移；二是受益于国家政策支持，近年来农村经济发展得到了有力支撑，客观上为农村劳动力就地、就近就业提供了条件。精准就业，造血式扶贫工作的大力推进需要更多的劳动力服务本地经济。

表6-5 村距乡镇/县/市政府距离

区域	市/县	区/镇	行政村数量（个）	距乡镇政府距离（千米）	距县政府距离（千米）	距市区政府距离（千米）	非农化程度（外出打工人数/全村人数）
东部地区	三亚市	吉阳镇	19	7.3	0	7.3	14.02%
		崖城镇	23	8.6	0	52.5	14.09%
		天涯镇	19	16.2	0	21.7	23.05%
	小计		61	10.7	0	27.2	17.4%
西部地区	东方市	八所镇	34	10	0	10.9	14.81%
		板桥镇	21	7.4	0	45.6	13.09%
		新龙镇	9	4.6	0	18.6	11.56%
	小计		64	7.3	0	25	13.92%

续表

区域	市/县	区/镇	行政村数量（个）	距乡镇政府距离（千米）	距县政府距离（千米）	距市区政府距离（千米）	非农化程度（外出打工人数/全村人数）
中部地区	琼中县	营根镇	16	12.1	12.7	0	11.35%
		黎母山镇	13	10.3	39.6	0	6.3%
		红毛镇	11	7.1	24.3	0	7.31%
	小计		40	9.8	25.5	0	8.44%
合计			165	9.3	8.5	17.4	15.13%

资料来源：行政村调查问卷汇总。

（2）迁移去向

在问卷调查中，以2016—2018年3年间凡外出打工1年，且流出期内不从事农业或只在本地从事非农业的劳动力作为统计对象。从分地区外出务工去向选择来看，如表6-6所示，东部地区的农村劳动力主要选择近距离流动，本市务工的比例高达65.6%；西部地区的农村劳动力主要选择本乡/本镇流动，所占比例为40.6%；中部地区的农村劳动力的选择去向较均衡，本乡/镇、本县和本省的比例分别为37.5%、32.5%、25%。无论是东部地区、西部地区和中部地区，选择外省务工的比例均低于10%。从2016—2018年农村劳动力务工的总体地域分布来看，如图6-4所示，选择省内打工的比例高达91.4%，省外打工的比例仅为8.6%。这一数据与2017年海南农民工监测报告中的结论一致，即从就业地点来看，海南省近年农民工就业主要集中在省内，本地化就业趋势越发明显。受特殊地理位置和传统观念的影响，海南农民工就业主要以省内为主。由图6-5可见，在外省打工的劳动力中，61.19%的农民工流入广东省和福建省，原因主要在于这两省与海南省地源相近，而且经济发达，就业机会多。由此可见，在被调查地区劳动力以近距离迁移为主，少数作远距离流动的劳动力也首先考虑相近省份。因此，尽可能减少外流机会成本，避免风险是影响农村劳动力迁移的首要因素。

表 6-6 分地区外出务工去向选择

区域	务工去向选择比例				
	本乡/本镇	本县	本市	本省	外省
东部地区	0	0	65.6%	24.6%	9.8%
西部地区	40.6%	0	26.6%	23.4%	9.4%
中部地区	37.5%	32.5%	0	25%	5%
合计	24.8%	7.9%	34.5%	24.2%	8.6%

资料来源：行政村调查问卷汇总。

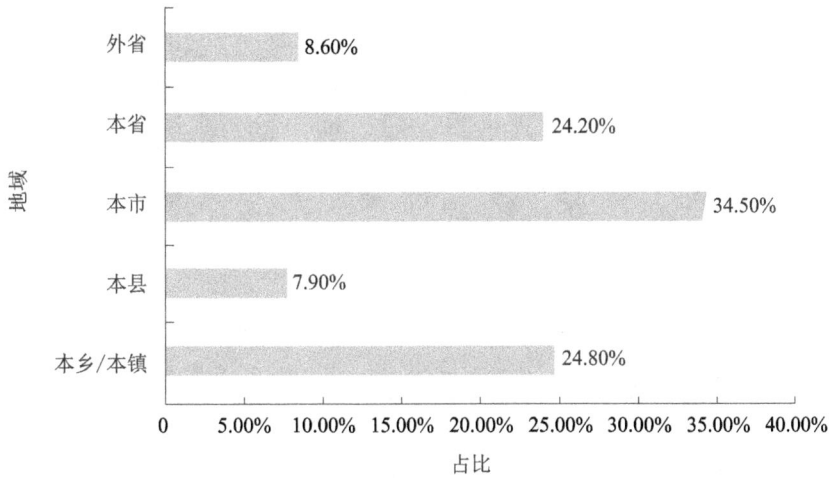

图 6-4 2016—2018 年农村劳动力务工的地域分布

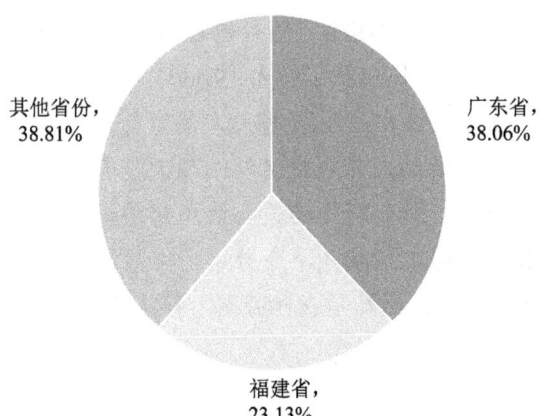

图 6-5 农村劳动力省外务工的地域分布

（3）职业分布

从 2016—2018 年外出劳动力的职业分布看，由图 6-6 所示，各职业间劳动力的流动较为频繁，即职业不固定，其比例高达 20.11%。除此之外，商贩和勤杂工的比例较高。由此反映出外流劳动力仅以谋生为目的，且一般以干体力活、手工活为主。

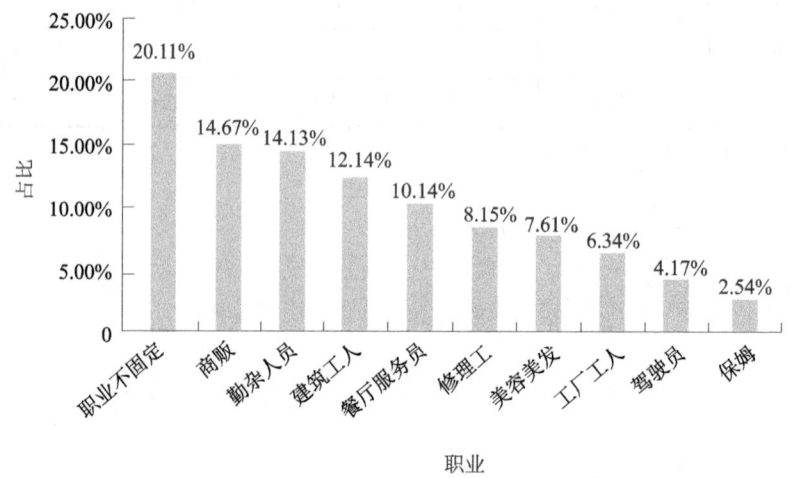

图 6-6　2016—2018 年外出劳动力的职业分布

2. 非农化转移的动因

为了进一步考察劳动力外流的动因，在问卷中专列相关问题。统计分析结果如图 6-7 所示，劳动力外出打工动机当中，因"外面比本地好挣钱"占比 30.69%，"看见他人外出挣钱，想试一试"占比 12.54%。这两项原因即为比较经济利益所驱动而外出打工者已达外出总劳动力的 43.23%。确因"家里的活太少"即就业不充分而外出打工者占 19.14%，接近 1/5；为增长见识而"想见见世面"的比例仅为 12.87%。由于家庭关系紧张，导致外出打工的比例最低（0.66%）。尽管驱使劳动力非农化转移的动因是多种因素的合力影响，不仅与劳动力的就业能力、所在村庄的就业信息获得机会、外出就业渠道及对各种风险的预期有关，但本地就业不充分这一客观经济条件，以及农民经济人本质所决定的利益驱动，显然是农村劳动力外流的基本动因。

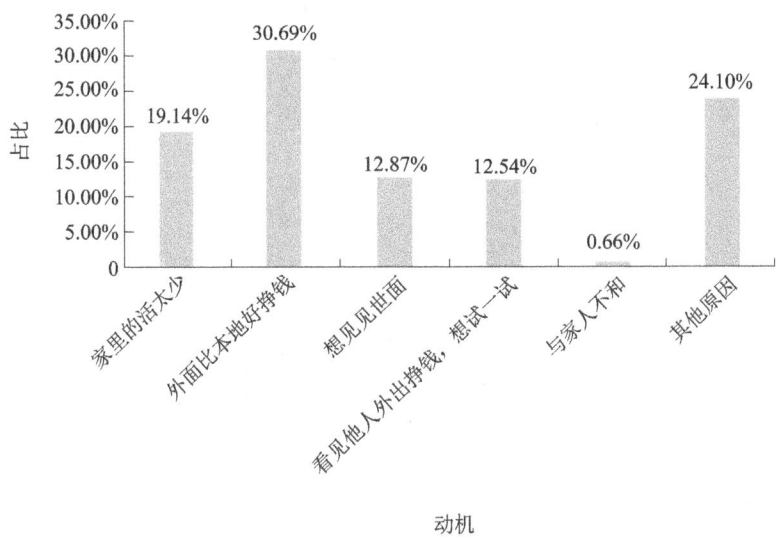

图6-7 劳动力外出打工的动机分布

3. 非农化转移与家庭收入

为了考察被调查地区农村劳动力就业状况与其家庭生活之间的关系，我们设置了"他（或她）在外打工，对家庭生活有改善吗？改善程度如何？"问题。根据1628户农村住户家庭问卷汇总资料可得，如图6-8所示，外出打工对家庭收入略有改善的比例接近一半，达到49%，而对家庭收入有明显改善的比例为36%，这两项指标即外出就业对农户家庭收入有正向影响的比例高达85%。对于外出打工对家庭收入没有改善的比例仅为15%，究其原因，一方面是一些刚刚外出打工的劳动力，欠缺就业技能，使得劳动报酬较低；另一方面是迁移到新的地区会产生安置成本，使得自身生活比较拮据。这两个方面的原因导致刚外出打工者没有能力使家庭生活得到改善。但这种情况随着打工技能、经验的提高和时间的积累会有很大程度改善。由此可见，劳动力的非农化转移对其家庭收入增长和家庭生活改善均有积极的帮助。

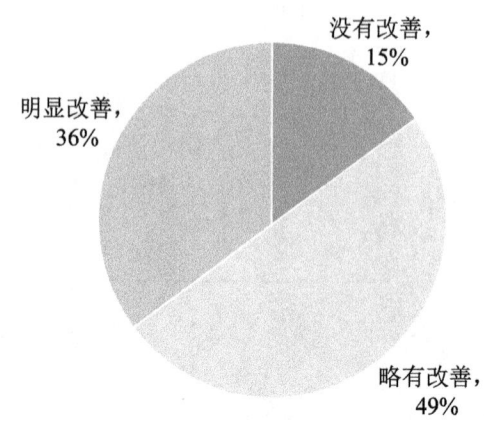

图 6-8 打工对家庭生活改善程度

4. 小结

综上分析，可以得出以下结论：①假设 7 成立，即非农化转移导致农村劳动力跨地域、跨职业及短期或长期的社会流动；②假设 8 成立，即比较经济利益是农村劳动力非农化转移的经济动因；③假设 9 成立，即农村劳动力实现非农化转移对其家庭经济收入产生正面影响。

二、结论与思考

第一，海南省所辖的 19 个市（县）农村地区无疑存在劳动力剩余，即存在非农化转移的劳动力。

第二，以经济程度而论，经济发达地带的农村比经济不发达地带的农村非农化转移程度更高。实地考察结果显示，海南省东部地区比西部地区和中部地区经济更发达，而东部地区的非农化转移程度也远高于西部地区和中部地区。

第三，本研究结果显示，劳动力外流是一种典型的"推—拉"人口流动模式：农村劳动力的人均耕地减少及劳动力在农业投入上的边际收益率递减，是促使农村劳动力向非农化转移与向外流动的内在"推力"。城市与农村的劳动力在经济收入上的较大差距，即比较经济利益法则是诱导农村劳动力外迁以寻求更好的经济机会与生活水平的"拉力"。而农民的"经济人"本质使这种推—拉作用产生巨大的流动效应。因此，农村劳动力的非农化与外迁属于社会经济变革中正常的人口变迁，不宜过多地阻碍和限制，应因势利导，促进其良性转移。

第四,农村地区的教育资源配置和劳动力的文化程度对非农化转移影响是本研究考察的重点问题之一。通过上述统计分析已经证实,农村地区的教育资源配置越合理,非农化转移程度越高,也就是,教育资源配置的合理性与非农化转移成正向关系。而海南省农村劳动力的文化程度普遍不高,初中所占的比例最高,使得农村适龄劳动力的低文化程度极大地阻碍了劳动力的非农化转移的程度。因此,海南省农村人力资本投资的重点在于普及9年义务教育的基础上发展与农业经济相适应的中等和高等职业技术教育与培训。总之,实现劳动力资源与当地的要素资源的合理配置,是优化该地区人力资本投资的关键。

第五,为了考察劳动力的迁移与非农化转移之间的关系,我们从3个角度进行分析:迁移距离、迁移去向和职业分布。本研究结果显示,海南省农民工倾向于就地就近转移,90%农村劳动力选择在海南省省内流动,且各职业间劳动力的流动较为频繁,即职业不固定。

第六,综上研究结论,农村劳动力的非农化转移程度不仅与教育、培训、医疗、迁移等人力资本投资相关联,而且受国家扶贫政策及相关农业技术革新的影响。非农化流动不一定选择进城或进镇,但农村劳动力一定会选择能改善和提高生活水平的就业方式。如何减少城乡贫富差距,提供更多农村地区就地就近的就业机会,使农户过上富足的生活,将是改善非农化转移的根本。

第七章 海棠湾风情小镇调查：群体性非农化转移的后续管理与产业发展问题

第一节 风情小镇的产业发展战略

　　风情小镇是三亚市政府在城镇化过程中"整体搬迁、整体安置"失地、失居农民的一种模式，意图在给失地、失居农民安置住房的同时，提供可以经营的商业性资产，一次性解决搬迁农民后续生活和就业问题，顺利实现搬迁居民生活方式上由农民向市民的转变、生产方式上由农业向工商服务业的转型，将风情小镇打造成海南省人民生活的美好家园。

　　本着这个理念，在安置房的设计、建设时均按照"亦商、亦住、亦景"的标准来完成。风情小镇在设计上融合了海南省民族风情、东南亚风情、地中海风情等不同的主题风格，此外，还配备有安置公寓和其他相关配套设施。每个风情小镇的主体安置房均为"联排低层住宅、家家户户独门独院"，建设面积分别为150～350平方米不等。一楼是可以用作商铺的大客厅，二楼的卧室按照旅游客房的标准，设计有独立的卫生间。住房可以提供安居之所，多余的住房和商铺可以用于商业经营。风情小镇的建设在一定程度上服务了海棠湾的高星级酒店群周边环境的美化问题，为国家海岸核心区的外延提供了物质基础条件，彻底改变了"区内五星级、区外无星级"的城堡式旅游发展的怪圈，根据设计者的计划，风情小镇将成为海棠湾风情特色旅游的"其中一站"——通过聚焦特定客户和差异化经营策略，与滨海高星级酒店形成优势互补，为提升整体旅游目的地的综合竞争力奠定了基础，实现了搬迁百姓"安居"的目标。

　　海棠湾管委会通过区域规划引导农民发展相关的产业。管委会依据各个

第七章　海棠湾风情小镇调查：群体性非农化转移的后续管理与产业发展问题

风情小镇在海棠湾整体规划中地理位置的不同，结合周边整体规划中的重点项目，一村一品，给各个风情小镇规划了不同的发展方向，给周边的大型项目提供配套的服务系统。例如，将临近高速公路、交通便利的林旺小镇规划为综合商业服务区；将靠近海棠湾海岸高端度假群的龙江小镇规划为给背包客、自由行客人提供食宿的滨海旅游酒店区；将靠近301医院的龙海小镇规划为给患者家属或需要长期疗养的患者提供服务的配套医疗小镇，将小镇变成医疗机构的外延载体；将青田风情小镇定位为民俗观光农业旅游区，该项目将与中青旅联合打造，把项目本身的地缘优势和中青旅的客户资源优势结合，以黎族文化为基础，以山水田园为依托，融合黎、汉文化打造集旅游度假、餐饮休闲、人文艺术与高品质居住为一体的复合型休闲旅游度假名镇。管委会通过将各风情小镇产业发展和海棠湾整体产业发展相结合的方法，使各个风情小镇的产业发展融入周边旅游行业的产业链条，实现和周边旅游服务设施相辅相成、共同发展的目标。

客观上讲，商业铺面和客房的存在为被安置村民就近就地就业提供了固定资产，而且土地被征用时政府的一次性现金赔付使安置村民手头有大量的资金可以作为经营的流动资金，再加上得天独厚的当地发达的旅游业带来的巨大商机，这种风情小镇的模式有助于形成"人人能就业、户户有产业"的良性循环，实现迁居百姓的"安居乐业"梦想。

在海南省近年来安置搬迁居民的实践中，搬迁后居民的生产和生活分化比较厉害，主要出现了以下3种情况：①小部分有经营能力的农民在城镇化的过程中，用好了利用土地资源换取的宝贵的现金资源，通过开餐馆、开旅店等经营手段，给游客提供食宿等服务，实现了现金资源的保值增值和安居乐业的梦想。一部分农民找到了工作，积极融入社会生活，随着居住环境的改善，没有土地之后的生活过得也是有滋有味，生活质量有较大幅度提高，也实现了从农民到市民的转换。大部分农民都是吃老本，等到土地补偿款吃完了，以前赖以谋生的土地没有了，老的谋生技能没地方用了，但是新的谋生手段也没有，就出现了返贫的现象，生活比搬迁之前还要困难，变成了社会问题。三亚近年来发展较快，土地征用较多，返贫农民的数量如果很大，就会出现比较严重的社会问题。

例如，三亚土地补偿款的标准近十几年变化较大，20世纪90年代，亚龙湾搬迁时每亩2000元的赔付标准相对当时每月100元的工资收入来说已经相当不少了，也满足了当时亚龙湾搬迁农民的要求。但是现在回过头来看，赔的钱就没多少了。十多年过去了，吃老本的那部分人钱基本上没了，地也没有了，他们的生计就出现了问题。但是他们有的是时间去关注亚龙湾地区当时每亩 2000 元的赔偿款和现在动辄一平方米数万元的商品房价格之间的巨大差别，而提出自己新的诉求，群体的诉求将会产生新的社会问题。

市委领导已经充分认识到了失地农民问题的复杂性，单纯的"输血"不能从根本上解决全部失地农民的可持续发展问题，补偿款支付得再多，总有花完的时候，培养农民的"造血"功能才是能够使他们安居乐业的长远大计。在风情小镇的设计上，除了解决失地农民的居住问题，商业性经营资产的出现就是想从造血功能的培植上做个尝试。本章主要研究农民入住风情小镇后，在新的经营性资产注入的情况下，利用现有的现金资源和政府提供的可经营性资产，利用三亚旅游市场来开展商业服务业并实现可持续发展，找出制约搬迁农民实现产业可持续发展问题的原因并提出克服存在的瓶颈问题的方法及政策建议。

根据"国家海岸"海棠湾的规划定位与开发建设需要，海棠湾规划建设 10 个风情小镇，涉及搬迁的居民 1 万多户、4.7 万人。启建的 7 个风情小镇分别是东溪、龙海、龙江、林旺南、林旺北、湾坡和青田。目前已经入迁风情小镇的安置户将近 142 户，接近 500 人。鉴于本章属于实证研究的性质，调研组成员采取了问卷调查和访谈相结合的方法，对海棠湾搬迁区域内的人群进行了访谈，重点对已经入迁风情小镇的居民进行了问卷调查和深度访谈，并和海棠湾管委会进行了深度沟通和交流。此次调研共发放问卷 200 份，收回有效问卷 185 份。其中，调查男性 96 人，占 52%；女性 89 人，占 48%。

第二节　产业发展战略实施主体：搬迁农民的基本情况

一、入迁农户现状分析

（一）生活环境市民化

入迁风情小镇后，住房宽敞明亮，居住的社区干净、整洁，小镇内的街道等公共区间由专门的物业管理公司提供服务。入迁家庭都配有彩电、冰箱等现代化设施。如图 7-1 所示，35%的入迁户主认为燃气得到了有效改善，25%认为用水条件得到改善，20%认为有线电视得到了改善。大部分居民认为生活质量较搬迁之前有了很大改善。

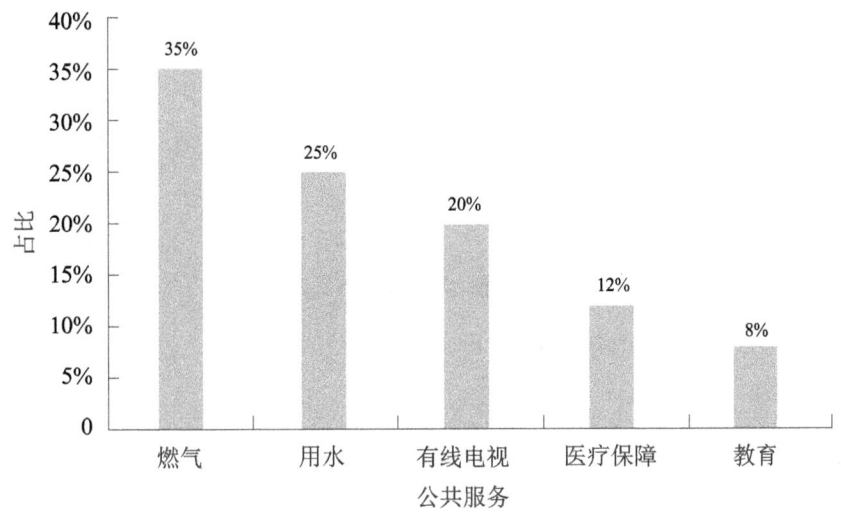

图 7-1 公共服务水平改善情况

（二）生活习惯处于磨合状态

入迁后农民向城镇化居民转化首先表现在改变农民的生活习惯上，目前处于磨合状态。如图 7-2 所示，通过访谈得知，43%的入迁农民在生活习惯方面存在不适应，其次为人际关系（20%）和邻里关系（15%）。例如，在小镇内随地吐槟榔水、随地扔啤酒瓶等。作为海南省本地居民，随地吐槟榔水、随地扔啤酒瓶是绝大部分人的生活习惯。入迁后，在小镇内他们随地吐，物业管理人员随后就擦，多次反复之后他们也认识到这样做不合适，随地吐的人已经大幅减少；随地扔啤酒瓶子的习惯也在物业管理人员多次打扫之后有所收敛，最起码当着物业管理人员扔的人在减少，背着物业管理人员扔啤酒瓶子的行为也被物业管理人员认为是有进步的。习惯不是一天形成的，当然也不能指望他们一夜之间就都改好，只要有恒心，习惯是会慢慢地在物业管理人员的引导下发生改变的。坐在一楼客厅的沙发上光膀子、光脚丫子的形象也需要慢慢改变。外地游客或客商来到小镇上，在日常沟通的用语上，也要慢慢地向普通话转变。这是个漫长的过程。

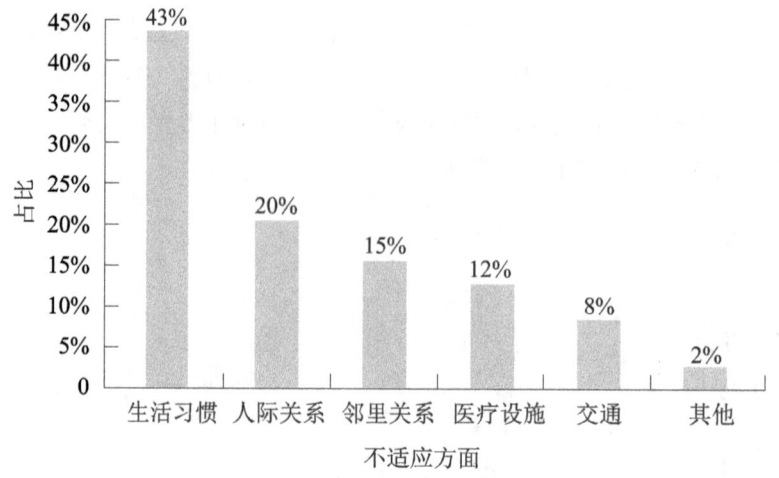

图 7-2 入迁后生活不适应方面

（三）法律意识有待强化

在调查入迁农户与别人发生利益冲突时，是否会选择用法律手段维护自身利益时，其结果如图7-3所示，56%的农户认为不会采取法律手段，10%认为无所谓，只有34%的人认为会采取法律手段维护自身利益。由此可知，绝大部分农户法律意识淡薄，不懂得运用法律手段维权。在现代法治社会，适时适当地采用法律武器保护和维护自己的合法权益是十分必要的，以暴制暴、以牙还牙的传统回击方式需要淘汰。

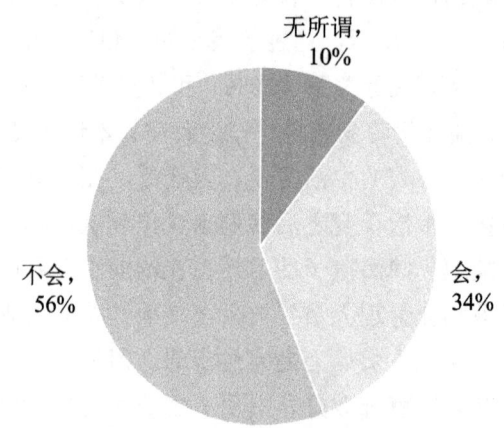

图 7-3 入迁居民是否运用维权方式

近年来，海棠湾居民吸毒和刑事犯案人员总体上呈增长趋势。2012 年，在册吸毒人员 628 人，2013 年 638 人。刑事治安事件 2012 年 117 起，2013 年 361 起。截至 2014 年上半年，海棠湾发生"两抢"案件 6 起，盗窃案 88 起，破案率只有 11%。安全是游客外出旅游首要考虑的问题之一，良好的治安环境是风情小镇吸引外地游客前来消费、发展旅游经济的基础和前提。普法教育任重道远。

（四）入迁农民创业、就业观发生改变

海棠湾农民入迁风情小镇获得的安置款，在很大程度上影响了入迁居民的择业观和就业心态。在"拿到安置款后，您是否有替别人工作的意愿"调查中，如图 7-4 所示，50% 的男性有出去找工作的意愿，31% 的男性想进行自主创业，19% 的男性不想做事。女性中有高达 88% 的人有出去找工作的意愿，9% 的人不想做事，有创业想法的人比例仅有 3%。该结果和三亚目前其他搬迁农民已经出现的结果有点类似，如一部分人自主创业，一部分人吃老本，一部分人融入社会中实现就业，区别可能在比例上有所不同。但是要考虑到目前的调查只是意向性调查，创业成功的比例和找到工作成功融入社会中的人的比例最终会有多大，尚有待实践证明。想做事、能做事、做成事是 3 个不同的阶段，中间牵涉的影响因素很多。

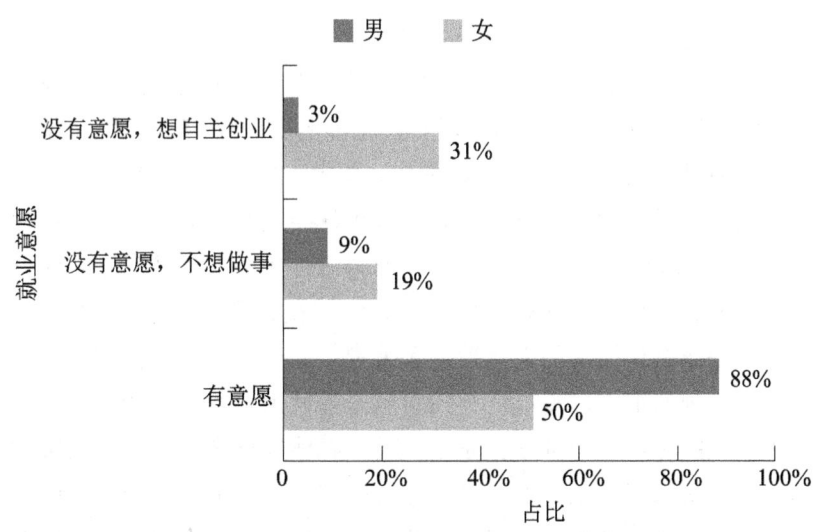

图 7-4 入迁居民获得安置款后的就业意愿

调查发现，男性创业的比例远远高于女性，这与目前家庭中男性掌握财

政大权有关。就业方面女性比例高达88%,说明她们就业热情很高,将来的就业培训应该侧重女性就业者,而创业方面的专业培训应该侧重于男性。本次调查还说明一个重要的问题,风情小镇中给他们预留的商业性经营资产的使用效率在目前可能还是处于很低的阶段,家家户户都有客房和商铺,但是在调查中反映出来的结果并没有显示出他们有积极利用现有的经营性资产来创业的急迫意愿,只有想自主创业的男性(31%)和女性(3%)有可能会使用这些资产。另外,高达88%的女性和50%的男性有就业的想法,说明政府"人人有就业,户户有产业"的目标在引导实施时还需要从大规模鼓励就业开始,创业方面的引导还需要漫长的时间。

(五)对"现金资源"的使用存在性别差异

在"如何处理安置款"调查中,不同性别及年龄组的农民反映出较大差异性。如图7-5所示,男性对安置款的使用更多地集中在直接消费(30%)、投资理财(22%)及自主创业(20%)方面。其中,35周岁以下的主要体现在投资理财、自主创业方面,35~45周岁主要体现在直接消费、投资理财方面,45岁以上的体现在直接消费和储蓄方面。对于女性而言,使用安置款相对男性来讲更讲究预防风险,使用计划相对也更趋于保守,主要集中在储蓄(32%)、子女教育(30%)和直接消费(20%)方面。

本调查所反映出来30%的男性直接消费需求值得引起政府的高度重视,如何正确使用大量现金的引导工作应该放在发放安置款项之前进行。成年男性家庭户主的地位导致他们对安置款具有决定性的支配权,虽然女性中有32%的储蓄倾向,但是对成年男性的这种消费冲动没有控制权,必然导致大量的浪费现象产生。村民之间相互攀比,急于得到社会上其他人员的认同:他是有钱人。有的甚至达到了"烧钱"的程度。对善意提醒的人,他们的回答是:"我没钱的时候也活过来了,何况我现在有钱了""花完了再挣,饿不死的"……更有甚者,法律意识淡薄的人会被引入吸毒、赌博、嫖娼的泥潭。这种文化不利于创业氛围的形成,流动资金的大量非理性消费对后续的家庭可持续发展造成了巨大的障碍,等到钱花完了,哪里有钱发展产业?海棠湾管委会的领导基于以上认识,甚至将他们以后经营商铺时小额流动资金贷款的政策都准备好了。从这个角度来讲,城镇化的过程更多的是一个思想观念转变的过程,思想转不过来,消费习惯转不过来,给他们多少钱都是不够消费的。"钱不花完,谁愿意出来工作?"从这个角度讲,如何提高农民对现金资源的合理配置能力是入迁农户急需解决的问题之一。

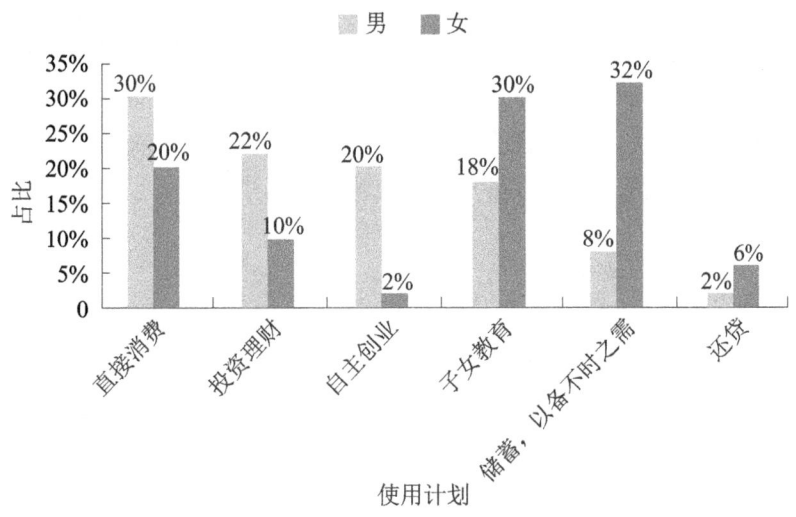

图 7-5 分性别对安置款的使用计划

（六）入迁居民对多元化培训有强烈需求

通过本次调查统计，如图 7-6 所示，发现有高达 73% 的入迁居民愿意参加就业培训，看情况而定的人数为 9%，明确不愿意参加培训的比例为 18%。

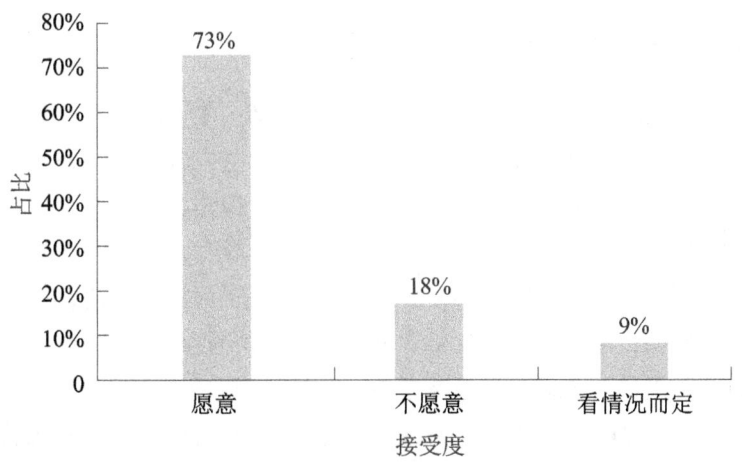

图 7-6 入迁居民就业培训接受度调查

在入迁居民最期望得到的就业培训调查中，如图 7-7 所示，46% 表示最想参加投资理财的培训，27% 表示最想参加工作技能培训，另有 22% 表示最想参加创业培训。入迁居民多样化的培训需求反映出他们对未来职业的明确取向性。高达三分之二的人（46%+22%）对投资理财和创业培训的渴求一方面说明了搬迁农民对用自己的土地资产换来的现金资产和可经营性资产如何使用特别关心，这方面的知识和技能急需补充；另一方面也反映出了他们手头有大量的现金，对如何用好现金资产和可经营性资产来实现农民向市民的转变、实现生活方式从农作到商业的转变充满期待。

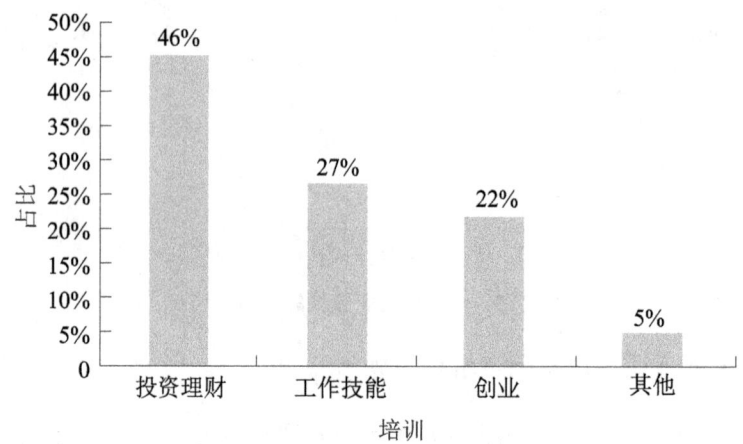

图 7-7　入迁居民最期望培训服务调查

二、调研思考

通过对185份问卷的统计分析，结合访谈内容，初步了解了搬迁农民的基本情况，群众职业发展的意愿目前还是以就业为主，政府"户户有产业"的产业发展战略实施过程中遇到了困难。在访谈中得知，他们长期从事农业生产，多数人对商业经营的知识和技能严重缺失，导致政府为小镇制定的战略目标、配置的战略资源和实施战略的主体——农民的经营能力之间存在比较严重的不匹配现象；商业经营用的知识和技能短板严重制约了小镇的产业发展，只能通过高强度的专业培训手段来提升；但是就培训的相关调查看，只有22%的人表示最想参加创业培训，说明有关经营方面的培训并不是农民特别想要的，推广产业发展方面的策略如果采用榜样法可能更有效。利用现有创业人员的成功例子，广为传播；也可以通过他们周边创业有成的人来给他们做相关的动员、推广工作，现身说法，出于他们对该人群的信任，也能起到事半功倍的效果。三亚周边的几个渔家乐，初期都是一两家有胆识的农民先做，等挣到钱后，其他的农民才会跟风参与经营，几年的时间就做成了现在的规模。根据调查，树立榜样的方法在农民这个群体中做推广是很有效的。

初期的产业推广工作可以委托专业的公司来运营，将农民手中的可经营性资产租过来，统一运作。通过正式公司运作的过程，对农民来讲也是一种如何经营这些资产的专项培训。假以时日，等到时机成熟时，越来越多的农民也会参与经营，最终实现政府"家家有产业"的目标。

第三节　风情小镇后续管理和产业发展战略实施的对策和建议

海棠湾农民入迁风情小镇后，失地农民从分散式农业社会形态突然走进集约式产业化旅游市场，并且要亲身参与成为市场中的卖方主体和服务提供者。从调查情况来看，大部分没有商业经营经验的失地农民在生活习惯、服务意识、市场意识、经营水平、知识理念、商业化、城市化等方面都不能适应这种转型，换句话说，他们本身还不具备转型的成熟条件，这个问题必将影响海棠湾风情小镇的产业发展。他们给游客提供服务时我们必须考虑对整个三亚旅游行业的影响，高质量的服务是我们打造三亚国际滨海旅游度假城市的基石，达不到标准的服务对三亚整体品牌的塑造将会产生负面影响。鉴于搬迁农民和政府的双重需要，我们可以从市民化入手，长期开展经营管理培训、理财培训、职业技能培训，逐步补充商业知识，提升他们的经营能力和整体素质，稳步推进风情小镇产业的可持续发展。

一、风情小镇村民转化为城镇社区居民的市民化建设

市民化建设离不开配套完善、功能齐全的公共基础设施，让居民享受现代化的服务；另外，村民能够与时俱进，提高自身的修养，具备现代化市民的整体素质。例如，村民具有开放包容性、与人和谐相处打交道的能力，具有现代法律意识和知识，懂得运用法律约束和保护自己。

①风情小镇整体环境优美，街道干净，可附近没有幼儿园、初中等学校，也没有公园、运动场等公共基础设施，长远来看，风情小镇的后续发展离不开基础设施的支撑。海棠湾物业管理委员会带头，针对风情小镇的规划，做

出战略部署，对关系长远发展的基础设施进行完善，如运动场、幼儿园、公园等。

②在海棠湾物业管理委员会支持下，村民共同参与，由村民自发提出，针对村民常见陋习，建立《村民公约》。《村民公约》不是法律，即使触犯了也没有任何惩戒，履行公约全凭自觉和公德心。它主要包括村民之间如何友好交往，如何和平共处、站在对方角度思考和解决问题的行为。例如，邻居见面主动问好；呵护孩子的自尊，在公共场合避免责罚；孩子之间发生冲突，家长首先教导自家孩子；邻居长时间不在家时，帮助照看，遇有异常，及时告知管理人等。由海棠湾物业管理委员会印发小册子，发放到村民手里，在意见统一后，把《村民公约》印刷在醒目的墙体上。《村民公约》可以包括以下主要内容：

"我们乐于参加小镇的公共活动；

邻居见面主动问好；

我们呵护孩子的自尊，在公共场合避免责罚；

孩子之间发生冲突，家长首先教导自家孩子；

邻居长时间不在家时，我们帮助照看，遇有异常，及时告知管理人；

当邻居因房屋维修需要配合时，我们乐于支持和帮助；

我们拾获邻居晾晒时飘落的衣物，妥善保管及时送还；

我们不往屋外抛撒物品，晾晒浇灌防止滴水；

在小镇公共场所，我们放低谈话音量；

在清晨和夜晚，我们主动将室内音响降低；

我们在公共场所衣着得体，讲究礼仪；

我们不在小镇的公共区域与道路上吐槟榔水和乱扔垃圾；

节假日我们只在指定地点燃放烟花爆竹，平时燃放征得管理人同意；

婚丧乔迁等传统风俗不妨碍小镇公共秩序、环境；

我们开车进入小镇不得按喇叭，开车窗时将音响声音调低，停车后尽量将车辆防盗装置调整到静音状态；

小镇内我们慢速行车，不开远光灯，主动礼让行人；

我们在指定位置停放车辆，不跨线、压线，且车头朝向规定方向，停车即熄火；

我们不在自己的房前屋后乱搭棚舍，如特殊原因搭建，应征得管理人员的同意；

保持小镇的公共场所环境整洁，自觉带走废弃物品；

生活垃圾，一定扔在指定垃圾箱内；

在公共区域，未经管理人同意，我们不放生、放养动物，栽种植物；

使用牵引带遛狗，自觉清理粪便，不带宠物进入室内公共场所，为具有攻击性的宠物戴上口罩。"

③对村民开展普法教育。在法治社会时代，村民不能成为法盲，更不能成为违法者。良好的治安关系社区居民的生活幸福和安稳，也是吸引游客的重要保障。为尽快提升居民的法律意识，普法教育必不可少。一方面，需要公安机关进行宣传和普法教育；另一方面，可以对居民展开法律培训，对法律的基本常识进行了解。

④在旅游旺季组织风情小镇之间进行排球赛或篮球赛，加强风情小镇之间的交流与竞争意识，同时吸引游客和小镇居民前去观看，让游客融入小镇，并培养小镇居民的竞争意识和积极向上的干劲。加强风情小镇内部之间的融合，改变原有农村分散的小农意识，建立起集体荣誉感。海棠湾物业管理委员会与商家合作，比赛的经费由商家赞助或村民自发捐赠，给冠军和亚军球队颁发奖金与奖杯。

⑤林旺南风情小镇可以先行先试，开辟一定的公共区域，定期定时地建立跳蚤市场。作为整个海棠湾风情小镇的试点，鼓励小镇居民把自家的废旧物品或闲置物品与他人交换或买卖，由海棠湾管理委员会牵头，与三亚市的几所高校建立联系，定期让高校的志愿者参与活动，搞一些募捐或志愿者活动，如打扫卫生等，培养他们与人分享的意识和商业意识。

二、产业经营和管理的培训

通过调查和访谈得知，海棠湾风情小镇居民拿到安置款后影响了他们的创业就业观，凸显出创业的需求。立足于海棠湾风情小镇产业化的规划，其实就是另一种方式的自主经营创业，风情小镇的产业化经营成为必然。新搬进的失地农民作为产业化经营的主体，经调查得知，绝大部分失地农民以前没有自己经营过产业或者做过生意，也没有受过相关的培训。这个现实对于风情小镇的发展是极大的障碍。对于海棠湾新搬迁农民而言，最迫切的就是经营和管理好自己的独栋别墅，将独栋别墅经营成为旅游区的家庭旅馆、商铺、饭店甚至娱乐场。

1. 前期阶段

培养居民的经营意识，前期阶段可培训以下几个方面。

（1）家庭旅馆经营和管理

包括经营家庭旅馆的好处、经营家庭旅馆的难易度、经营家庭旅馆的问题和风险、经营家庭旅馆的主要方法和技巧、服务意识的建立、标准化管理、账务管理、资产管理、安全措施等。

（2）经营商铺

包括经营范围的选择与定位、经营的难易度分析、问题和风险分析、经营商铺的主要方法和技巧、账务管理、资产管理、存货管理、安全措施等。

（3）经营饭店

包括消费群体的选择与产品定位、饭店经营的主要方法和技巧、服务的提供、标准化管理、账务管理、资产管理、安全措施等。

（4）休闲娱乐场所经营

大致包括茶馆、棋牌室、桌球馆、网吧、电玩等方面。

2. 后期阶段

后期产业经营和管理培训的主要内容，需要根据培训对象的意愿和要求具体安排。

①经费的提供：产业经营和管理培训方面的经费主要由政府承担，培训外的咨询和单独提供方案由业主自己全部或者部分支付费用。

②培训对象：所有风情小镇内的住户，以户主和有创业意愿的年轻人为主。

③时间：财商培训到一定程度，可以和理财能力培训同时进行或者推后进行，长期培训。

④培训师资：大学专职教师进行长期系统培训，可以私下指导或者提供方案。

⑤组织方面：由管委会和各物业负责组织居民参加培训；动员方式分为公告、设点报名、落实到户；需要教材的发教材，不需要教材的尽量不要发教材；每个风情小镇都设立培训点。培训的形式包括专业讲授、实际操作、提供方案、专业咨询。

三、财商和理财能力的培训

不同性别和年龄段的村民对现金资源的使用存在巨大差异，尤其是 30% 的男性对现金资源有着直接消费的需求。鉴于此，对成年男性应当进行财商和理财能力的培训,他们财商和理财能力的提升关系到巨额安置款的有效利用和搬迁家庭后续财力的增值与否。因此,财商和理财培训至关重要。

(一)财商培训

主要在于让手持巨额资金的失地农民理解财富、市场、理财、风险等的含义,就是让其正确理解手头的钱意味着什么、这些钱怎么样有计划地花才能长久、怎样钱生钱、钱生钱有什么好处、钱生钱有什么风险、怎样做到低风险钱生钱、怎样永久保持现在富有舒适的生活等。财商的培训需要先行,在失地农民搬进风情小镇后就开始实施,一直实施到他们总体上认可钱生钱并且主动去理财的时候才算有效果。大致实施方法如下。

①经费支持:政府免费提供培训,包括场地的提供、人员的聘请等。
②组织者:物业管理委员会负责组织居民参加培训。
③培训对象:培训对象是18~50岁的居民。
④分组培训:以年龄段为主要依据分组培训,不同年龄段培训的内容有所差别。
⑤培训师资:以大学教师和必要的社会名人或者成功人士为培训主体。
⑥动员方式:以公告方式初步告知,然后落实到每家每户每个具体对象。对于不愿参加的,可以做一定思想工作或者设立一些奖励措施。
⑦教材:最好有简单的教材或者资料发给参加培训的人。
⑧地点:在每个风情小镇的合适地方进行培训,也可以部分或者偶尔让培训对象到就近的大学教室中进行体验。
⑨培训形式:讨论、茶座、情景模拟结合详细易懂的讲授。
⑩持续时间:最少持续3个月,看培训对象的具体情况而定。每个星期总结培训效果,根据培训效果进行培训改进。

(二)理财培训

在财商培训取得一定效果之后即可同步开始理财能力的培训。良好的财商培训必定激起培训对象对理财的渴望,这个时候就可以开始理财能力的培训。这里需要补充一点,即任何内容的培训均要注意避免讲述专业化,要让整个培训过程贴近每一个培训对象,每堂培训课的内容一定要少,只需要解决一两个关键问题即可。

1. 培训主要内容

①什么是理财。

②理财的好处（钱生钱，从账面上看赚钱轻松快捷）。

③理财的风险（风险需要自己承担）。

④怎样降低理财的风险。

⑤怎样理财，有哪些低风险而且收益比较高的理财工具可供选择，每种工具的优点和缺点（主要培训一些居民易接受，方便操作，风险低，收益稳定，手续简单，提现快，收益看得见的理财工具）。

⑥每种理财工具具体怎么操作（让培训对象自己操作，而不是帮其操作）。

⑦投资和流动性的选择。

⑧怎样理财才能长久。

⑨避免哪些理财工具。

⑩理财收益怎么支配等。

2. 具体实施方法

①经费支持：经费可以全部由政府提供，也可以部分收取培训对象的费用（视具体情况而定）。

②组织者：物业负责组织居民参加培训。

③培训对象：培训对象是18～50岁的居民，着重培训年轻人。

④分组培训：以年龄段为主要依据分组培训，不同年龄段可以培训不同的理财工具。

⑤培训师资：由大学专职教师系统培训。

⑥动员方式：财商培训阶段是最好的动员，除此之外，还可以使用公告、做思想工作等。

⑦教材：最好有简单的教材或者资料发给参加培训的人。

⑧地点：在每个风情小镇的合适地方进行培训，也可以部分或者偶尔让培训对象到就近的大学教室中进行体验。

⑨培训形式：讨论、茶座、情景模拟结合详细易懂的讲授。

⑩持续时间：把适合培训对象的理财工具教熟练了，并且培训对象自己操作而且赚取到了收益，这个时候才算取得效果，才能确定具体的培训时间。

四、职业技能的培训

经过调查发现，相当部分居民有工作意愿，尤其是女性。但是她们在寻找工作方面最大的问题是缺乏专业技术技能，一般只能做一些服务业的简单工作，如洗碗、扫地、门卫之类的，使得她们在劳动力市场上的适应性比较差。职业技能的培训目的在于让有工作意愿的居民提升自身专业技术水平，有一技之长，能够在劳动力市场中快速找到适合自己的最好也是自己满意的工作。另外，也能提升海南本地劳动力的整体素质，解决旅游服务行业旺季大量缺人和大量本地人员无业的结构性矛盾，培养海南人建设海南国际旅游岛的热情和参与度，通过参与来提升整体海南原住民的文化素质，树立时间意识和责任意识，对海南整体文化从农耕文化向现代服务文化转型具有重要意义。当地居民参与当地的经济建设，在解决失地农民的就业问题后，重要的是通过当地居民和当地经济建设的深度融合，给当地居民提供一个能够充分分享三亚旅游产业发展的红利和蛋糕。

根据海棠湾、三亚甚至整个海南的发展现状和发展前景来看，酒店、旅游、物业、物流、娱乐、餐饮等行业需要大量具有一定职业技能的劳动力，并且这些行业提供的岗位比较适合当前海棠湾风情小镇的居民，因为这些行业提供的岗位大多数主要需要的是服务意识、一定程度上的吃苦耐劳、一定的技能，而且这些技能学起来比较容易。当然，具体的培训内容可以根据培训对象的意愿和要求来确定。

职业技能培训的主要实施措施如下。

①政策完善：逐步建立三亚服务行业的从业标准，让服务行业的从业标准化。

②经费提供：政府牵头并提供部分资金，适当收取部分费用（部分收取培训费、可收取的认证费用、资格考试费用等），具体视情况而定。

③培训对象：有工作意愿的居民，年龄最好在 16~45 岁。

④培训频率和形式：并不是一次性让所有的居民参加培训，而是分期培训，每期招生数量为限定 30 个名额以内，培训完后推荐就业。培训形式包括专业讲授和实际操作结合。

⑤培训师资：大学专职教师和定点用工单位合作，进行长期系统培训，可以建立独立的培训机构。

⑥培训内容：酒店、旅游、物业、娱乐、餐饮、地产等，以及三亚或者海南相关产业的专业技能都可以培训。还可以开设电脑培训班，培训计算机的基本操作和应用以适应社会的需求。

⑦资格认证：一方面，可以帮助培训对象进行现有的职业资格认证；另

海南省农村人力资本投资与农村劳动力非农化转移的实证研究

一方面,可以由省级部门或者市级部门创造一些省级或者市级的职业资格认证。

⑧培训后的就业:只有就业得到一定的保障,整个职业技能的培训和资格认证才有意义,居民才有动力参加培训从而参与劳动力市场。尽量由各级政府部门统筹安排就业,由相关机构帮助就业。

⑨就业岗位:公交司机、长途车司机、售票员、加油站的加油工,酒店的服务员,饭店的服务员、厨师、清洁员,物流公司的快递员,物业公司的相关岗位,游轮的相关岗位,旅游景点的相关岗位,高铁相关岗位,娱乐场所的相关岗位等。

⑩组织方面:由管委会和各物业负责组织居民参加培训;动员方式分为公告、设点报名、落实到户;所有的风情小镇统一培训,只设一个统一的培训点。时间可以和理财培训同时进行,长期培训。

第四节 风情小镇后续管理和产业发展所需人才与服务支持

海棠湾风情小镇产业后续成功的发展离不开人才与服务的支持。要保障风情小镇后续持续发展,应当重视以下方面。

一、解决产业发展所需的人才问题

根据我们的调查结果,35岁以下的中青年人有很强烈的创业和改变家乡面貌的愿望,并愿意接受新事物,接受新挑战,尤其是受教育水平比较高的年轻人,他们大多愿意自主创业和为家乡做贡献。

(一)设立优秀青年创业人才的"青年创业"专项计划

1. 概述

用5年时间,每年选拔5位共25位左右发展潜力大、已与相关行业的龙头企业建立合作意愿的青年创业人员,每年为其提供"5万~10万元"的创业启动资金,资助其自主创业;并对这些人员建立数据库和沟通机制,及时了解他们的创业和发展并跟踪服务;形成拔尖人才或急需人才的发现与遴选机制,积极引导其向三亚市委定位的配套产业发展的方向。

2. 人才筛选原则

①风情小镇的入迁人员，年龄在18~30岁，综合素质突出。

②所从事创业的行业，主要属于海棠湾产业发展相关度较高或海南重点产业或我国的前沿领域，主要包括旅游行业、酒店行业、餐饮行业、养老服务行业等相关行业。

③未来10年内从事与海棠湾发展密切相关的职业。

3. 主要支持内容

①政府创业启动资金资助；

②创业前的指导与培训活动；

③创业期间的国内实习、考察活动、联谊、交流活动等。

（二）搭建人才梯队平台

1. 概述

由政府牵头，发挥大学生、家长的积极性，设立一个集信息储存、沟通联络、信息发布为一体并与互联网相结合的返乡大学生的人才服务平台，确立海棠湾地区大学生的统计制度，建立海棠湾地区的大学生人才数据库，便于相关部门的统一管理，并通过多种方式进行沟通和跟踪服务。

2. 平台的功能

①人才库的功能。逐步建成包括整个海棠湾地区大学生的数据库，了解海棠湾地区大学生的总体情况；建立海棠湾大学生的统计制度，及时跟踪大学生的各种信息和数据，从而有利于海棠湾地区的产业机构、学校对其教育的及时了解和管理，为更多的家长和学生提供信息咨询和帮助。

②沟通联络的功能。包括线上和线下沟通联络。线上联络主要采用在线交流、信息共享等方式。线下沟通主要包括组织多种形式的培训会、政策宣讲会、联谊活动等。例如，在大学生假期开展一些大学生交流活动、晚会，并邀请熟悉海棠湾地区产业发展的专业人员对故乡的经济发展、社会发展概况进行宣讲；邀请专业人员介绍海棠湾地区的人才政策等。

③信息发布的功能。及时发布海棠湾地区的人才政策、人才动态、就业信息等，为大学生的学成返乡就业提供信息指导；开放海棠湾的发展需求，有目标地引导大学生选择与海棠湾未来发展密切相关的专业，主要包括酒店管理、人力资源管理、旅行社管理、物流管理、市场营销、经济学、工商管

理、医疗卫生管理等相关专业，鼓励其返乡就业或创业。

3. 平台的运行机制

由海棠湾管委会、海棠湾物业管理委员会、海南返乡大学生委员会共同参与平台的运营维护。海棠湾管委会主要负责平台的统一筹建、政策指导等；海南返乡大学生委员会主要负责平台内容的动态维护与更新、活动的组织与日常的沟通等具体工作。

（三）建设海棠湾返乡大学生联盟

1. 概述

汇聚海棠湾返乡大学生，设立海棠湾返乡大学生联盟，由专人负责，对返乡大学生进行动态跟踪，通过开展定期活动、各种形式的交流与信息互通，增进海棠湾返乡大学生群体的沟通与团结，解决返乡大学生面临的迷茫、不适应返乡等方面的问题。联盟的筹建：由专门服务机构或海棠湾管委会团委负责筹建联盟；联盟由海棠湾返乡大学生或在校大学生组成，并统一向海棠湾管委会报备。

2. 主要开展的工作

①大学生的联络与交流活动；

②大学生之间的合作项目；

③创业后人才发展的跟踪服务。

（四）为优秀返乡大学生提供就业和创业支持政策

1. 概述

专门设立针对海棠湾返乡大学生的就业和创业项目，根据海棠湾的发展需求设定评审标准，凡是通过评估的返乡大学生，对其创业机会、晋升机会、就业机会、薪酬待遇等方面给予特殊政策。

2. 主要开展的工作

①引导返乡大学生围绕海棠湾发展需求开展学习实践。出台海棠湾人才需求目录，并且通过多种渠道发布并宣传人才需求，引导海棠湾地区的学生围绕需求选择适合的专业；提供假期实习机会，引导返乡大学生围绕海棠湾需求开展创业活动、就业活动等。

②提供海棠湾地区的科研项目机会、工作机会，提供海棠湾地区企业或单位的实习和任职机会。

③对于体制内无法完全吸收的海棠湾返乡大学生，准许其进入体制外的

第七章 海棠湾风情小镇调查：群体性非农化转移的后续管理与产业发展问题

机构或其他职位，优秀人才可破格享受薪酬待遇和晋升机会等，满足返乡大学生提高社会地位的需求。

二、解决产业发展所需的资源问题

海棠湾风情小镇的产业布局与发展，离不开资源的整合和利用，我们根据风情小镇的调查结果，海棠湾产业发展的起步阶段需要与相关产业的龙头企业进行合作，以带动海棠湾风情小镇的产业发展。

①与中国青年旅社合作，带动风情小镇的团体旅游和集散旅游市场，由中国青年旅社来引导海棠湾风情小镇的住宿标准、餐饮标准、价格标准，引导旅行团来风情小镇住宿、就餐、游玩，从而带动风情小镇的后续发展。

②与艺龙网或去哪儿网合作，带动海棠湾风情小镇的散客住宿市场，住宿的价格机制相对灵活，由提供民宿的业主与艺龙网和去哪儿网共同协商。

③与海棠湾的酒店群合作，面向有家庭旅行需求的顾客提供整栋的、隐私性好的民宿住宅，并提供自主做饭、洗衣等相关产品，满足一部分顾客的需求。

④与汽车自驾相关的网站合作，提供自驾旅行爱好者的帐篷搭放、野餐烧烤、加油洗车、洗衣洗菜、篝火晚会、路线规划、体验渔民生活等相关服务，满足自驾旅行的需求。

⑤与国内的一些专科医院合作，打造特色病房，满足部分高收入老人的养老医疗服务，连接家庭与医院的远程网络，可以通过远程视频直接做一些简单的医疗服务，并培训一部分有医疗服务能力的家政人员，让部分高收入老人既能享受三亚的温暖天气，又能享受一些基本的医疗服务。

⑥与国有大型银行合作，解决个别居民安置款的挥霍，成立信托基金等一系列金融工具，帮助有创业需求但是不掌握财权的年轻人获得资金的渠道，分散资金的支配权，避免个别居民挥霍所带来的社会或治安问题。

⑦加大妇女的权利宣传力度。通过深度访谈了解到，海棠湾的妇女在家庭中的地位普遍不高，家庭暴力是解决夫妻争执的主要手段，妇女在家庭里面不具有财产支配权，影响了妇女投资子女教育的效果，风情小镇应由海棠湾物业管理委员会和三亚市妇女联合会、高校志愿者协会共同组织建立妇女权益保护组织，风情小镇的妇女遇到问题可以找妇女权益保护组织倾诉或解决。

三、政府积极完善和提供相关配套措施

上述培训是大规模、系统而长期的培训，需要政府主导并且大力支持，

下面简单列出政府需要做的一些配套措施。

①财政支持。政府需要专项财政经费以支撑培训的长期发展。

②人事支持。政府需要委托第三方专业教育机构对海棠湾风情小镇的居民进行长期培训。需要成立专门的工作小组协调和组织培训工作，以确保培训工作的顺利进行。

③场地支持。培训需要场地，专业技能培训是统一培训，更需要便利充足的场地来支撑。如果要进行计算机方面的培训，还需要建立适度规模的机房。

④政策支持。培训的政策化，把培训作为一项正式的政策长期执行下去。适当提供低风险的理财工具。成立适当的市级职业资格认证机制。在一定的时间段内给予风情小镇居民自营产业足够的税收、审批等方面的支持。完善风情小镇各方面的监管机制，加强监管力度。逐步建立并完善三亚市相关产业的从业标准。

⑤在风情小镇的家庭旅馆方面，尤其要大力支持。建立完善的监管机制。建立和完善客流渠道和平台：可以在景点、车站、机场等地方设立统一的旅客接待点，统一分配客源，同时不限制居民自主寻找客源；建立网络家庭旅馆服务销售站，统一分配客源，同时不限制居民在网上自主吸引客源。建立完善的定价机制。建立完善的家庭旅馆物资配送系统。建立完善的家庭旅馆经营咨询机构。建立完善的家庭旅馆顾客投诉和补偿机制。

⑥培训组织方面的支持。在培训的组织方面，需要政府成立的相关工作小组进行宣传、动员并鼓励居民积极参与培训。要让参加培训的好处看得见。

⑦需要政府建立该项目的评估体系，定时或者不定时对项目进行评估，以使培训更有效地进行。

⑧信息支持。需要在一些方面对培训机构提供必要的信息支持。在居民就业方面提供充足及时的信息，以方便统筹安排居民就业。在居民自主创业方面，提供有价值的信息帮助居民自主产业的健康发展。

⑨加强治安宣传力度和打击力度，对吸毒、偷盗和抢劫加大打击力度，抓典型，树立法律的威慑力，增加风情小镇的治安岗和协警，加大巡逻警力，有效预防刑事案件的发生，发挥群众的自主监督，适当增加举报、检举的奖赏力度，打造一个安全和谐的风情小镇。

第八章　海南省中部地区贫困村调查：非农化转移促进农村地区贫困户脱贫

第一节　海南省农村贫困现状及脱贫计划

一、海南省农村贫困现状

2015年年底，海南省农村建档立卡贫困人口共计47.7万人，贫困发生率为8.9%。儋州市为贫困人口最多的市县，有67个贫困发生率超过20%且自然条件差、经济基础弱的深度贫困村。截至2018年8月31日，海南省全省共有建档立卡贫困人口12.26万，贫困人口最多的前三个市县分别是儋州（20 837人）、东方（18 156人）、乐东（16 327人）；贫困人口相对较少的是三亚（315人）、海口（866人）。海南省5个国家级贫困县的贫困人口占全省贫困人口的20%，按贫困人口数递减顺序分别为临高（6349人）、白沙（6060人）、保亭（4988人）、琼中（4274人）、五指山（3122人）。根据国家统计局全国农村贫困监测调查，按现行国家农村贫困标准测算，2018年年底，海南省农村净脱贫人口达15万人，贫困人口从2012年年末的65万人降至7万人，累计减少58万人。贫困发生率从2012年年底的11.4%降至1.3%，累计下降10.1个百分点。2019年11月底，共实现从2013年以来65.9万农村贫困人口脱贫，贫困发生率从11.1%下降到0.77%。

2015年，海南省共有300个贫困村，5个国定贫困县的贫困村共有111个，占全省贫困村比例为37%。2017年年底，全省已脱贫出列217个，其中国定贫困县已脱贫出列76个。2018年，海南省未脱贫贫困户3.3万户，未出列贫困村

83个（含35个深度贫困村），未脱贫摘帽国定贫困县（市）5个：五指山市、临高县、白沙县、保亭县、琼中县。全省贫困发生率为2.2%。

2018年，海南省贫困地区农村常住居民人均可支配收入达11 545元，比2015年增加3261元。自2015年来，海南省贫困地区农民可支配收入连续4年保持在10%以上增长。2018年，海南省贫困地区农民收入水平比全国平均水平（10 371元）高出1174元，增速比全国平均高1.4%。在全国贫困监测调查的22个省（区、市）中，海南省贫困地区农村居民收入水平排在第5位。2018年海南省贫困地区农民可支配收入低于全省平均水平（13 989元）2444元；2018年海南省贫困地区农民收入增速快于全省农民3.6%。从四大项收入来看，人均财产净收入增长最快，人均工资性收入和转移净收入增长是贫困地区农民增收的两大驱动力。经营净收入小幅增长，来自第三产业经营收入增长较快。

2018年，海南省贫困地区农民人均消费支出为9159元，同比增加1207元，增长15.2%，增速快于全省农民平均消费水平1.1%，消费水平比全国平均水平高203元，排第10位；增幅比全国高3.2%，排第1位。

海南省农村地区导致贫困的原因众多，主要致贫原因包括因病、因残、因灾、因学、缺资金、缺劳动力、缺技术、缺土地、缺水、交通条件落后、自身发展动力不足等。未脱贫贫困户致贫原因中排前三的分别是因病（22.27%）、缺资金（20.42%）、缺劳动力（17.4%），占到全部致贫原因的60%，共计20 921户73 545人。未脱贫贫困人口中，有普通劳动能力66 080人，占比52.01%；无劳动能力和丧失劳动力59 869人，占比47.13%；有技能劳动力仅有144人，占比0.11%。

二、海南省政府脱贫行动

海南省根据国家相关的脱贫政策制定了相应的政策文件，如《海南省人民政府关于乡村振兴战略的实施意见》（琼发〔2018〕1号）、《海南省贫困户帮扶责任人选派管理办法》（琼扶发〔2018〕8号）、《海南省贫困村驻村工作队选派管理办法》（琼办发〔2018〕40号）、《海南省教育脱贫攻坚"十三五"规划》（琼教发〔2017〕239号）、《海南省定点扶贫工作考核办法》（琼扶发〔2017〕17号）等。

海南省委七届五次全会通过了《海南省打赢脱贫攻坚战三年行动计划》（琼发〔2018〕15号），公布脱贫时间表：2018年两个国定贫困县摘帽，8.3万贫困人口脱贫；2019年实现国定贫困县（市）全部摘帽，全省消除绝对贫困。

计划明确，海南省将分3年完成脱贫及巩固提升任务：

2018年为脱贫攻坚整改年，实现保亭、琼中2个国定贫困县摘帽，83个贫困村脱贫出列，8.3万贫困人口脱贫；

2019年为脱贫攻坚决战年，实现五指山、临高、白沙3个国定贫困县（市）摘帽，剩余贫困人口全部脱贫，全省消除绝对贫困。

2020年为脱贫攻坚决胜年，全省脱贫人口、出列贫困村、摘帽贫困县（市）脱贫成果全面巩固提升。实现贫困地区基本公共服务主要领域指标接近全省平均水平，为完全丧失劳动能力和部分丧失劳动能力且无法依靠产业就业帮扶脱贫的贫困人口提供兜底保障脱贫。

海南省将实施十大工程，精准帮扶到户到人。在产业扶贫方面，帮助贫困户发展特色产业增收，2019年产业覆盖率达到100%，到2020年实现产业组织化全覆盖。创建扶贫济困型共享农庄，引导贫困村集体经济组织与市场投资主体共同建设共享农庄，使贫困户获得保底分红、浮动收益和劳务收入，实现"造血式"精准扶贫。每年创建共享农庄不少于70个。

在旅游扶贫上，海南省计划2018—2020年，分年度建设100个旅游扶贫示范村，积极引入企业参与贫困村乡村旅游开发，对拥有丰富旅游资源的贫困村加快推进旅游点打造，发动100家旅游企业与贫困村结对开展帮扶。此外，指导旅游企业将黎锦、椰雕、南药等特色农副产品进行包装推广。

海南省将大力开发就业扶贫岗位，对"零就业"贫困家庭劳动力优先安置，到2020年全省为贫困家庭开发各类就业扶贫岗位不少于2万个，各级各类机关和国有企事业单位新增保安、保洁、收发、绿化、停车看管等后勤服务性岗位，要拿出50%的比例吸纳贫困家庭劳动力就业。

在生态扶贫上，海南省积极实施生态移民，重点推进热带雨林国家公园生态移民搬迁工作，到2020年基本完成国家公园建设生态移民搬迁计划任务。

计划显示，海南省将开展交通、水利、电光网、环境四大行动。确保到2020年所有具备条件的行政村通客车，农村集中供水率、自来水普及率和供水保证率分别达到99%、85%和90%，贫困村全部通动力电。

为助力精准扶贫，海南省强化财政、金融投入支撑力度，健全与扶贫攻坚任务相适应的财政收入保障机制，2018—2020年，省财政每年按照省本级年初地方一般公共预算收入预期增量的15%，增加重点生态功能区转移支付资金规模，支持市县结合脱贫攻坚任务统筹安排使用。在金融方面，3年计划发放扶贫和支农再贷款7.8亿元以上,拓展农村地区金融服务广度和深度。

计划指出,海南省将完善精准识别和贫困退出机制,提供精准扶贫动态管理水平,严格执行退出标准、程序,提升推出质量。脱贫攻坚期内扶贫政策保持稳定,贫困县(市)、贫困村、贫困户退出后,相关政策保持一段时间。

第二节 海南省中部地区贫困村实地调研

一、项目调查组的个案访谈

本次实地调研我们选取了海南省中部地区的五指山市和白沙县的贫困村作为调查总体。在为期一周的时间里,共调查3个乡/镇,6个村委会的36户贫困家庭。通过对这36户访谈资料的整理,归纳出调查区域的主要4种致贫原因,并选取有代表性的4个贫困家庭加以呈现。

1. 因病致贫

(1) 本户基本情况

此户为农村低保/贫困户未脱贫户,家庭共同生活人数2人,其中劳动力1人,纳保人数为2人,纳保人:黄×花、黄×竹。户主黄×花60岁,离异,身体状况良好(据其弟弟反映,其具有精神障碍,有时自言自语,目前正在申请精神残疾),无劳动能力,育有4子2女(3子2女随父亲,已有30多年未联系)。其儿子黄×竹19岁,未婚,身体状况良好,完全劳动能力,偶尔做些临时工(帮别人摘果子),工资收入150元/月。此户主要收入来源:黄×竹工资收入150元/月。此户除正常生活开支外,无其他支出。家庭月收入合计150元/月,家庭人均月收入75元/月。家中有手机1部、炊具1套。此户一家两口现居住在自家60平方米的一层楼房中。主要致贫原因:因病致贫(黄×花具有精神障碍,帮扶责任人和村干部与其亲戚正在为其申请精神残疾相关证明);次要致贫原因:自身发展动力不足。

(2) 空办村个案访谈

访谈地点:五指山市通什镇红雅村委会空办村

访谈时间:2019年8月23日

因入户访谈时,户主黄×花不在家中,只能联系其弟弟和其儿子黄×竹了解情况。以下为访谈员与黄×花弟弟、黄×竹、村干部之间的对话：

问：您好，与您一同生活的人都有谁呢？

黄×竹答：我和我妈黄×花一起住。

问：您的父亲呢？

黄×竹答：我爸和我妈他们离婚了。

问：不好意思，您母亲就生了你一个孩子吗？您有其他兄弟姐妹吗？

黄×花弟弟答：他（黄×竹）不知道的，黄×花一共有4个儿子2个女儿，现在就只有黄×竹跟她，其他的都跟他（黄×竹）父亲了。

问：那她和他们有联系吗？

黄×花弟弟答：她们都30多年没有联系了。

问：黄×花和黄×竹身体状况如何？比如生过什么大病或者身体有什么不方便的地方吗？

黄×花弟弟答：黄×花患精神病的，一天到晚都不知道跑去哪里找不到人。

黄×竹：我没有什么病。

村干部：小弟，黄×花是怎么个情况，她这个精神病来的，不过现在没有官方证明，我和她弟还有那个帮扶人已经在申请精神疾病证明了。

问：平时黄×花有没有服用什么药物？

黄×竹答：没有。

黄×花弟弟答：叫她吃都不吃。

问：好的，×竹，您今年多少岁了？

黄×竹答：今年19了。

问：您现在在哪里上学？

黄×竹答：我不上学了。

问：那您现在在做些什么工作？

黄×竹答：没有做什么。

问：那您家的土地都种植些什么？

黄×竹答：我不知道。

黄×花弟弟答：他们家田地，平时都是我帮他们种，种就给他们一些粮食咯。

问：×竹，您那么年轻什么事都不做吗？那平时都是在做什么？

黄×竹答：也就一些杂工，偶尔帮忙摘些果子什么的。

问：那您做的这些大概能拿到多少钱工资？比如一个月能拿多少工钱？

海南省农村人力资本投资与农村劳动力非农化转移的实证研究

黄×花弟弟答：他这个不是固定的，一个月也就干一两次，跟老板讨口饭吃就不错了，还能给他多少工钱？

黄×竹答：我这个月就去过两次，才拿到150块钱。

问：您家主要收入都有哪些？

黄×竹答：哪里有什么收入，我也就150块（一个月大概）。

黄×花弟弟答：他们能有什么钱，这个小孩又不能出去做什么，都是靠低保过，他家都是靠我们这些亲戚帮忙，不然他们都过不下去。

问：×竹，你今年19岁了，怎么不去找份工作干，好歹多一份收入。

黄×竹避而不答。

访谈结束。

2. 因残致贫

（1）本户基本情况

此户为农村低保户，家庭共同生活人数1人，其中劳动力0人，纳保人数为1人，纳保人为：黄×仁。户主黄×仁50岁，离异，听力一级残疾、三级精神残疾，无劳动能力，育有1女。其女儿黄×记，已婚，外嫁陵水。监护人：黄×华；与监护人关系：兄弟。此户无主要收入来源。此户除正常生活开支外，无其他支出。家庭月收入合计0元/月，家庭人均月收入0元/月。家中有洗衣机1部、热水器1部、炊具1部。此户一家一口现居住在危房改造后（B级）40平方米的一层楼房中。主要致贫原因：因残致贫；次要致贫原因：无劳动力。

（2）红合村个案访谈

访谈地点：五指山市南圣镇红合村委会

访谈时间：2019年8月22日

因入户访谈前，村干部告知黄×仁是患有听力一级残疾及三级精神残疾的残疾人，会对我们入户交流沟通上造成障碍，平时照顾黄×仁生活起居的是其哥哥黄×华，于是我们在村干部的沟通下，联系到了哥哥黄×华，并与其一同前往黄×仁家了解情况。以下为访谈员与黄×仁、哥哥黄×华、村干部之间的对话。

问：您好，麻烦请您给我讲讲黄×仁的日常生活情况。

哥哥黄×华答：我是他（黄×仁）哥哥，你也看到了，他（黄×仁）一个人疯疯癫癫，自己哪里可以干什么。不过不发病的时候，他（黄×仁）平时也可以自己做饭吃，菜都是我买好每天给他送过来，他（黄×仁）都不洗澡的，你看他身上脏脏的，衣服都是破破烂烂的，不行的。

问：平时家里就他（黄×仁）一个人吗？

哥哥黄×华答：对啊，他（黄×仁）就一个人。

问：嗯……那黄×仁结婚没？

哥哥黄×华答：哼，结啊，他（黄×仁）老婆看他（黄×仁）那样都吓得跑掉了。

问：啊？为什么会跑？

哥哥黄×华答：为什么？啊弟，他（黄×仁）精神病还听不见又穷，谁遇到不跑？

问：……那他们有小孩吗？

哥哥黄×华答：有一个女孩，都嫁人了。

问：黄×仁就只有一个女孩吗？

哥哥黄×华答：嗯。

问：那他（黄×仁）的女儿叫什么名字，嫁去了哪，多久回来一次？

哥哥黄×华答：啊弟，那个女孩子都嫁出去了，还要了解？

问：哈哈，大致了解一下情况。

哥哥黄×华答：哦，他（黄×仁）那个女儿叫黄×记，嫁出去好久了哦，嫁到陵水去了，过年这样就回来一次嘞，人家也有自己家的事，你说是不，啊弟，这不可能经常回来的嘛。

问：这样啊，好吧，那有黄×记的联系方式吗？给我一个她的联系方式吧。

哥哥黄×华答：你等一下，问他（黄×仁）一下。

哥哥黄×华对黄×仁比画手势，跟着黄×仁进房间翻找黄×记联系方式，找到一张纸片，上面记录着一个手机号码。

黄×仁答：这个是我女儿手机号，这个，这个。

哥哥黄×华答：这个就是黄×记手机号了。

问：好的，谢谢，我刚才在屋子里看了一下，家里的洗衣机和热水器都是自己买的吗？

哥哥黄×华答：要是自己买的就好了，他（黄×仁）哪里有钱买，都是别人给他（黄×仁）的，洗衣机是残联上一次来送的，热水器是我们给他（黄×仁）买的，他（黄×仁）都不懂用，教他（黄×仁）半天都不懂。

村干部答：小弟，他（黄×仁）自己生活都难了，又没有文化，很难学会东西的。

问：那黄×仁平时有没有吃些药物？比如稳定精神之类的药物。

哥哥黄×华答：有啊，天天吃，不吃村里的人都怕，我拿那个药给你看，治神经的。

问：好，这个药物需要花钱吗？

哥哥黄×华答：花钱谁吃得起，这个是政府免费药，拿那个证（残疾证）去政府拿药的，都是我帮他去拿。

问：那他（黄×仁）还吃别的什么药，或者生过什么大病吗？

哥哥黄×华答：这个就没有了，就平时偶尔感冒嘞，小病。

问：黄×仁平时经济来源都有哪些？

哥哥黄×华答：他（黄×仁）这个样子去哪里要钱？还不是那些低保钱和那个残疾人钱，一个月就 400 多元，现在是什么东西不贵？这点钱能干什么，说到底还是我每个月都帮他（黄×仁）。

村干部答：他（黄×仁）这种情况，去打工哪里有人要，人家老板见到都怕。

访谈结束。

3. 因无劳动力致贫

（1）本户基本情况

此户为农村特困人员分散供养户，家庭共同生活人数 1 人，其中劳动力 0 人，特困供养人数 1 人，即吴×光。户主吴×光，69 岁，未婚，身体状况良好，无劳动能力，无工作，无收入，无儿无女。监护人：吴×凤，55 岁，职业：务农。与户主的关系：妹妹。此户主要收入来源有：光伏发电分红 3000 元/年；黄牛合作社分红 600 元/年；黑山羊合作社 400 元/年。此户除正常生活开支外，无刚性支出。此户特困供养金 690 元/（月·人），1 人合计 690 元/月，每月都能正常领取。家庭月收入合计 333.33 元/月，家庭人均月收入 333.33 元/月。家中有灶具 1 部。此户一家一口现居住在自家危房改造后（B 级）30 平方米的一层楼房中。主要致贫原因：无劳动力。

（2）南班村个案访谈

访谈地点：白沙县邦溪镇南班村委会

访谈时间：2019 年 8 月 20 日

以下为访谈员与吴×光之间的对话。

问：您好，请问您家里有几口人？

吴×光：就我一个。

问：那您有结婚了吗？

吴×光：没有，要是结婚哪里就我一个人过。

问：那您现在身体怎么样呢？

吴×光：还可以啊，也没有什么病，一个人也能够过。

问：那您平时有务农吗？

吴×光：没有，年纪大了还能干什么？

问：那您现在有获得什么收入吗？比如参加合作社之类的？

吴×光：有啊，我加了那个光伏用电的，还有养羊啊、牛啊那些合作社。

问：那您参加合作社每年能有多少分红呢？

吴×光：光伏那个是有3000块一年，牛的话是600块，羊也有400块。

问：那您现在有监护人吗？

吴×光：有啊，我妹。

问：您妹妹没有跟您一起生活吗？

吴×光：没有，她也是已经出嫁了啊，她自己过她的，平时有时间就来看看我。

问：您现在的收入足够满足您的生活花费吗？

吴×光：加上那个特困补助也差不多够用，一个人也花不了什么钱，你说是吧。

访谈结束。

4. 因学致贫

（1）本户基本情况

此户为一般户（拟纳入低保），家庭共同生活人数3人，其中劳动力1人。户主朱×洪，43岁，未婚先育（其妻子离家出走好几年），身体情况良好，完全劳动能力，务农，育有2子。其长子朱×茂，12岁，身体情况良好，无劳动能力，就读于畅好乡中心学校（六年级），生活费1000元/学期；伙食补助750元/年。其次子朱×凯，10岁，身体状况良好，无劳动能力，就读于畅好乡中心学校（四年级），生活费1000元/学期，伙食补助750元/年。此户主要收入来源有：种植橡胶500棵，收入3000元/年；种植益智收入300元/年。此户除正常生活开支外，无刚性支出。此户家庭月收入合计275元/月，家庭人均月收入91.6元/月。此户家中有电视机1部，手机1部，炊具1部。此户一家三口现居住在自家危房改造后（B级）70平方米的一层楼房中。主要致贫原因：因学致贫；次要致贫原因：劳动力缺乏。

（2）番好村个案访谈

访谈地点：五指山市畅好乡番好村委会

访谈时间：2019年8月21日

在入户访谈前，从村干部了解到，此户家庭成员为3人，且该家庭户主朱×洪妻子现已离家出走7年以上，现无法获得联系，也无法了解其目前生活状况，所以在入户时不再询问户主妻子状况。以下为访谈员与朱×洪之间的对话。

问：您好，请问您家里现在有几个人在一起生活？

朱×洪：3个，我跟我两个小孩。

问：您现在是在做什么工作？

朱×洪：哪有什么工作，现在就只是在家务农。

问：那您平时除了务农之外有去做一些临工之类的吗？

朱×洪：没有，平时就只能在家种田还有割胶赚钱养两个小孩，两个小孩上学我还要给他们做饭哪有时间出去打工。

问：您两个孩子都是在上学对吧？

朱×洪：对，两个现在都在读小学。

问：他们在哪里读书呢？现在都读几年级了？

朱×洪：两个都是在畅好乡中心学校，大的读六年级，小的也读四年级了。

问：他们两个上学有生活费支出吗？

朱×洪：有，他们每个人上学都要交1000元的伙食费。

问：是一个月还是一个学期1000元呢？

朱×洪：都是一个学期的。

问：您刚才说您是种田还有割胶对吧，您除了这些还有种其他的作物吗？

朱×洪：还有益智。

问：橡胶是自己家的还是帮别人割胶呢？

朱×洪：自家种的500多颗。

问：那您种田、割胶、种益智一年能有多少收入呢？

朱×洪：我们种田是自己吃的，不卖，每年割胶可以割3000多块钱这样，益智的话今年收成不行，只有300块钱这样。

问：一年3000多块钱够你们家三个人生活吗？

朱×洪：政府也给一些补贴，小孩上学现在也是有那个伙食补助，一年750块钱一个人的。

访谈结束。

二、贫困帮扶者的扶贫行动

1. 帮扶组织的视角

琼中县湾岭镇南久村是三亚学院的定点扶贫村庄,学校集教育资源的优势定期对南久村进行帮扶。具体参与的扶贫活动有以下几个方面。

①通过组织艺术学院师生到南久9个自然村庄,在墙体上绘制以扶贫及贴近群众生活为主题的宣传图画。目前已完成南久村5个自然村的墙绘工作,剩余4个自然村将在2019年11月底完成。

②2019年9月13日中秋节到来之际,我校领导为南久村贫困家庭发放扶贫宣传手册,发放大米和食用油等慰问品,开展"送政策到户"活动。同时,给南久小学每名学生发放一套运动服和运动鞋。

③10月17日,分管校领导顾斌校长助理率驻村干部及师生慰问组驱车两百多千米赶赴琼中县南久村,进一步深入开展教育精准扶贫,督导扶贫方案落实。给南久小学捐赠了价值3万元的2000册儿童图书和若干书架,帮助成立南久小学图书室,并与琼中湾岭镇领导梁书记座谈,进一步探讨南久村扶贫工作的深入持续开展。

④持续组织开展师生支教活动,以南久村小学为切入点,组织三亚学院鸣鹰支教队大学生,分批次从三亚到琼中南久小学开展义务支教活动,教授小学生画画、唱歌、跳舞、英语及做游戏等,深受南久小学师生的欢迎和好评。

2. 帮扶责任人的视角

根据琼中县财政局吴心祥在南久村委会马水村小组帮扶经历,从帮扶责任人的视角探讨贫困家庭的真实状况。

(1) 贫困户基本情况

根据南久村脱贫攻坚中队安排,我帮扶南久村委会马水村小组的王召基、朱世友2户,南久村委会马水村小组地处偏远,产业发展滞后,村民的主要经济来源主要靠传统种养业,根据这一特点,我积极主动入村调查,准确了解所帮扶的2户家庭基本情况,准确掌握2户的致贫原因,认真收集和填好以上2户的扶贫手册,根据中队工作部署按时填写贫困户的信息表、排查表、收入确认表等,做到"人清、事清、财清";按照县委县政府的"3+1、5+1"扶贫要求,积极住村扶贫,我还经常利用晚上住村时间走访我帮扶的2户贫困户,和他们交心、谈心,宣传政策,了解他们的思想状况和需求。除了关心我帮扶的贫困户,我还时常走访一般农户,力所能及为他们服务。

(2)"两不愁三保障"方面

扶贫工作,着重考虑贫困户的"两不愁三保障",每次走访贫困户时,我都会特别留心贫困户的吃穿情况,确保贫困户家庭成员三餐能吃饱、四季有换装;落实教育保障要求,我帮扶的2户贫困户都有子女接受义务教育,每个学期我都会定期和户主了解子女入学情况,利用寒暑假,抽出一定时间和2户贫困户的子女沟通交流,鼓励他们好好读书,同时了解他们在校情况和思想情况,并及时跟踪教育部门对贫困户子女义务教育阶段的补助发放情况,我的2户帮扶户子女没有出现辍学情况,使其教育得到保障。对照我县对贫困户医疗保障的七道防线,落实医疗卫生保障要求,向贫困户宣传相关医疗保障的政策,不光自己熟悉贫困户就诊看病、费用报销程序和方式,做到"有病帮看病,看完帮报销",还教会贫困户懂得如何就诊看病、报销等流程;落实住房安全保障方面,2016年帮助王召基、朱世友2户申请危房改造,当年按照标准改造完成并达到"五个直观"的要求,并于2016年年底搬迁入住。

(3)产业帮扶方面

我根据2户的特点,因户施策,对他们的产业也进行了帮扶,针对王召基家有富余的劳动力,我鼓励他们外出务工,并积极帮他家申请槟榔苗、益智苗、桑苗等发展种植业;针对朱世友有建筑等技术,我鼓励他到附近的屯昌务工,同时根据其意愿帮其申请油茶苗、桑苗等发展种植业;协助政府帮王召基、朱世友2户,入股光伏发电公司、食用菌种植合作社。有了产业的支撑,现王召基、朱世友2户的收入已实现稳定超过了省定的贫困线标准,并实现逐年稳定增长。

落实动态管理要求,准确核实、及时报告,做到无错评、无错退。王召基于2014年被纳入贫困户,纳入前人均纯收入2000元,2016年人均纯收入达3576元,并于2016年年底实现脱贫;朱世友于2014年被纳入贫困户,纳入前人均纯收入2700元,2017年人均纯收入达4400元,并于2017年年底实现脱贫,2019年,王召基、朱世友2户的人均纯收入分别达到了7711元和6731元。以上2户不存在错评、错退的现象。

(4)巩固提升方面

根据国家的扶贫政策,我的2户帮扶户虽然已经实现脱贫,但我仍然按照

"四个不脱"和扶贫力度不减来对他们进行帮扶,确保王召基、朱世友2户脱贫后继续帮扶不脱钩,做到有稳定收入,不返贫。

落实"志、智"双扶要求,我带头学政策,向贫困户宣传扶贫政策和脱贫致富的信息,督促贫困户积极参加脱贫电视夜校学知识学习,做到夜校按时上、陋习及时改,主动学技能、强本领,勤劳促脱贫、脱贫后早日奔小康。

三、贫困脱贫与非农化转移的思考

通过海南省农村地区的贫困现状分析和项目组在海南省中部地区的实地调研及贫困帮扶者的扶贫行动,不仅从宏观层面了解到海南省贫困人口的生存环境,而且从微观层面更加细致地深入贫困家庭的贫穷状况,由此本课题组对非农化转移帮助贫困者脱贫产生了一些思考和建议。

1. 根据致贫原因的不同,选择合理的帮扶措施

致贫原因可以分为两种:主观致贫和客观致贫。主观致贫主要指自身发展动力不足。海南省农村地区长期形成的男尊女卑的旧习俗,使得部分农村男性在原生家庭里被宠溺,缺乏责任感和吃苦耐劳的品性,进入社会后,由于缺乏一技之长,难以融入现代社会,成为贫困人口。对于这类贫困人群,需要进行思想帮扶,随时关注其思想动态,先让其从事力所能及的简单工作,然后通过帮扶者和同龄人的带动和帮助,慢慢进入社会,成为自食其力的劳动者。该类贫困者可以通过非农化转移实现其脱贫。

客观致贫的原因很多,包括外部环境和家庭环境的制约。外部环境制约包括所在村庄的地理位置和自然资源限制,如地处偏僻山区,交通落后;缺乏水资源,农业灌溉受阻;人均耕地减少,农业收益不足等;家庭环境制约包括因病、因残、因灾、因学、缺资金、缺技术、缺劳动力等。外部环境制约可以通过政府行为得以改善,如《海南省乡村振兴战略规划(2018—2022年)》中关于农村"五网"基础设施提档升级。家庭环境制约可以通过一对一的帮扶进行脱贫。例如,因学致贫家庭的教育补贴是否按时发放,因病、因残家庭的医疗保障和政府补助是否顺利申请等。

2. 产业扶贫的模式选择

解决农村地区规模性脱贫的有效措施是进行产业融合,即农业与非农产业融合发展,发挥二、三产业反哺农业的作用,实现农业与工业、服务业的资源共享,共建农业产业的现代化。依据海南省农村地区的现实状况,目前

比较有效的产业帮扶模式主要有以下5种。

①生产带动扶贫模式。该模式主要是由企业、合作社、致富能人和贫困户形成利益共同体，通过贫困户的土地、劳动力与其他利益相关者的信息、资金、技术等相结合，达到助力扶贫。实际中贫困户参与程度较高，脱贫效果明显，如"文昌市海南传味文昌鸡公司"。

②资产收益扶贫模式。此模式由企业、合作社与贫困户联结，通过资金与土地、劳动力的配置，实现脱贫致富。该模式贫困户参与程度一般，脱贫效果明显，如"临高海丰养殖公司"。

③产业链就业增收模式。该模式由企业与贫困户结合，通过技术与劳动力的参与，达到帮扶脱贫。该模式贫困户参与程度较高，实际脱贫效果明显，如"海南口味王科技公司"。

④村集体扶贫模式。此模式由企业、党支部、合作社与贫困户组成，通过土地与劳动力的结合，实现脱贫致富。该模式贫困户参与程度较高，实际脱贫效果明显，同时村集体也能达到集体增收，如"万宁市北大镇军田村"。

⑤共享农庄扶贫模式。此模式由共享农庄与贫困户联结，通过共享农庄的资金、技术、管理、人才等与贫困户的土地、劳动力相配置，达到帮扶脱贫。该模式贫困户参与程度较高。实际脱贫效果明显，村集体也能实现创收，如"海口冯塘绿园"。

3. 充分发挥帮扶责任人的作用

海南省帮扶责任人制度经过多年的实践，在促进个体性贫困脱贫方面有很好的效果。通过选派热爱扶贫工作、责任感强、甘于奉献、身体健康的机关、企事业单位员工到贫困村进行一对一扶贫助力，让贫困户早日脱贫。

《海南省贫困户帮扶责任人选派管理办法》（琼扶发〔2018〕8号）明确规定帮扶责任人的职责：落实入户联系要求，准确了解家庭情况；落实教育保障要求，协助核查就学状态；落实医疗卫生保障要求，做到"有病帮看病，看完帮报销"；落实住房安全保障要求，帮助搞好危改申请、鉴定、实施和验收；落实贫困户增收要求，结合实际谋发展，做到每户都有帮扶产业，每户都有劳动力稳定就业；落实动态管理要求，准确核实、及时报告；落实脱贫户巩固提升要求，脱贫后继续帮扶不脱钩、不返贫；落实志智双扶要求，督促上夜校、主动学本领、勤劳促脱贫。另外，对帮扶责任人的入户频率也有具体规定。例如，平均每周入户走访不少于 1 次，每月入户走访不少于 4 次；每半月与驻村工作队、村"两委"对接工作 1 次；每半年向乡镇党委政府和派出单位提交 1 次书面总结。

通过帮扶责任人制度，责任人在帮扶期间深入贫困家庭，与贫困户建立了情感联系，有助于实现真正地脱贫致富。在我们的实地调研中，了解到有的帮扶责任人退休后仍继续帮扶贫困家庭，让贫困户感受到来自帮扶责任人的真切帮助。

第九章 红花共享农庄调查：海南共享农庄发展推进农村劳动力非农化转移

第一节 海南共享农庄的建设发展情况

一、海南共享农庄的实施现状

1. 海南共享农庄建设的由来

2017年2月，中共中央、国务院发布《关于深入推进农业供给侧结构性改革 加快培育农业农村发展新动能的若干意见》（以下简称《意见》），《意见》第三部分关于如何壮大新产业新业态，拓展农业产业链价值链，提出"培育宜居宜业特色村镇。围绕有基础、有特色、有潜力的产业，建设一批农业文化旅游'三位一体'、生产生活生态同步改善、一产二产三产深度融合的特色村镇。支持各地加强特色村镇产业支撑、基础设施、公共服务、环境风貌等建设。打造'一村一品'升级版，发展各具特色的专业村。支持有条件的乡村建设以农民合作社为主要载体、让农民充分参与和受益，集循环农业、创意农业、农事体验于一体的田园综合体，通过农业综合开发、农村综合改革转移支付等渠道开展试点示范。深入实施农村产业融合发展试点示范工程，支持建设一批农村产业融合发展示范园"。

田园综合体的概念来自田园东方创始人兼CEO张诚发表的论文《田园综合体模式研究》，随后，张诚在无锡市惠山区阳山镇创建了国内第一个田园综合体项目，即无锡田园东方。该项目位于"中国水蜜桃之乡"无锡惠山区阳山镇，他希望打造一个以生态高效农业、农林乐园、园艺中心为主体，体现花园式农场运营理念的农林、旅游、度假、文化、居住综合性园区。

为贯彻落实中央农村工作会议和 2017 年中央一号文件的部署与要求，2017 年 6 月，财政部印发了《关于开展田园综合体建设试点工作的通知》（财办〔2017〕29 号）。根据部内商定的分工方案，财政部农业司、国务院农村综合改革办公室牵头负责在内蒙古、江苏、浙江、江西、河南、湖南、广东、甘肃 8 个省份开展试点工作。

2017 年 8 月，为全面贯彻落实《中共中央 国务院关于深入推进农业供给侧结构性改革加快培育农业农村发展新动能的若干意见》（中发〔2017〕1 号）、《中央农办 2017 年"三重"工作方案》（中农办发电〔2017〕84 号）、《国务院办公厅关于推进农村一二三产业融合发展的指导意见》（国办发〔2015〕93 号）、《财政部关于开展田园综合体建设试点工作的通知》（财办〔2017〕29 号）、《国家旅游局 农业部关于组织开展国家现代农业庄园创建工作的通知》（旅发〔2016〕157 号）和省第七次党代会精神，按照省委、省政府关于百镇千村建设、全域旅游、脱贫攻坚、打造热带特色高效农业"王牌"等决策部署，抢抓国家开展"田园综合体"建设试点工作的机遇，海南省政府提出以发展"共享农庄"为抓手建设美丽乡村的乡村发展战略。随后海南省农业厅发布《海南省人民政府关于以发展共享农庄为抓手建设美丽乡村的指导意见》和《2017 年海南"共享农庄"创建试点申报方案》。

2017 年在海南各地首批创建 61 家海南共享农庄，2018 年海南省再创建 98 家共享农庄，共享农庄数量大幅增长。2019 年，海南省农业农村厅印发《2019 年海南共享农庄认定和创建试点申报方案》，决定在前两年海南共享农庄试点创建和认定工作基础上，2019 年再创建共享农庄试点 50 个。其中创建试点增长较快的为海口市、三亚市、琼海市及乐东黎族自治县，除了当地政府大力推进落实共享农庄建设之外，海南各地特色农业的发展也促进了共享农庄的增长。

2. 海南共享农庄建设现状分析

2018 年 2 月，海南省委、省政府提出乡村振兴战略的实施意见，以"共享农庄"为抓手推进农村一二三产业融合发展。大力发展乡村共享经济、创意农业、特色文化产业，开发农业多种功能，延长产业链、提升价值链、完善利益链，通过保底分红、股份合作、利润返还等多种形式，让农民合理分享全产业链增值收益，鼓励支持各类市场主体创新发展基于互联网的新型农业产业模式，探索与推行"共享农庄"等模式，打造海南乡村振兴的新载体。

通过发展"共享农庄"，使田园变公园、农房变客房、农产品现货变期货、消费者变投资者，实现农民增收、农业增效、农村增美。发挥海南共享农庄联盟桥梁纽带作用，搭建网络服务平台，加强宣传营销，打响海南共享农庄品牌。

通过上述文件精神，可以看出，海南省推出的共享农庄的想法，是希望通过各类市场主体通过参与共享农庄的项目，使得农村外的投资人参与乡村振兴战略中，参与海南乡村产业，参与乡村农产品生产，促进乡村休闲旅游发展，从而促进海南农村一二三产业发展。探索农业生产生活生态"三生同步"、一二三产业"三产融合"、农业文化旅游"三位一体"的新模式、新业态、新途径，实现村庄美、产业兴、农民富、环境优的目标。

根据海南省农业厅的要求，申报共享农庄的主体应该达到一定的条件，申报主体应遵循相关法律法规，申报项目应符合辖区"多规合一"，并满足以下基本条件（改扩建类项目要具备，新建类项目策划设计方案、实施方案要具体明确）。

①区位条件优越，基础设施完善。土地性质明晰，农业用地及配套的建设用地有保障，优先考虑利用贫困村宅基地或集体建设用地；交通便利，邻近自然村落且核心区集中连片，发展潜力较大；生态环境友好，农业生产绿色清洁；通路、通水、通电、通网、通气"五网"通，能够借助互联网等新技术，建设完善电子商务交易平台；改扩建、新建设完善后，农庄具有住宿餐饮、休闲娱乐、农事体验、产品展销等基本功能，各种设施的安全与卫生符合相应的国家标准。

②产业布局合理，功能定位准确。农庄主题突出，比较优势明显。主要产品产业规模500亩以上（含带动农民产业发展规模），农庄核心生产基地面积不少于100亩；年经营收入200万元以上，扶贫济困型农庄可适当放宽。项目规划合理，功能定位准确。农业标准化水平较高，严格执行有关产品生产标准和技术规程，普遍应用标准化和生态化技术，产品定量检测合格，质量追溯体系健全，有商标注册，品牌效益明显。

③休闲设施配套，产业有机融合。休闲农业资源区位优势，能与全域旅游、百镇千村、脱贫攻坚相结合。休闲园区以农业产业和设施为主，规模不少于50亩。休闲业态功能丰富，休闲设施符合农业行业标准《休闲农庄建设规范》（NY/T 2366—2013）、《海南共享农庄建设规范》（DB HY/045—2018），园区整体环境、功能分区、活动项目、餐饮、住宿、道路、景观、卫生等配

第九章 红花共享农庄调查：海南共享农庄发展推进农村劳动力非农化转移

套服务设施完善。

④经营主体明确，管理服务规范。

对于参与的企业，要求三产融合基础好，带动作用突出；财务状况良好，资产负债率不大于60%；上两年连续盈余，有带动农户、合作入股清单和记录等。公益性企业条件适当放宽。

对于参与的农民合作社，要求三产融合基础好，带动作用突出；财务状况良好，上两年有盈余，有社员入股清单和盈余分配记录等。

对于参与的农村集体经济组织，要求整合盘活农村集体资产，通过土地流转或股份合作方式，建立股份合作经济，让集体经济成员获得稳定的收益。

⑤农户积极参与，农民多方受益。经营主体组织引导农民，特别是贫困户参与生产经营和建设管理，保障原住农民的参与权和受益权，助力脱贫攻坚，原则上农庄建设过程及投入运营后要带动贫困户80户以上。与原居地农民建立稳定的利益联结机制，实现农民转变成为股民、农房转变成为客房、农产品现货转变成为期货、消费者转变成为投资者。

⑥融资机制明确，发展潜力巨大。申报主体自筹能力强，投融资机制灵活，可通过股权、借贷、众筹、成立或引入产业基金等方式融资建设农庄。同时引入先进要素和社会资本。市县政府支持力度大，综合运用先建后补、贴息、以奖代补、股权投资等方式，撬动金融和社会资本投向共享农庄创建。农庄建设辐射带动明显，发展潜力巨大。

⑦"庄主"理念先进，运营模式创新。农庄建设发起人及其核心团队的愿景、使命、价值具备引领性作用，能提出清晰的产业发展逻辑，有可持续发展的共享商业运营模式，有实现其商业运营模式的商业策略，能运用先进的理念、商业手段创建共享农庄。

以海南儋州市兰洋大皇岭共享农庄为例，该农庄可以共享的农特产品种类繁多，从可供饲养的滑鼠蛇、山鸡、雄鱼、白骨鱼到龙眼树、黄皮、荔枝、柚子、椰子等果树，还有花梨、山茶等农作物，甚至还包括湖边木屋的租用。此外，这里的共享农庄还可以承担公益功能，以"公司+合作社+农户+贫困户"的模式，使当地的贫困户走上共同致富的路子。目前有23位农民在农庄务工，其中建档立卡贫困户17户，人均年收入2.4万元。这个共享农庄还带动了周边41户群众发展果蔬和禽畜生产，年增加收入120万元。

目前，海南共享农庄试点特征主要有3个方面：一是休闲农业体验游，以吃农家菜、住特色民宿、蔬果采摘、农事体验、鱼塘垂钓等为主要形式的休

· 181 ·

闲农业体验；二是产业式共享农庄，每个共享农庄都有一个农业主导产业，如热带蔬果、特色种养殖等产业，并通过自产自销的形式维持共享农庄经营；三是推崇健康疗养的生活方式，共享农庄长期或定期聘请专业的养生专家和中医学者担任共享农庄的康养顾问，开设农业相关的康体养生项目，农庄内种植具有观赏价值、药用价值、经济价值的南药植物等。

3. 海南共享农庄创建中存在的问题

近年来，海南省全面实施乡村振兴战略，共享农庄建设取得了一定的成果。由于共享农庄建设时间较短，制约因素还很多，如缺乏本地资源和产业优势的同质化建设现象还比较严重，部分乡村地区基础设施还有待进一步提高，部分村镇地区的交通、住宿等设施较差。基础设施薄弱在一定程度上制约了共享农庄的建设和发展，部分乡村产业发展水平较低，缺乏可持续发展动力，部分地区农民参与共享农庄建设的积极性有待提高。

从全省范围来看，还存在区域发展不平衡现象。有的地区资源和产业优势明显，发展较快；有的地区存在过度开发、生态资源遭到破坏等现象；还有很多地区，如海南中部地区，尽管有很多待开发的资源，但由于历史的原因，尚待开发。最后，人才培育及吸引的机制尚有提升空间。

与其他发展比较好的国家和地区相比，制约海南休闲农业发展的还存在几个主要问题，如由于有关法律法规不完善，休闲产业和共享农庄涉及的土地产权问题还需要进一步明确，就目前情况来看，土地产权问题已经成为制约海南共享农庄开展休闲农业发展的难题之一。此外，海南省目前休闲农业与民宿总体经营管理水平不高，缺乏有效的营销，经营者宣传意识不足，缺乏品牌经营意识和手段，从业人员素质普遍不高，服务水平较低。政府的扶持力度及指导服务作用尚待加强，行业协会的扶持和指导作用还需要进一步提高。

海南也可以利用自身独特的历史文化资源打造共享农庄，如文昌和琼海等地拥有华侨资源，一方面，可以吸收华侨投资建设共享农庄项目；另一方面，也可以主打文化特色，同时促进特色农业、农产品开发，促进休闲旅游的发展，促进产业融合。

曾安逸指出海南目前共享农庄的建设还存在一些问题有待进一步解决。例如，资源开发相对滞后，农庄基础设施薄弱；产业支撑能力不强，资金投入不足，产业融合度较低，农户投资不足；共享农庄特色不足，缺乏核心竞争力，不能形成有效的差异化竞争优势，同质化严重，缺乏品牌意识；政府主导作用不明显，经营主体不全，从业人员素质不高；土地流转不畅，管理水平不高等。

二、其他国家/地区休闲农业发展成功的经验

1. 德国农业组织的工作

时元宁指出，通过德国农业协会这个平台，政府部门、农业从业人员、咨询顾问、供应商和销售商能够传递信息、交流经验，通过对新产品、新技术的展示和培训来推广应用先进的农业科技成果。德国农业协会在农产品生产和流通诸多环节起着中介和联络作用。该协会每年组织多种农业展览活动，为农业生产产业链提供信息交流、产品展示和商贸洽谈的机会。该协会还非常重视农业教育和培训工作，通过学习班、专题讲座及短期进修等多种形式，提高农业从业人员的知识水平和专业技能。德国农业协会还实行严格的质量检测和品质认证，促进了农产品品牌的建设。随着观光休闲农业的发展，德国农业协会从1992年开始进行"DLG农家旅馆标志认证"，每3年进行认证复查，极大地促进了当地农村旅游设施和服务的改善。

德国具有特色的休闲农业是市民花园项目。1983年，德国修订《市民农园法》，为市民提供体验农家生活的机会，市民农园的经营方向转向农业生产体验和休闲度假结合，使生产、生活和生态结合。市民农园的土地一部分来自镇县的公有土地，还有一部分来自居民的私有土地。大约50户市民组成一个团体，共同承租一个市民农园。租赁者与政府签订30年左右的租赁合同，自行决定如何经营，但其产品不可出售。

德国通过大规模土地整治，将土地整合，实现了规模化的农业生产经营，提升了农业生产率，推动现代农业发展。在第一产业发展和乡村基础设施完善的基础上，众多工商业进入乡村，形成乡村"工商化模式"，导入二、三产业，带动乡村经济的壮大。

在乡村规划过程中，注重保护历史文化遗存，维护乡村文化底蕴，乡村建设各具特色，各个区域景致不同，文化氛围浓郁。乡村文化与生态的融合创新，形成了极具特色的乡村发展模式。

2. 日本的农业合作组织

高伯海通过参观访问指出日本的农业合作组织对于休闲农业的发展起到了重要的作用。日本政府与地方农业协会建立农产品展销中心。例如，滋贺县的栗东农产品销售中心是由日本政府、栗东市政府、栗东市农业协会、栗东市森林组合、栗东市商工会、农户和农业从业者投资参股建立的，政府投资不参与分红，只收回股本即可。农产品销售中心除展示和销售本地的各种

农产品外，消费者还可以在"体验道场"品尝当地特色农产品，还有专门的工作人员进行现场讲解。日本大分县丰后高田市当地的地区振兴商业委员会组织3个村联合建立了一个农业合作组织，专门发展休闲农业，促进第一产业和第三产业有机融合。这个农业合作组织不仅建立了农产品加工厂，还兴建住宿设施，吸引人们到该地体验农村生活，促进了农产品的加工、销售，也促进了休闲农业的发展。政府为此提供必要的设施设备，以及税务、财务管理及市场营销等支持和帮助。

日本政府重视农工商充分开展合作。以《农工商合作促进法》为基础，以工带农、以商促农，推进中小企业者与农林渔业生产者利用各自的资源加强合作，提升综合价值。另要求工业、商业的资本占比不得超过49%，其目的在于引导农林渔业生产者成长为经营主体，而非工商资本整合兼并农业，确保农户得以分享产业融合发展带来的红利，实现农民增收。

日本政府不断加大农村基础设施建设的投入力度，为"六次产业化"提供基础条件。日本政府为推动"六次产业化"，推出了一系列包括定额补贴及比例补贴在内的财政补贴。例如，对新产品开发和市场拓展的支出补助从1/2增加到2/3，对新的农产品加工、销售所需的设备购买建设支出给予50%的补助。除此之外，还有延长无息农业改良贷款期限、增加贷款最高额度等政策措施。2010年日本内阁通过《农林渔业成长产业化支援机构》法案，由国家和企业共同出资成立农林渔业成长基金，以政策补助金"劣后"贷款、股权投资的形式给予投资支持，促进农业"六次产业化"发展。

3. 以色列的农业合作组织

以色列的农业合作组织"基布兹"随着社会的发展也进行了相应的变革，如聘请专业的咨询公司帮助制订生产计划、生产运营方式及合作社成员的报酬分配计划。"基布兹"还通过咨询公司介绍专业的销售公司销售农产品，按照订单进行农业生产，销售公司负责销售和采摘等活动。专业化的农业生产和销售管理是"基布兹"变革的主要内容。

4. 法国的乡村旅游

刘雪飞、胡胜德指出法国政府机构的支持管理，对于法国农产品的品牌建设起到了推动和促进作用。法国食品协会和农业部通过在多个国家和地区举办法国食品展览来促进法国农产品的市场开拓。

秦秀红指出，法国政府在20世纪50年代就开始扶持和管理农家旅社，随后出现了行业协会组织法国家庭农舍联合会，该组织负责监督法国各地的农舍经营质量,包括周边环境、软硬件设施、房间舒适度及各项服务水平,并进行评级管理,向旅游者推荐农舍旅游项目。

詹玲等指出,法国休闲农业的发展得益于多个非政府组织机构的作用,法国农会常务委员会下设农业与旅游接待服务处,并联合其他社会团体,如互助联盟、国家青年农民中心等组织,建立了"欢迎光临农场"的组织网络,连接法国各大区农场,成为法国农场旅游强有力的促销支持。

法国乡村旅游的经营主体是"所有的农业开发者和乡村居民",而非外来投资商,法国乡村旅游一直在政府的主导下发展。通过政府的引导,制定乡村旅游发展的政策措施及总体方针,引导行业协会制定行业规范,进行数据统计和分析,近年来政府管理职能有所弱化,但加强了监管职能。

法国政府为促进乡村旅游业的发展,为乡村旅游的经营者设立了相关的税收优惠政策及财政补贴。法国每年拨款20亿法郎用于文化遗产上,花费在旅游资源保护和开发上高达200多亿法郎,将旅游资源的保护和开发列为国家的重要职能。

5. 中国台湾休闲农业的发展经验

杨景鹏根据相关资料提出中国台湾发展休闲农业的经验,值得海南发展共享农庄等休闲农业借鉴。

中国台湾休闲农业的发展也是经历过一段时间才逐渐发展起来的,其中涉及多个因素的互相影响和相互作用。从农业自身发展的角度来看,由于20世纪70年代末到80年代初,在全球化的带动下,作为四小龙地区之一的中国台湾,工业和商业及国际贸易得以迅速发展,相比之下,中国台湾的农业发展更显滞后。凡此种种,迫使中国台湾部分农民探索从单纯的、低效益的农业转向第三产业的发展,由此产生了观光果园,这个趋势经由个别农户的示范作用,加上中国台湾学术界的推波助澜,有关立法机构的及时参与,使得中国台湾休闲农业发展逐渐规范和有序开展。另外,随着中国台湾的经济发展,中国台湾的消费者产生了较大的旅游需求,而休闲农业的发展恰好迎合了当地消费者对于多样化旅游休闲的需求,在消费者多样化的推动下,中国台湾的休闲农业也得到了进一步的发展。

中国台湾休闲农业规范有序的良性发展离不开有关立法部门的直接参与推动。随着中国台湾休闲农业的初步开展,学术界及时给予了充分的关注和研讨,有关立法部门在1992年就及时推出了《休闲农业设置管理办法》来规范当地农户的经营行为,使休闲农业发展得以有序进行。随后,中国台湾有关立法部门又推出了《休闲农业辅导办法》《休闲农业辅导管理办法》，并先后修订多次，有学者统计，到 2015 年，前后修订了 11 次。有关法规的制定，大大推动了中国台湾休闲农业的规范有序发展，从最初的农民自发的休闲果园的产生，到休闲农场的准入要求，进而休闲农业区的规划发展，在有关立法机构的参与下，中国台湾的休闲农业得以迅速而有序的发展。

中国台湾休闲农业的发展，离不开当地农业合作组织的参与推动。以台湾南部高雄市美浓区农会为例，从创立之初的单纯的农民互助信用合作组织，逐渐发展成拥有正式会员 8000 人，赞助会员 2000 人，拥有 8 个服务部门的农会组织。其下辖的推广股负责农事推广教育，帮助不同年龄阶段的农民种植不同的农产品；供销部则负责农业生产物资的供应和农产品的销售；休闲旅游部专门负责美浓地区休闲旅游及农事体验活动的规划和推广，以推动当地特色休闲农业品牌的建立。例如，根据当地特色资源，策划和推广拔萝卜节农事体验活动；网络室则对农民提供及时的信息服务。此外，农会还通过合作伙伴农试所、改良所、屏东高校资源及时给农会会员带来新产品、新技术和新专利。农会通过与其他地区农会建立合作联盟关系及建立农产品批发市场，帮助农民销售农产品。农会还通过举办各种辅导和培训，及时解决农民遇到的生产等问题。

中国台湾的休闲农业发展，也得益于网络推广的低成本优势。经由网络宣传推广，特色旅游项目、特色农产品及特色餐饮民宿等可以方便地呈现给消费者。有的网站还可以预定旅游团、预定民宿，给游客的出行带来了极大便利。例如，台湾高雄市美浓地区的农民通过网络平台销售小西红柿等特色农产品，每年产值可达上亿元的规模。

第二节 红花共享农庄个案调查

一、红花共享农庄调查

（一）红花村概况

红花村位于三亚市吉阳区的北部，古称红花峒，四周多山环绕属山林地形，绿化面积达90%。东至罗蓬村，西至三亚学院，南至南丁村，北至石牛岭，是一个行政村。辖区面积约10平方千米，辖区内有11个自然村，分别是保引村、翻园村、保庄村、干沟村、新村、长坡村、深岸村、南达村、三汤村、大园村、引合村，共有11个村小组。主要居住的是黎族，讲黎族方言。总户数721户，全村总人口2582人（常住人口），流动人口166人。

全村现总面积约为28 166亩。其中林地16 720亩，坡地8916亩，耕地面积1680亩（其中水田面积1634.92亩），建筑规划面积850亩。红花村集体经济建设方面主要以农业种植和土地出租为主。集体收入年均20万元。村民主要以槟榔、杧果、橡胶等热带经济作物，水稻和冬季瓜菜种植及小规模养殖家禽收入为主，全村人均收入约13 281元，以2018年海南省农村居民人均可支配收入13 989元为基准，该村整体经济状况居于海南省农村平均水平。

2018年1月，与海南诺尼产业园开发有限公司签订合作开发意向框架协议，主要开发深岸、南达、新村3个村小组约10 000亩土地，经营不限于产业种植、旅游开发等项目，进而推动产业结构调整，助力美丽乡村建设。2018年5月，与三亚聚元实业有限公司签订合作建设农贸市场合同，切实解决红花村周边村民农副产品集贸交易和购买生活用品等民生问题。另外，红花村有3个农民专业合作社，包括三亚明庄种养农民专业合作社、三亚黎业种养殖农民专业合作社、三亚山高种养殖农民专业合作社。

（二）红花共享农庄的实地调查

1. 红花共享农庄项目介绍

三亚红花共享农庄是海南鲁商联实业投资集团有限公司投资兴建、运营，该公司注册资本4000万元。此项目位于三亚吉阳区红花村，企业性质为休闲农庄；产业类型为农业养殖、种植及农产品销售。项目经申报通过省级专家评审，被列为2018年第二批共享农庄试点单位之一，2019年9月通过三亚市共享农庄认定小组认定（最终由省级批准认定），并与海南大学成立农业产业科研基地、与三亚学院体育学院成立实践教学基地等。

项目规划2220亩，其核心区域位于吉阳红花村5个小组，辐射（帮动）红花、罗蓬约1000户共4500余人，面积约7200亩。项目计划投资2.68亿元。项目规划是集火龙果园、百香果园、稻虾共生、瓜果蔬菜、生态养殖、亲子研学、自然教育、垂钓农家乐、民宿树屋、康养旅居为一体的综合性共享农庄。

项目以"红花和龙文化"为主题打造，按照"共建、共享、共赢"理念打造试点；采取"企业先干村民看，带着村民一起干，帮着村民一起赚"方式逐步推进项目建设；采用"企业+村委会+农户"一村一品的经营模式；最终将农庄建设成休闲农业民宿度假区、康养旅游示范区、全域旅游会客区、农业研学观光区、共享农庄试点模式示范区。公司将在海南省各级领导的支持下，持续积极探索如何理顺农地，改造民房，美化环境，以农庄"共享"为抓手，全力发展农耕文化，走农文旅发展路线，促进"共建"经济发展，让村民共享"美丽乡村""全域旅游"等发展成果，实现多方"共赢"目标。

项目运营至今，公司认筹项目有百香果、火龙果等，各类"庄主"认筹项目个人超过100人；共享合作单位共3家；解决村民在公司就业30余人，其中贫困户建档建卡2个、特困户3人、三亚学院在校学生就业6人。现已签的农地租金均高于三亚市范围同类项目，村民基层员工每月工资水平达3000元/人以上（另提供一日三餐）。

公司已与海南路每家超市进行"线上、线下"物联互换合作，正在成立"农产品直播室"，由专人宣传、销售农产品，还引进符合农文旅项目，形成"公司+招商"对外合作模式，由专业团队对农业产品严格科学检测，从包装、运输全过程进行识码跟踪，建立客户档案，收集满意度信息。

目前，项目正在按照规划全力建设中，2019年国庆期间，红花共享农庄7天接待超过5000人次。园区举办的"国庆阅兵系列观影""马术集赞体验""农鸡散养椰子鸡优惠套餐"等活动取得实效，田园采摘、创意陶艺、休闲垂钓及农产品等二次消费也超出预期。另外，公司还举办了数次"共享、共建、共赢"联盟活动，通过活动带动了农庄经营运营，且取得较好的经济效益、社会效益。

2. 红花共享农庄调查

本调研小组在红花村调研时，村文书李某告诉我们，红花村共计2582人，外出务工者大约有300人，其中男性200人左右，女性100人左右。由于该村距离三亚市区较近，不用提供住宿条件，所以打工者基本上选择就近务工方式。红花村打工者去向主要有以下几个方面。

①三亚学院、万科森林公园及万科高知园均邻近红花村，部分打工者选择就近在三亚学院后勤部门和万科物业公司就业，主要从事绿化、清洁、园林管理及保安的工作。这部分打工者的年龄一般在18~35岁，会普通话，踏实、勤劳。

②年轻且受过一定教育的打工者主要选择在三亚市的餐饮业、酒店业及

地产行业从事服务和销售工作,这些打工者大部分受过初中或高中教育(含中专、职业高中、职业技校)。

③部分务工者选择在就近的荔枝沟农贸市场和鸿港批发市场从事水果、蔬菜、肉类等零售小买卖。这些打工者年龄一般在35岁以上,文化程度较低。

④本村的3个合作社——明庄种养、黎业种养殖、山高种养殖,与3个招商引资项目——三亚聚元实业、海南诺尼产业园、红花共享农庄,也吸纳了部分村剩余劳动力。

李某在介绍完村里的基本情况和本村劳动力的就业状况后,建议我们去共享农庄实地考察。在保庄村副组长董某的带领下,我们来到距村委会不到1千米的红花共享农庄。

农庄的正门口格外气魄,两只巨龙盘旋,非常震撼,进入农庄看到百亩火龙果、百香果园地,不少农民正在园区忙碌。一位身材魁梧的中年男子正在接待一行来访者,见到我们到来,非常热情地前来询问,原来这位军人出身的山东汉子正是海南鲁商联集团的董事长。他得知我们的来意后,非常乐意我们的访问,以下是我们访谈的过程。

问:创建红花共享农庄项目的初衷是什么?

答:首先,2017年我在罗蓬村做扶贫工作时,发现该村的农业生产率较低,村民的生活水平普遍不高,一直想为本地农民做点事,提高他们的生活质量。其次,2017年7月,海南省人民政府发布《关于以发展共享农庄为抓手建设美丽乡村的指导意见》,正好给了我政策上的支持。因此,2017年下半年,通过企业投资、农民支持和政府引导开始着手申报红花共享农庄。

问:该项目的特色是什么?

答:最主要的特色是融资方式。该项目融资方式采取众筹融资,即投资主体采取农产品众筹、民宿建设众筹、农产品预售等创新融资模式。以众筹的方式让消费者直接参与农庄的建设,解决农庄建设的资金问题。消费者及投资主体通过众筹方式募集资金用于发展"共享农庄",农庄为消费者及投资者提供农资供应、技术指导、托管代种代养、产品销售等配套服务,消费者及投资者按约定获得实物或投资收益回报。

还有一个特色是区域优势,该项目地处三亚市近郊,离三亚市约15千米。利用三亚旅游城市的地理优势,与三亚市的大型酒店和地产项目合作,打造一个集吃、住、行、游、乐、娱为一体的体验式绿色休闲产业园区。通过企业对农业的开发,农业与加工业、服务业、互联网业等深度融合,提高农业产业的现代化。

问：该项目对本村及附近村庄的劳动力就业有哪些帮助？

答：目前现有工作人员 70 人左右，约有 2/3 的员工来自红花村及附近村庄的劳动力。例如，人事经理是从红树林酒店回村到农庄工作；厨师长是从亚龙湾回村到农庄工作。项目上规模后，预计将解决当地 300 人左右的就业问题。通过对农户进行技术培训，在试验田里种植，让农户亲身感受到农业技术带来的高产优质的农产品，由此辐射性地帮扶其他村民及附近村庄。以前这边的农田种水稻，农业效率低，通过对土质化验，我们发现这种土壤是富硒土质，适合种植水果，所以我们现在改种火龙果和百香果。

问：对本地村民的家庭收入和家庭生活有哪些改善？

答：以前村民的收入来源比较单一，主要来源于农业收入。由于传统的农业种植低效，使得农户的人均收入不高，2014 年保庄村的农民年人均纯收入仅为 6650 元。现在村民的收入来源丰富很多，包括土地流转收入、景区门票分红、民宿收入、农产品经济收入、农庄就业工资收入、个体经济收入等。农户们的总收入比纯务农时翻了三番，对他们的家庭生活质量的提高是很明显的。

问：政府在该项目上给予了哪些政策支持？

答：我们申请了 2018 年第二批海南共享农庄创建试点，目前得到了集体用地的合作权、土地流转的相关政策支持，后续还有相关的税收优惠政策。

问：红花村委会及村民给予了哪些帮助？

答：红花村委会在项目的协调方面给予了很大的支持，如集体用地的使用权方面、与村民之间的沟通方面等；本地村民民风较淳朴，我们在土地流转费用上比一般企业高出 500 元/（亩·年），达到 3500 元/（亩·年），村民还是比较满意的。

问：企业在技术、人才、管理方面给予了哪些支持？

答：我们有聘请海南大学热带作物学院的专家和省农业科学院的技术人员到共享农庄讲授农业技术，如嫁接技术等；项目团队成员有来自原集团的员工，也有在社会上招聘的管理人才，还有本村返乡的大学生；在管理方面，借鉴企业管理的经验来进行农产品的开发利用，同时衍生出相关的旅游、服务产品，并利用互联网的优势，拓展销售渠道，让红花共享农庄服务于当地经济。

问：该项目目前还需要哪些方面的协调？

第九章 红花共享农庄调查：海南共享农庄发展推进农村劳动力非农化转移

答：关于土地使用性质还需要政策进一步明确；村集体用地已谈妥，但部分村民的土地租用还没谈好；宣传方面还需政府给予更多的平台。

访谈结束后，他带我们参观了共享农庄的"农业大讲堂"。临走时，他送了我们两本书，一本是《红花共享农庄农作物种植研学》，另一本是《红花共享农庄动物养殖研学》。

（三）红花共享农庄模式的经验与问题

1. 红花共享农庄模式的经验

目前，海南鲁商联集团公司已经与村集体体签订了农田租赁经营合同，面积达 2260 亩，其规划养殖、种植核心区总面积 780 亩。现已经成立了红花火龙果农民合作社，种植（含火龙果等）面积 200 亩，养殖（鸡、鸭等）面积 30 亩。

为保障农民及合作社的农产品销售渠道，通过中国农产品流通经纪人协会花果产业分会等网络平台，构建红花共享农庄产销基地，并以旅游业态带动农产品促销，增加项目范围内及辐射（帮动）农民收入。在构建海南美丽乡村中发挥了以下作用。

①通过引进现代新型企业，带领村集体合作经济发展，为进一步加快美丽乡村持续发展的作用日益凸显。企业自身有较强的资源整合能力，结合乡村独有的、可挖潜的特色自然资源或农业产品优势，将美丽乡村可打造为城市市民、自驾游客的观光消费地，提升村民收入。

②在乡村各项用地性质不改变的前提下，通过"村集体+企业+招商"合作运营，由专业团队科学规划、合理整合开发，进一步补充美丽乡村公共设备设施等基础性建设，让村民享受企业带动、资源特色提升、农文旅等发展成果。

③驻地企业和村集体、村民要在村委组织的带领下，加强文化宣传、学习互动，最终促进村民致富、企业发展、村企和谐、互利共赢的局面。

2. 红花共享农庄模式存在的问题

通过探索农地以"村委+公司、村民+公司"合作方式，带动村民积极参与农庄"共享"发展模式，当前得到了有效推进，农文旅项目招商"众筹"庄主、"公司+招商"等以"保底+共赢"的运营模式成绩喜人，公司已向社会招聘专业管理人才团队进行现场管理。现存在的问题包括：根据政策明确农庄配套用地指标；农庄配套设施报建予以支持；整合村庄建设用地，让村集体用地入股，提升全域旅游产品升级等。具体而言，包括以下几个方面。

（1）项目实施晚，整体建设不成熟

共享农庄项目在海南实施较晚，自2017年年底中共三亚市委下发《关于印发以共享农庄为抓手建设美丽乡村和田园综合体的行动方案（2017—2020年）的通知》以来，共享农庄作为解决乡村闲置资源问题及美丽乡村建设的重要项目在三亚正式实施，目前农庄依旧处于前期建设阶段。以红花共享农庄及大茅远洋生态村为例，红花共享农庄一期项目2018年6月完工，9月23日正式开园，土地流转方式停留在以地租的方式与合作社进行合作；大茅远洋生态村2017年年底开始建立至今，在人才培养、园区设施建设、植被培育技术等方面已有大量资金投入，并规划在2018年增加园区内儿童娱乐设施的设备建设。从整体来看，共享农庄在目前阶段盈利较少或存在赤字情况，整体设施建设仍不成熟，使得共享农庄在前期竞争力较弱，同时本团队无法得到更多相关数据，故团队成员将在后期通过联系政府、农庄庄主、村组织干部等相关人员来对共享农庄项目进行持续跟进，以便了解共享农庄在海南的真实发展状况，并获取更多有用数据。

（2）政策落实难度大，审批存在困难

共享农庄项目建设阶段政府给予了一定支持，然而出台的政策却无法顺利落实，其主要体现在共享农庄土地配比方面。一方面，为了维持农庄良好运营企业需要大量建设用地，但由于三亚土地闲置较少，《土地管理法》规定了乡村建设用地和种植用地的数量比，其建设用地数量很少；规划局规定发展共享农庄一定要有企业办公用地、员工生活设施、宅基地民宿等建筑用地；农业局对农庄宅基地民宿、基本设施配套、特色农业基地、农产品展示园等设施建设规定标准。国土局、规划局、农业局等政府部门无法顺利进行协调对接，故出现权责不清晰、划分不明确的情况，在这种情况下政府颁布文件，却无法顺利落地实施，审批存在困难。另一方面，政府文件中并没有明确标明建设用地的土地数量，只规定乡村企业建设用地为整体土地面积的5%～10%，并没有很好的量化，存在"一刀切"的情况，同时政府出台的补贴也没有明确量化，导致了灰色地带存在的可能性，削弱了企业发展共享农庄项目的积极性，在建设阶段存在很大阻力。

（3）企业发展门槛高，前期发展风险大

共享农庄建设的核心在于共享经济，其内涵为企业带头建设农业农村经济，顺利建设园区后带动广大消费者、周边村庄，以租赁或入股的方式使各方利益相关者参与进来，实现资源共享，而这便需要有一定的企业规模及资金储备。由于农作物的周期性无法快速获得收益，同时企业在前期建设中需要大量资金来进行基本设施建设，且需要支付农户的土地租金，故在这种情况下企业便会拥有很大负债及巨大风险。若企业过小没有能力承担这样的风险，便无法持续经营，更无法带动周边地区，这便是海南大量共享农庄无法持续顺利经营下去的重要原因之一。

（4）农户土地依赖心理强，谈判难度大

由于共享农庄理念是集众人之力发展农村经济，重在共享。前期企业通过租赁方式向农户租用土地并提供租金，后期收入稳定后以农户入股方式参与分红。在共享农庄项目前期建设中看不到实际收入，由于农户对土地的依赖心理强，并希望可以及时得到利益，对共享农庄这个新提出概念的未来发展缺乏信心，不愿将手中土地交给企业作为农庄集体土地。故在这一阶段村集体合作社和农户进行沟通谈判的难度较大，同时将耗费大量人力及时间成本，使农庄在前期准备阶段效率低下。

二、红花共享农庄模式思考

如果从美国企业战略学者波特提出的价值网络的概念来看，休闲农业包括海南目前提出的共享农庄项目仅仅是包括政府、学术界、媒体、产业和有关企业整个价值链的一个环节，乡村振兴战略的重点是构建现代农业产业的价值链。从海南的地域特征来看，海南现代农业的产业链应该包括旅游业、住宿业、交通运输业、餐饮业及礼品产业等业态参与，而狭义的休闲农业的产业链则只包括休闲农场、乡村民俗、农家乐等。如果从波特的价值链系统的观点来看，海南现代农业的发展及农民的发家致富，离不开整个产业环境的整体改善和共同成长。

从海南省的发展战略来看，借助海南省促进旅游发展的战略机遇，海南农业可以借助休闲农业的开展推动农业转型升级，促进农民增收，推动新农村建设，而海南农村的经济发展还需要农村居民的人力资本的进一步提高，海南现代农业的发展离不开现代农业的经营者的生产技能和农业产业经营的知识与技能的提高，需要促进一批既了解农业产业的生产技术，又懂经营、懂营销的新一代农民的培育和发展，由此才可以推动海南现代农业的建立和发展，从而实现农村与城市共同发展的局面。海南共享农庄及休闲农业的进一步发展，结合其他国家和地区休闲农业的发展经验，还需要在以下几个方面进一步发展和改善。

1. 海南整体营商环境的改善

从中国台湾的休闲农业发展来看，起初的推动并非当地行政部门自上而下的行为，而是由当地农民自发的经营活动导引的，但随着参与的农户逐渐增多，有关部门立法的跟进和引导，对于当地休闲农业规范有序的发展起到了推波助澜的作用。通过准入门槛的限制，可以避免"一窝蜂"的恶性竞争，也有助于特色品牌的建立。海南发展共享农庄和休闲农业也可以学习中国台湾的经验，地方政府可以在打造良好的营商环境上多下功夫，通过恰当的法规建立来引导和规范市场环境，辅导和管理从业人员有序地开展共享农庄和休闲农业活动，指导海南共享农庄经营者和从业者建立有特色差异化的农业产品和服务，帮助从业者宣传和推广特色休闲农业活动。中国台湾休闲农业的发展，经历了从小规模的观光果园到休闲农场及休闲农业区，在规模逐步发展壮大、扩大影响力的过程中，相关立法及有关机构的辅导管理对中国台湾休闲农业的上规模、上档次和建立品牌起了至关重要的作用。

2. 农民合作组织的建立

从有关学者的研究论述中可以看到，中国台湾的农业合作组织对于当地休闲农业的发展也起到了相当大的作用。单个农户可以支撑其初期发展的观光果园，但如果规模化发展，单个农户在人力、物力和财力上很难有大作为，如产品的宣传推广、产品的销售及生鲜农产品的物流和运输就不是一家农户可以独立完成的。通过农业合作组织的参与，可以扩大经营规模，扩大宣传和推广的影响力，整合整个产业链上游和下游各个环节，也有助于建立特色产品和服务，进而形成有竞争力的品牌。

海南地区目前共享农庄同质化竞争比较严重，而经营多年的休闲农业则多以家庭为单位的农家乐、餐饮和民俗为主，缺乏特色产品和服务，对于游客的长期吸引力不够，多数游客仅仅是一日游，回头客不多，顾客满意度和忠诚度还有待进一步提高。由于缺乏人力、物力、财力等资源，有特色的、有竞争力的品牌寥寥无几，缺乏可持续发展的能力。如果能够利用农业合作社等农民合作经营组织，可以解决单个农户缺乏资金、缺乏人才的困境。例如，三亚水蛟村小鱼温泉的发展，就得益于农业合作组织的建立。水蛟村原来是一个经济落后的黎族村落，20世纪90年代，有一家公司尝试开发当地具有特色的温泉产品，由于种种原因项目失败。得益于三亚大力发展旅游业的大背景，利用国家"千企千镇工程"契机，在村委会的组织下，当地村民以土地、资金等方式入股创办村办企业，挖掘村里独特的温泉资源，逐渐打造了三亚休闲农业特色品牌，该农业合作组织自创办以来，经济效益明显，已连续分红达 13 年，累计分红金额超过 3000 万元，股东也由最初的 29 户村民发展到 321 户村民。小鱼温泉项目也由最初的单纯泡温泉逐步发展成为温泉、住宿、餐饮、采摘于一体的综合休闲农业项目。休闲农业的发展，使得村民顺利实现产业转型，解决了水蛟村数百名村民的就业与发展问题，小鱼温泉也被列为海南省百个特色产业小镇之一及海南省第一批"共享农庄"试点。

3. 网络宣传推广

中国台湾的许多休闲农业项目经由低成本、高效率的网络推广宣传，提高了知名度，也给游客带来了极大的便利。例如，有的休闲农业项目网站，可以预定游览项目，预定民宿，购买特色农产品，向游客介绍特色休闲农业产品和服务，介绍特色旅游活动。就海南休闲农业旅游资源来看，几乎每个地区都有特色的农产品和休闲旅游资源，如澄迈地瓜、五指山五角猪、黎苗村寨民俗、黎苗特色食品、黎苗纺织等。如果政府有关部门能够整合资源，经由互联网推广和介绍海南成熟的共享农庄和特色休闲农业资源，会给海南现代农业的发展带来极大的助力。

结束语

本课题研究的主题是海南省农村人力资本投资对农村劳动力非农化转移的影响，旨在探讨非农化转移过程中人力资本投资的作用。从提高农民收入的角度来看，农村劳动力非农化转移仅仅是农民获得更高经济收入的手段之一，农民收入的根本提高有赖于农村整体经济的发展，而农村经济发展的根本问题是农业现代化的实现。

根据第三次全国和海南农业人口普查数据，截至2016年年底，海南省农业生产从业人员35岁以下年龄组人数占比高于全国平均水平，其他年龄组人数占比均低于全国平均水平，而男性农业从业人员占比也高于全国平均水平，这些数据表明海南省农业从业人员更加年轻，有利于新技术和新知识的学习，也有利于海南农村劳动力提高自身的人力资本水平。

许多学者的研究结论都指出，农民提高农业生产效益及通过非农化转移提高收入与其自身的人力资本积累有密切关系。有学者对农民工教育、培训、人力资本回报，以及农民工人力资本回报与劳动生产率变动的关系，进行了实证分析，分析结果表明，外出农民工的小时工资数与受教育水平和受教育年限均呈正相关，即随着受教育程度的提高，农民工的小时工资呈现增加的趋势。

目前，海南各级政府在农村劳动力培训投入很多，也取得了较好的结果，但从总体上看，也存在一些问题。目前，海南农民在职业技能培训方面还需要政府进一步加大力度。根据《中国教育统计年鉴-2017》和《中国劳动统计年鉴-2018》的统计数据，与国内其他省份相比，海南省职业技术培训机构的发展还有待进一步提高，在培训机构数量、学生数量、教职工数量、培训机构资产等方面，目前还处在末位行列。尤其是面向农民的技术培训，不论是农业生产技术，还是非农业生产技术的培训，也居于国内落后地位，在培训机构数量、培训农民数量及教职工数量等方面，也居国内末位。

从海南农民工监测报告的数据来看，海南农民工文化程度大多是初中及以下，接受过农业和非农业技术培训的比重偏低，即人力资本水平普遍不高，这也直接导致了海南省农民工大多从事技术含量较低的住宿餐饮和服务行业。而收入较高的行业及其中的技术工种，海南省农民工从业人数相对较少。

与农民工较多的部分省份相比，尽管海南历史上也出现过闯南洋的风潮，海南省文昌、琼海等地是著名的侨乡，但从近几年的统计数据来看，目前海南农民工就业主要以省内为主，本地化就业趋势越发明显，呈现"离土不离乡""就业不离家""务工兼顾家庭"的务工倾向。近年来，海南农村经济发展取得了一定的进步，客观上为农村劳动力就地、就近就业提供了条件。从这个趋势来看，海南农村非农化转移的关键是进一步提高本地农村经济的发展，如休闲农业的发展，可以促进农业和二、三产业的融合发展，在农业生产经济效益不高的情况下，通过产业融合促进农民增加收入。2018年，尽管由于农产品价格波动加大，使得海南农民家庭第一产业经营净收入增速逐季下滑，但海南农民家庭非农经营尤其是第三产业经营的稳定增长，成为稳定农民家庭经营增收的重要因素。

近年海南省大力推动的共享农庄项目，其目的是充分利用社会资源，投入到农村经济以壮大农村新产业、新业态，拓展农业产业链及价值链。使得农村外的投资人参与海南乡村振兴战略，参与海南乡村产业，参与乡村农产品生产，促进乡村休闲旅游发展，从而促进海南农业与二、三产业的共同发展。探索农业生产生活生态"三生同步"、一二三产业"三产融合"、农业文化旅游"三位一体"的新模式、新业态、新途径，实现村庄美、产业兴、农民富、环境优的目标。

从美国竞争战略学者迈克尔·波特提出的价值网络的概念来看，休闲农业（包括海南目前提出的共享农庄项目）仅仅包括政府、学术界、媒体、产业和有关产业整个价值链的一个环节，海南乡村振兴战略的重点是构建现代农业产业的价值链。从海南的地域特征来看，海南现代农业的产业链应该包括旅游业、住宿业、交通运输业、餐饮业及礼品产业等业态参与，而狭义的休闲农业的产业链则只包括休闲农场、乡村民俗、农家乐等。如果从波特价值链系统的观点来看，海南现代农业的发展及农民的发家致富增产增收，离不开整个产业链的整体改善和共同成长。

从海南省的发展战略来看，借助海南省促进旅游发展的战略机遇，海南农业可以借助休闲农业的开展推动农业转型升级，促进农民增收，推动新农村建设，而海南农村的经济发展还需要农村居民人力资本的进一步提高，海南现代农业的发展离不开现代农业经营者的生产技能和农业产业经营知识与技能的提高，需要促进培育和发展一批既了解农业产业生产技术，又懂经营、懂管理的新一代农民，由此才可以推动海南现代农业的建立和发展，从而实现农村与城市共同发展的局面。

参考文献

[1] 西奥多·舒尔茨. 对人进行投资 [M]. 北京：商务印书馆，2017：19.

[2] 舒尔茨 TW. 改造传统农业 [M]. 北京：商务印书馆，1987.

[3] 李海峥. 中国人力资本报告 2017 [M]. 北京：中央财经大学，2017.

[4] 赵耀辉. 中国农村劳动力流动及教育在其中的作用 [J]. 经济研究，1997（2）：11-15.

[5] 周其仁. 机会与能力：中国农村劳动力的就业和流动 [J]. 管理世界，1997（5）：81-101.

[6] 魏众. 健康对非农就业及其工资决定的影响 [J]. 经济研究，2004（2）：29-31.

[7] 谢正勤，钟甫宁. 农村劳动力的流动性与人力资本和社会资源的关系研究：基于江苏农户调查数据的实证分析 [J]. 农业经济问题，2006（8）：28-32.

[8] 傅勇. 人力资本投资对农村剩余劳动力转移的意义：基于人口流动和劳动力市场的分析 [J]. 人口与经济，2004（3）：55-59.

[9] 蒋乃华，黄春燕. 人力资本、社会资本与农户工资性收入：来自扬州的实证 [J]. 农业经济问题，2006（11）：53-58.

[10] 程名望，史清华. 农民工进城务工文化差异的实证分析 [J]. 中国人力资源开发，2006（7）：9-13.

[11] 海南统计局. 海南统计年鉴 2018 [M]. 北京：中国统计出版社，2018.

[12] 加里·贝克尔. 人力资本 [M]. 3版. 北京：机械工业出版社，2017.

[13] 靳希斌. 人力资本学说与教育经济学新进展 [M]. 北京：教育科学出版社，2010.

[14] 舒尔茨. 教育的经济价值 [M]. 吉林：吉林人民出版社，1982.

[15] 阿瑟·刘易斯. 二元经济论 [M]. 北京：北京经济学院出版社，1989.

[16] The lewis model of economic development [EB/OL].[2019-07-01].http://www.economicsdiscussion.net/economic-development/the-lewis-model-of-economic-development/26298.

[17] 费景汉，拉尼斯 G. 劳力剩余经济的发展 [M]. 北京：华夏出版社，1987.

[18] 托达罗 MP. 第三世界的经济发展 [M]. 北京：中国人民大学出版社，1988.

[19] 何景熙. 探索充分就业之路 [M]. 成都：四川大学出版社，2000.

[20] 张培刚. 农业与工业化：上卷 [M]. 武汉：华中工学院出版社，1984.

[21] 朱镜德.中国劳动力市场格局下的两阶段乡—城迁移理论[J].中国人口科学,1999(1):7-12.

[22] 辜胜阻.非农化与城镇化研究[M].杭州:浙江人民出版社,1991.

[23] 刘传江.制度安排与城市化[J].人口研究通讯,1999(24):56-57.

[24] 罗卫东.反常二元经济结构与我国就业问题[J].杭州大学学报(哲学社会科学版),1998(2):31-35.

[25] 黄平.寻求生存:当代中国农村外出人口的社会学研究[M].昆明:云南人民出版社,1997.

[26] 蔡昉.改革时期农村劳动力转移与重新配置[J].中国农村经济,2017(10):29.

[27] 贾朋,都阳,王美艳.对我国农村劳动力转移与减贫分析[J].人力资源开发,2017(8):35-36.

[28] 蔡昉.农业劳动力转移潜力耗尽了吗?[J].中国农村经济,2018(9):8-11.

[29] 海南省统计局国家统计局海南调查总队.2018年海南省国民经济和社会发展统计公报[R/OL].(2019-01-30)[2019-07-01].http://www.hainan.gov.cn/hainan/tjgb/201901/3508453efdb443f3a4310be618b1a2d5.shtml.

[30] 海南省人民政府第三次全国农业普查领导小组办公室,海南省统计局.海南省第三次全国农业普查主要数据公报[R/OL].(2018-01-22)[2019-07-01]. http://www.hainan.gov.cn/hn/zwgk/tjdc/hntj/tjgb/201801/t20180122_2533222.html.

[31] 国务院第三次全国农业普查领导小组办公室,中华人民共和国国家统计局.第三次全国农业普查主要数据公报[R/OL].(2017-12-14)[2019-07-01].http://www.stats.gov.cn/tjsj/tjgb/nypcgb/qgnypcgb/201712/t20171214_1562740.html.

[32] 国家统计局住户调查办公室.中国住户调查年鉴2018[M].北京:中国统计出版社,2018.

[33] 黎嫔.海南省农村初中教师培训现状调查研究[D].海口:海南师范大学,2015.

[34] 刘庚.农村教育中家长与教师的组合问题:以海南农村小学为例[J].读与写杂志,2019(4):3-5.

[35] 林梓华.海南农村义务教育生态重构[J].教育科学论坛,2019(4):17-20.

[36] 李晶晶.生态取向下海南农村地区教师专业发展的适切性分析[J].继续教育研究,2014(14):44-46.

[37] 中华人民共和国教育部.中国教育统计年鉴2017[M].北京:中国统计出版社,2018.

[38] 肖友容.海南省农民职业技能培训调查研究[J].苏州市职业大学学报,2017(12):

44.

[39] 汪志军. 海南省新型职业农民培育现状及模式与实施路径探析 [J]. 现代商贸工业, 2019（7）：23-27.

[40] 杨远富,梁娟,唐文瑜,等. 海南农民信息需求的障碍性因素调查及启示 [J]. 热带农业工程, 2012（4）：20-23.

[41] 孙铁玉,林宇环,于志华. 海南热带特色高效农业与精准扶贫融合发展研究 [J]. 当代农村财经, 2019（3）：7.

[42] 孙铁玉. 海南新型职业农民培育课程体系构建研究 [J]. 高等继续教育学报, 2017（10）：71-72.

[43] 周艳丽,马超侠. 新型职业农民就业特征、成长路径与政策调控研究：以海南为例 [J]. 农业经济, 2016（8）：62-64.

[44] 国家统计局人口和就业统计司,人力资源和社会保障部规划财务司. 中国劳动统计年鉴 2018 [M]. 北京：中国统计出版社, 2019.

[45] 屈小博,都阳. 农民工的人力资本积累：教育、培训及其回报 [J]. 中国社会科学院研究生院学报, 2013（5）：41.

[46] 袁敏. 论海南人力资源开发与建设 [J]. 农村经济与科技, 2019（5）：18.

[47] 苏子益. 海南省农村人力资源发展战略研究 [D]. 武汉：湖北工业大学, 2016.

[48] 蒯鹏州. 教育、预期工资与农村剩余劳动力的转移决策 [J]. 农业技术经济, 2010（4）：32.

[49] 胡士华. 教育对我国农村劳动力流动影响研究 [J]. 经济问题, 2005（10）：33.

[50] 钱忠好,张骏. 农村教育投资与农村剩余劳动力转移 [J]. 农业技术经济, 2008（5）：28-29.

[51] 王广慧,张世伟. 教育对农村劳动力流动和收入的影响 [J]. 中国农村经济, 2008（9）：17.

[52] 国家统计局海南调查总队. 2018 年海南农村贫困发生率显著下降贫困地区农民收支实现较快增长[Z].

[53] 海南省委,海南省人民政府. 海南省打赢脱贫攻坚战三年行动计划 [R/OL]. (2018-09-04) [2019-07-01]. http://fpb.hainan.gov.cn/fpb/0800/201905/6ccef9ec89244752a80c39a47eefec37.shtml.

[54] 曾安逸,等. 三产融合视域下海南共享农庄创新模式发展 [J]. 热带农业科学, 2019（9）：17.

[55] 杨奕嘉. 乡村振兴战略背景下海南共享农庄发展现状及对策 [J]. 热带农业科学,

2019（2）：106-110.

[56] 时元宁. 国内外农村合作经济组织在农业品牌建设中的作用分析[J]. 世界农业，2015（9）：76.

[57] 詹玲，蒋和平，冯献. 国外休闲农业的发展概况和经验启示[J]. 世界农业，2009（10）：36-38.

[58] 叶剑平，王洁. 共享农庄：海南实现乡村振兴的有效途径[J]. 南海学刊，2018（3）：76-81.

[59] 祝捷. 法国、日本农村产业融合发展的启示与借鉴[J]. 亚太经济，2017（5）：7-8.

[60] 刘雪飞，胡胜德. 国外农产品品牌建设的基本经验及启示[J]. 世界农业，2014（6）：51-53.

[61] 秦秀红. 发达国家与地区休闲农业的发展概况与特点[J]. 世界农业，2010（5）：27.

[62] 杨景鹏. 海南休闲农业品牌建立的路径：基于台湾地区的经验[J]. 价值工程，2019（11）：81-85.

[63] 雅各布·明塞尔. 人力资本研究[M]. 北京：中国经济出版社，2001.

[64] 张风林. 人力资本理论及其应用研究[M]. 北京：商务印书馆，2006.

[65] 中国农村研究网[EB/OL].［2019-07-01］. http://www.ccrs.org.cn.

[66] 中国社会学网[EB/OL].［2019-07-01］. http://www.sociology2010.cass.cn.

[67] 中国综合社会调查CGSS[EB/OL].［2019-07-01］. http://cgss.ruc.edu.cn.

[68] 联合国人类发展报告[EB/OL].［2019-07-01］. http://hdr.undp.org/en/2018-update.